新赢不停

专利奖获奖项目深度解读

探寻强国硬科技

主编◆郭雯
副主编◆潘新胜 刘彬

EXPLORING THE CORE TECHNOLOGY OF CHINA

Deep Interpretation of Award-winning Patents

知识产权出版社
全国百佳图书出版单位
—北京—

图书在版编目（CIP）数据

探寻强国硬科技：专利奖获奖项目深度解读/郭雯主编. —北京：知识产权出版社，2019.8

（IP创新赢不停）

ISBN 978-7-5130-6445-3

Ⅰ. ①探… Ⅱ. ①郭… Ⅲ. ①专利—案例—中国 Ⅳ. ①D923.425

中国版本图书馆CIP数据核字（2019）第201185号

责任编辑：石陇辉　　　　　　　　　责任校对：谷　洋
封面设计：曹　来　　　　　　　　　责任印制：刘译文

探寻强国硬科技
——专利奖获奖项目深度解读

主　编　郭　雯
副主编　潘新胜　刘　彬

出版发行：知识产权出版社有限责任公司	网　址：http://www.ipph.cn
社　址：北京市海淀区气象路50号院	邮　编：100081
责编电话：010-82000860转8175	责编邮箱：shilonghui@cnipr.com
发行电话：010-82000860转8101/8102	发行传真：010-82000893/82005070/82000270
印　刷：北京嘉恒彩色印刷有限责任公司	经　销：各大网上书店、新华书店及相关专业书店
开　本：720mm×1000mm　1/16	印　张：16
版　次：2019年8月第1版	印　次：2019年8月第1次印刷
字　数：305千字	定　价：69.00元
ISBN 978-7-5130-6445-3	

出版权专有　侵权必究
如有印装质量问题，本社负责调换。

本书编委会

主　编：郭　雯
副主编：潘新胜　刘　彬
编　委：汪卫锋　张　伟　刘以成　张珍丽
　　　　尹　杰　王子元　姬　翔　张　阳
　　　　林婧弘　刘　鹤　连书勇　刘子菡
　　　　吴　峥　赵昕昊

序

为全面贯彻习近平新时代中国特色社会主义思想和党的十九大精神，大力倡导创新文化，强化知识产权创造、保护、运用，国家知识产权局每年都会开展"中国专利奖"的评选工作，鼓励和表彰为技术（设计）创新及经济社会发展做出突出贡献的专利权人和发明人（设计人）。同时，北京市人民政府也会评选表彰在北京市行政区域内具有重大经济社会效益的发明专利。

作为宣传倡导积极健康的知识产权文化的践行者，国家知识产权局专利局专利审查协作北京中心（以下简称"北京中心"）创设的"IP 创新赢"公众号始终秉承"分享 IP 技术，解读最 IN 科技"的理念，紧跟技术热点与社会时事，以幽默生动、图文并茂的方式传播知识产权知识。在 2019 年初第二十届"中国专利奖"和第五届"北京市发明专利奖"名单公布之际，"IP 创新赢"公众号对其中部分获奖专利进行深度解读，推出了"中国专利奖巡礼"以及"北京市发明专利奖掠影"专题。本书将其中优秀文章集结出版，希望通过通俗易懂的语言来解读高科技技术，共同感受科技进步给我们生活所带来的改变。

本书作者均来自北京中心，他们具有多年的知识产权工作经验，依托新媒体，利用他们精湛的专业知识来解读一个个"强国硬科技"，相信会为读者了解我国创新驱动发展战略实施以来的科技进步提供全新视角。

"IP 创新赢"公众号将继续关注"中国专利奖"和"北京市发明专利奖"，向大众解读更多更好的高价值专利。

国家知识产权局专利局
专利审查协作北京中心主任　郭雯

前言

  国家知识产权局专利局专利审查协作北京中心的公众号"IP 创新赢"于 2019 年初推出了"中国专利奖巡礼"以及"北京市发明专利奖掠影"专题，在社会上引起良好的反响。本书是对其中优秀文章的集结出版。

  "中国专利奖"由国家知识产权局和世界知识产权组织（WIPO）共同主办，旨在表彰积极有效开展知识产权创造、保护、运用工作，在促进创新和推动经济社会发展等方面做出突出贡献的专利权人和发明人，是中国专利领域的最高奖项。"中国专利奖"自 2009 年开始由两年一届改变为一年一届，截至 2018 年底已经连续成功举办 20 届。

  "北京市发明专利奖"是北京市人民政府为评选表彰在北京市行政区域内具有重大经济社会效益的发明专利而设立的专项奖励项目。该奖两年评选一次，截至 2019 年 6 月，已经连续成功举办 5 届。

  "IP 创新赢"于 2016 年 8 月 9 日发布首篇原创文章，3 年来一直秉承"分享 IP 技术，解读最 IN 科技"的理念，用幽默生动的语言对社会生活中的科技成果进行专利视角的解读。本次对第二十届中国专利奖和第五届北京市发明专利奖的详解，不仅在于增强专利奖的宣传力度，扩大影响力，力求发挥更强的示范引领作用，更是为了宣传解读中国近年来在科技领域取得的夺目成就。

  本书精选推出的 45 篇文章，其中涉及第二十届中国专利奖 33 个，涉及第五届北京发明专利奖 12 个，均在公众号原文基础上进一步丰富了内容、更新了数据、强化了观点，经过作者悉心修改后集结出版。

  "IP 创新赢"非常高兴再度与知识产权出版社合作，同时感谢专利审查协作北京中心各位领导和各个部门的大力支持！在此一并向所有长期关注公众号的读者、为公众号投稿的作者、转载和关注公众号文章的媒体朋友们表示衷心的感谢！

本书编委会

目录

第一章　精品生活

01	技术与商业价值并存的自拍杆	2
02	国产蒸汽电饭煲的破局之路	7
03	酱油升级与米曲霉华丽变身	12
04	能将油烟抽得更干净的油烟机	16
05	当珍珠遇见美白	22
06	电动汽车充电不排队的奥秘	25
07	爆胎时的"保护伞"——爆胎应急装置	28

第二章　颜值担当

08	"全心全意"懂你的洗衣机	34
09	颜值与实力并存的吸油烟机	40
10	夫妻和睦倍增器洗碗机的前世今生	46
11	揭秘腾讯小红包	53
12	大疆折叠无人机 Mavic Pro 的小而美	57
13	不一样的水龙头——九牧 WISER II	62
14	这么美的电熨斗，怎能不心动	67
15	美梦成真——不一样的透气枕	70

第三章　医疗卫生

16	中国人自己的降压药——阿立沙坦酯	76
17	人工蝉花带您进入"虫草2.0"时代	81
18	揭秘维生素 A 的完美盔甲	85
19	来认识一下这位中药"清瘀侠"	93
20	畅销二十年女性保健品背后的专利解析	98

· i ·

21	生物3D打印人工硬脑膜助力现代医疗	103
22	刺五加注射液的提质增效之路	108
23	拯救生命的电流——具有充电对位自动提示功能的植入式医疗仪器	113

第四章　先进装备

24	从联合收割机的发展史聊江苏大学的专利金奖	120
25	速度与安全——解读中国高铁碰撞核心技术	128
26	果汁好喝,无菌储存是关键	133
27	乡村振兴战略的重要利器——玉米剥皮机	138
28	防飓风幕墙养成记	145
29	降低成本的"点金手"——长丝牵伸卷绕装置	150

第五章　信息技术

30	如何为杀毒软件提速增效?	158
31	这里的黎明静悄悄——致敬维护网络安宁的忠诚哨兵	164
32	聊聊人脸识别技术中的"分与合"	170
33	把美丽地球搬回家——激光测绘技术的前世今生	175
34	妈妈再也不用担心我的手机,安全防盗SO EASY~	182
35	诞生于中国的人脸考勤机业界标准	186

第六章　高新材料

36	是薄膜?是国之重器!	192
37	新一代隔热材料气凝胶	197
38	高能才是高科技——锂离子电池那点事	203
39	新型粘结稀土永磁粉的专利突围	211
40	特厚钢板支撑起绿水青山	215
41	盾构掘进的"保险锁"——盾尾密封油脂	219

第七章　节能环保

42	勿以善小而不为——今天你的废旧锂离子电池去哪儿了	226
43	可以随便拆卸的墙——全钢隔断结构	234
44	土壤不是无情物,截留污染净水体	239
45	底滤法炉渣处理方法还你绿水青山	243

第一章 chapter 01

精品生活

01　技术与商业价值并存的自拍杆*

小赢说：

自拍杆，作为人手必备的拍照神器，出门旅游、朋友聚会，怎么能缺少它？它的价格也不算贵，从十几元到几百元不等。就是这样一个看似寻常的小物件，为何能够得到专利金奖的青睐？小赢就和大家一起来探究一下。

自拍杆，顾名思义，就是为了自己能够给自己拍照而设计的一种杆状设备。只要将手机或相机固定在自拍杆最前端的固定支架上，通过无线或有线的方式与手机或相机连接配对成功后，按下拍照快门即可完成自拍。

获奖专利能够获奖是因为申请的早吗？

答案是否定的。获奖专利是 2014 年才提交申请的，而自拍杆的出现远早于我们的想象。早在 1925 年就出现了也许是世界上第一张使用自拍杆拍摄的照片。从图 1 中可以看出拍摄者已经使用了长杆式的辅助装置来协助拍摄。

图 1　最早出现的自拍杆照片[1]

---

* 本文涉及第二十届中国专利金奖项目，专利号为"ZL201420522729.0"，专利名称为"一种一体式自拍装置"，专利权人为"源德盛塑胶电子（深圳）有限公司"。

[1] 图片来源：https://www.bbc.com。

而目前能检索到的最早关于自拍杆的专利则是在1983年1月18日由日本人上田宏向日本专利厅提交的一个专利申请，公开号是JP昭59-112241U。当时，上田宏是美能达（Minolta）公司的一名工程师，为了解决一个人出门在外无人帮忙拍照的问题，他设计出一个可以安装在小型相机上的杆状装置。该装置的杆体最长可拉伸至50cm，将小型相机固定后，便可通过倒计时进行拍摄。通过相关专利的附图（见图2），我们可以清楚地看到用户可以从多角度随意自拍。

图2 JP昭59-112241U说明书附图

美能达公司当时认为这个想法很好，1983年将美能达DISC-7照相机与自拍杆一起以套装方式进行销售，并进行了推广。不过在当时，大多数人觉得这是一个无聊的发明，而且拿着自拍杆拍照会被别人当作怪物。因此，美能达DISC-7照相机的销量并不好，始终没能在市场上获得成功。

在1995年日本科技杂志《101项无用的日本发明》（101 Useless Japanese Inventions）中也将自拍杆入选。不过人的观念和技术都在发生着变化。随着智能手机的普及，美颜相机、修图软件等软件以及社交网站的流行，2014年自拍突然成为一种文化现象，人人都喜欢自拍并将照片上传到社交网站上。《时代》周刊也将自拍杆评选为2014年年度25大最佳发明之一（见图3）。

获奖专利的申请人源德盛塑胶电子（深圳）有限公司（下称源德盛）也是看到了这个潜在的巨大商机，凭借敏锐的市场判断，自2013年下半年开始研发手机周边消费类电子数码产品，将自拍杆作为公司的核心业务，并于2014年1月开始持续提交了一系列有关自拍杆的专利申请。获奖专利则是在2014年9月申请的。它在之前申请的专利基础上，进一步对自拍杆进行了改进。

图3 《时代》周刊配图①

---

① 图片来源：https://time.com。

· 3 ·

获奖专利的技术优势是什么?

使用自拍杆,首先希望的就是使用简便。2013年之前,绝大多数自拍杆并不是一个整体装置,用户每次在使用自拍杆之前,通常都需要先将自拍杆的各个部分组装在一起,而在使用后又需要将各个部分拆卸下来。这使得自拍杆的使用变得复杂麻烦。而获奖专利则将自拍杆设计成为一个整体,在自拍杆的伸缩杆上端设有一连接头,通过该连接头将自拍杆上用于夹持手机的夹持装置与自拍杆的伸缩杆顶端

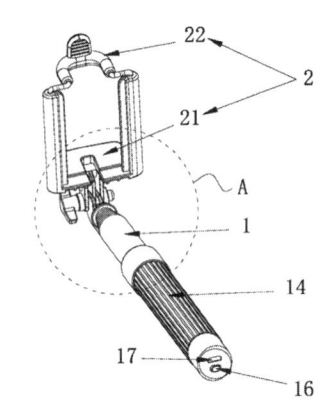

图4 获奖专利说明书附图

通过转动连接装置连接在一起(见图4)。当自拍杆处于不使用状态时,用于夹持手机的夹持装置与伸缩杆折叠在一起;当用户需要使用自拍杆时,只需要通过转动打开夹持装置,把手机固定在夹持装置上,就可以自拍了,极大地方便了用户使用。

同时,我们在外出时,总希望自拍杆的体积越小越好,这样才能便于携带。为了节省自拍杆所占用的空间,更方便携带,获奖专利的自拍杆在夹持装置的上下两部分分别设置了一个折弯部和一个缺口,夹持装置的折弯部位置与缺口位置相

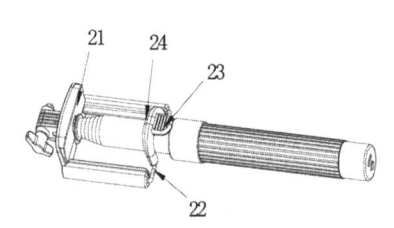

图5 获奖专利说明书附图

对应,使得伸缩杆折叠后恰好能够收纳于缺口和折弯部,这样就大大节省了收纳空间(见图5)。具体来讲,在使用时,伸缩杆可以从缺口及折弯部转出;在不使用时,伸缩杆收拢于折叠至缺口及折弯部的位置,此时,连接头恰好收纳于载物台的缺口位置,而折弯部的凹陷位置也恰好可容纳伸缩杆。由于直接将伸缩杆收容于缺口及折弯部,因此该自拍杆在解决一体化的同时,不会占用多余空间,非常便于携带。

当然这还不足以说明这个专利的价值,还要看这个专利的质量和商业市场价值。截至2019年6月,关于获奖专利的无效诉讼一共有26件,已经有判决结果的是18件(见表1)。在已作出的判决决定中,除了权利要求1被宣告无效,其余权利要求均维持了专利权有效。之前有人认为"没有无效不掉的专利",而获奖专利经历了这么多次无效诉讼仍然保持有效状态,足以证明这个专利的质量很高,具有很强的稳定性。

表1　获奖专利涉无效诉讼统计

序号	决定号	申请（专利）号	决定日
1	28758	ZL201420522729.0	2016年3月23日
2	28758	ZL201420522729.0	2016年3月23日
3	28758	ZL201420522729.0	2016年3月23日
4	28758	ZL201420522729.0	2016年3月23日
5	30006	ZL201420522729.0	2016年8月31日
6	30006	ZL201420522729.0	2016年8月31日
7	31285	ZL201420522729.0	2017年1月18日
8	31320	ZL201420522729.0	2017年1月18日
9	33398	ZL201420522729.0	2017年9月18日
10	33398	ZL201420522729.0	2017年9月18日
11	34255	ZL201420522729.0	2017年12月7日
12	35919	ZL201420522729.0	2018年5月29日
13	35919	ZL201420522729.0	2018年5月29日
14	36151	ZL201420522729.0	2018年5月29日
15	35918	ZL201420522729.0	2018年5月29日
16	35918	ZL201420522729.0	2018年5月29日
17	36795	ZL201420522729.0	2018年7月24日
18	38035	ZL201420522729.0	2018年11月22日

那么，市场如何看待这个专利的商业价值呢？

翻看华为、OPPO、VIVO、小米、努比亚、乐视等知名企业的自拍杆的图片（见图6），是不是很熟悉？它们都是采用获奖专利技术的实际产品。依靠自拍杆，每年源德盛都会有上亿元的销售收入。所以说不能小看小小的实用新型专利，在巨大的市场面前，也能为企业创造巨额利润。

图6　众多厂商的自拍杆①

---

① 图片来源：http://www.winnersun.com。

除了生产获奖专利的产品，源德盛还自2015年开始在全国范围内开展维权行动，在全国20多个省市区，对包括大型商场、超市、电子产品专卖店等提出了4000多起侵权诉讼。截至2019年6月，已结案的诉讼案件已达2990起，源德盛无一败诉，平均每起案件获得赔偿额数万元。由此估算，仅依靠这一件实用新型专利，源德盛获得的侵权赔偿金额已达上亿元。

由此可见，一个金奖专利的获得，既要依靠实实在在的技术创新，也需要市场的认可。正所谓天时地利人和缺一不可。希望源德盛的经验能给企业和技术人员们一些信心和启示。

本文作者：
国家知识产权局专利局
专利审查协作北京中心电学部
郑宁

02　国产蒸汽电饭煲的破局之路*

> **小赢说：**
> 这是二十年来首个和电饭煲有关的专利金奖。为了能吃到一碗好饭，科研工作者都做了什么？让我们仔细说说。

在生活水平不断提高的今天，人们对米饭的要求早已不满足于把米煮熟，而是要求每一粒米都能够煮出最佳的口感。作为电饭煲的发明国日本，在电饭煲的研发上一直领先，数年前从日本购买电饭煲背回来的新闻不绝于耳。然而，随着国产电饭煲技术水平的不断突破，很多产品的研发已经达到了业界先进水平，可以说已经能与日本的电饭煲一较高下。今天介绍的专利技术就和电饭煲煮出的米饭的口感如何达到世界领先水平有关。

早在2004年，松下电器产业株式会社在中国申请了一个主题为"电饭煲"的专利（ZL200410005588.6），其中提到：电饭煲内靠近盖体加热装置的上层米饭容易被烤干，影响口感。为了解决该问题，在电饭煲中增加了蒸汽发生装置（见图1）。煮饭时，除了电饭煲内胆的底部进行加热外，外部蒸汽装置送入的蒸汽在弯曲的管道中被再次加热成高温蒸汽，从电饭煲内胆的上部和蒸汽管道的接口处送入电饭煲内胆、喷到米饭上。蒸汽使得电饭煲内的米饭能均匀地加热，提高口感，同时还使煮饭更加高效。这样的结构使得无论煮饭量多少，上层的饭粒都不会干燥，而且促进米的糊状化，提高煮饭性能。

使用上述专利技术的电饭煲煮饭效果不错，然而在实际的应用中存在不节能、进入蒸汽量无法准确控制、电饭煲增加配件较多提高了成本、电饭煲外部的蒸汽发生装置需要防止外部烫伤的缺点。

---

* 本文涉及第二十届中国专利金奖项目，专利号为"ZL201520499692.9"，专利名称为"煮饭器和用于煮饭器的盖体组件"，专利权人为"浙江苏泊尔家电制造有限公司"。

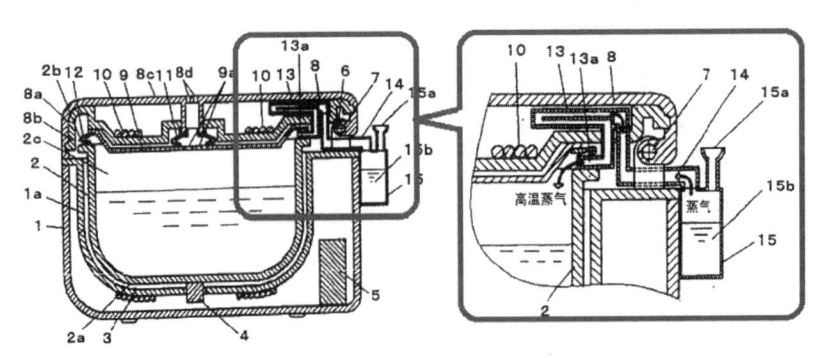

图 1 ZL200410005588.6 说明书附图

苏泊尔的研发之路，正是针对性地解决上述缺点的过程。在苏泊尔 2014 年申请的名为"电饭煲"的专利（ZL201420662872.X）中，针对上述缺陷提出了改进后的电饭煲结构（见图 2）：在外壳的内部设置水雾发生装置，水容器中的水通过抽气泵作用雾化成水雾，然后在气流作用下进入导管，水雾与导管中设置的加热装置接触后变成高温蒸汽，蒸汽沿着导管输入煮饭内锅。该结构可以用水雾发生装置产生少量水雾，只加热少量水雾就能形成高温蒸汽，节能效果好。但是，由于产生蒸汽的结构仍然很复杂，相关的产品苏泊尔并没有量产。

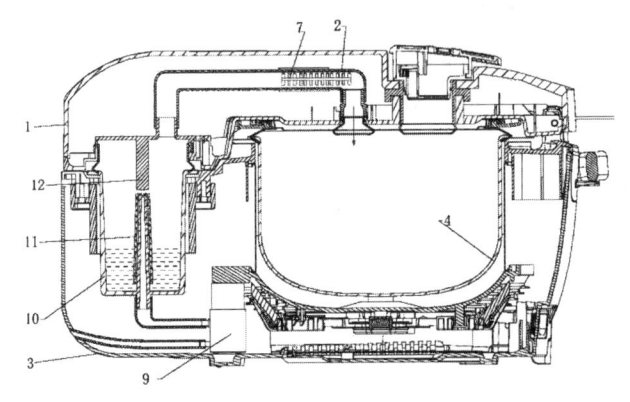

图 2 ZL201420662872.X 说明书附图

2015 年 7 月 8 日，苏泊尔提交了本文涉及的获奖专利的申请，对电饭煲中实现蒸汽煮饭的结构作出了重大改进。改进后的结构更加简单，便于拆卸清洗（见图 3）。在提交申请之后，苏泊尔立刻将该技术应用到了 2015 年苏泊尔的高端系列产品——号称"国内首台运用蒸汽技术"的蒸汽球釜 IH 电饭煲中。其后苏泊尔每年推出的高端蒸汽电饭煲中都搭载了该技术，成为其高端电饭煲的标配。

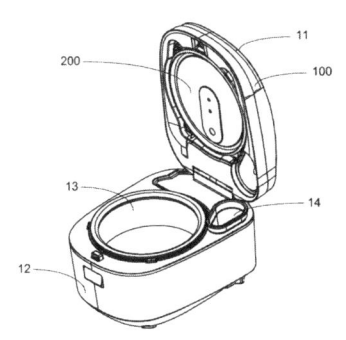

图3　ZL201520499692.9说明书附图　　　图4　苏泊尔产品图①

改进的重点是在电饭煲内锅旁边设置一个蒸汽杯（见图4），直接对蒸汽杯中的水进行加热产生蒸汽，无须在盖体内蒸汽的传输管道上再设置加热装置，也不用抽气泵。煮饭之前在蒸汽杯中装入水，在煮饭的过程中根据情况对蒸汽杯加热产生高温蒸汽，这些蒸汽通过电饭煲盖体上专门的蒸汽通道输送到锅体内，对米饭进行加热和保湿（见图5）。电饭煲通过这种结构实现顶部高温蒸汽与底部加热器共同加热米饭，使锅体中的米无论在煮饭的哪个阶段，都能够处于全方位高温加热和充分吸水的状态，不用担心水烧干了米饭会干。电饭煲在完成煮饭后，进入长时间保温阶段时，顶部喷射的蒸汽还能不断给米饭补充水分，防止米饭失水导致改变口感。

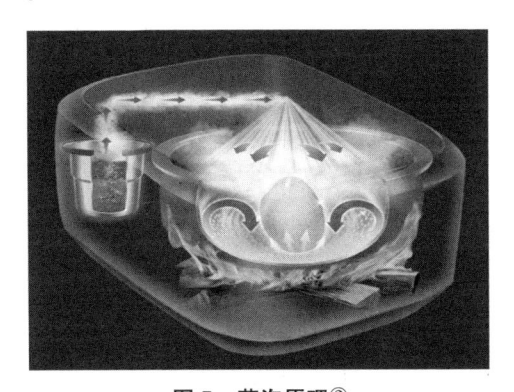

图5　蒸汽原理②

根据前面的介绍，在获奖专利之前的各种蒸汽发生装置都有着结构复杂的传输管道，并在管道上设置有加热器，管道的拆卸、清洗非常不便。试想一下，如果我们天天做饭的电饭煲内部通往米饭的管道中有可以藏污纳垢的清洁死角，那将是无法忍受的。该获奖专利把蒸汽管道变成了一个可以轻松拆卸和清洁的简单

①② 图片来源：http://tech.sina.com.cn/e/x/2015-12-14/doc-ifxmpnqm3275863.shtml。

结构，并且能够保证蒸汽输送的效果。

从获奖专利说明书视图（见图6）可以看出，图中上部是外盖，下面是内盖。其中上盖中下部三角形凹陷部的底面可以作为蒸汽管道的上壁，而下面可拆卸内盖的上部，三角形部件中的长条状部件就是蒸汽管道管壁的底壁和侧壁。为了保证蒸汽管道的密封性，避免蒸汽外溢，侧壁和上盖接触部分设有食品级橡胶材料制成的密封圈。一旦将内盖装入外盖，上述长条状部件上的侧壁就会和上盖的底面紧密贴合，从而使蒸汽管道的上下结构紧密结合在一起，形成一个完整的蒸汽管道。构成蒸汽杯、蒸汽管道的全部材料都选用食品级的材料进行制造，这样保证

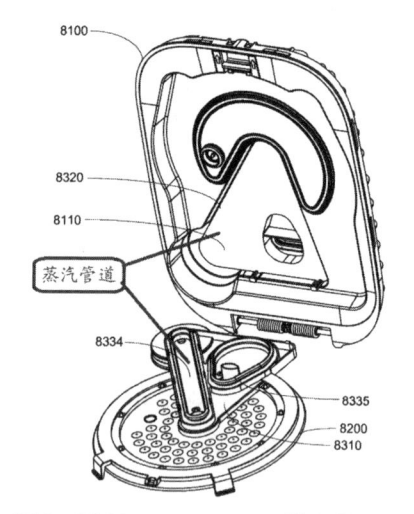

图6 ZL201520499692.9说明书附图

了送入米饭的蒸汽安全无毒。整个电饭煲盖体只有两个大部件构成，可以一键拆卸，结构简单易于安装，相比以前的技术既实现了输送蒸汽煮饭，又降低了生产成本。

在实物图（见图7）中能够清楚地看到，当内盖取下之后，蒸汽管道完全打开，蒸汽管道的全部内壁都暴露出来，可以方便地清洁，没有死角，结构简单，而内盖安装也非常简便。研发人员在多次实验过程中发现，由于需要通过上面的蒸汽管道将蒸汽输送至电饭煲的内胆中，应防止蒸汽在蒸汽管道内传输时冷凝为水。因此，蒸汽管道构造为直线，并且其体积需要尽可能小，这就要

图7 盖体实物①

求上述蒸汽通道的高度尽可能小。最终上市的产品中蒸汽管道的尺寸，也是通过多次实验得到的最佳尺寸，使得蒸汽对煮饭的帮助效果能够最大化。

这个电饭煲盖上的蒸汽管道所具有的管道下半部分和内盖一体可拆卸的结构，在以往的电饭煲产品中从未出现过，在该领域属于开创性的发明，而且结构简单便于制造。上下盖结合后构成管道的创意，既保证了部件少、不易丢失，又使得极其简便的安装就实现了一个盖体上的多个功能，简单实用，解决了之前所

---

① 图片来源：http://tech.sina.com.cn/e/x/2015-12-14/doc-ifxmpnqm3275863.shtml。

有技术中蒸汽通道设置复杂、清洗不便、不卫生的问题，使得蒸汽饭煲成为真正可以走进千家万户的产品。

自 2015 年该技术应用到苏泊尔公司的产品上，得到了很好的市场反馈，蒸汽球釜 IH 电饭煲系列的推出使得公司抢占了更多的电饭煲市场份额，特别是高端产品的份额。让我们看看厂家给出的煮出的米饭的效果评测数据。华中农业大学食品科学院的米饭测试数据显示，苏泊尔蒸汽球釜 IH 电饭煲在原球釜电饭煲"更透芯、更蓬松、更香甜"的米饭基础之上，再次实现米饭"更 Q 弹、更饱满、锁水保鲜"三大提升：米饭弹性指标提升 36%，颗粒饱满度进一步提升至 1.78 倍，同时能够实现米饭在长达 8 小时的保温后水分不丢失，让米饭不变干变硬。

当然，该系列蒸汽电饭煲除了使用上述获奖专利中提到的专利技术，还使用了很多苏泊尔多年研究中积累的各项电饭煲技术，如电磁 IH 加热、最佳温度曲线控制等业界公认的优秀煮饭控制技术，可以明显增强米饭的口感。作为高端产品，球釜内胆、触屏控制、多种功能选择、多种米饭口感选择、预约定时等功能更是在该系列产品上都可以见到，外观上也都采用了现在流行的各种"金"的配色，使得产品整体符合其定位，获得了高端客户群体的青睐，为苏泊尔在高端电饭煲市场打下一片江山。

本文作者：
国家知识产权局专利局
专利审查协作北京中心通信部
胡雅琴

03　酱油升级与米曲霉华丽变身*

> **小赢说：**
>
> 对于佐餐调料"酱油"，大家知道来历吗？我国最早使用"酱油"这个名称是在宋朝，林洪《山家清供》中有"韭叶嫩者，用姜丝、酱油、滴醋拌食"的记述。以大豆、面粉为主料，经蒸熟冷却，接入米曲霉制成酱曲，移入发酵池，加盐水发酵，待酱醅成熟后浸出提取酱油。其中关键工艺就是发酵，发酵的主力军就是今天要讲的米曲霉。

　　酱油又称酱汁、豉汁等，是一种用豆、麦、麸皮酿造的液体调味品，是从豆酱演变和发展而成的，在制成豆酱的基础上，原始地用酒笼，逼出酱汁。它的发明是中国祖先对人类饮食文化的一项伟大贡献。唐朝时酱油生产技术随鉴真大师传至日本，后来相继传入东南亚、欧洲等地，成为饮食必备的调味品之一。①

　　为什么米曲霉当仁不让地成了发酵酿造酱油的主力军呢？那是因为发酵的过程就是利用微生物所产生的各种酶，将酱醅中原本无味的复杂有机物质（如蛋白质、淀粉等）分解成简单的呈味物质，此类酶主要由曲霉菌代谢产生。特别是米曲霉可以利用制酱底物代谢产生大量酶类，如蛋白酶、肽酶、淀粉酶、谷氨酰胺酶、果胶酶、纤维素酶、半纤维素酶等。② 在发酵过程中味的形成就是利用这些酶的作用，如蛋白酶、肽酶将蛋白质水解为氨基酸，生成鲜味；谷氨酰胺酶将谷氨酰胺分解为谷氨酸，生成鲜味；淀粉酶将淀粉水解成糖，生成甜味；果胶酶、纤维素酶和半纤维素酶分解底物细胞壁，使蛋白酶、淀粉酶分解更充分（见图1）。

＊ 本文涉及第二十届中国专利优秀奖项目，专利号为"ZL201310553081.3"，专利名称为"一种米曲霉及其应用"，专利权人为"佛山市海天调味食品股份有限公司、佛山市海天（高明）调味食品有限公司"。

① 周晓孟，沈智. 国人必知的2300中华饮食文化常识 [M]. 沈阳：万卷出版公司，2009：51.

② 方继功. 酱类制品生产技术 [M]. 北京：中国轻工业出版社，1997：39.

目前，酱油生产用菌种仍以传统的米曲霉沪酿3.042菌株为主，该菌株发酵的酱油风味好，但它有一个既是优点又是缺点的特色——产孢子能力特别强（孢子：一种有繁殖或休眠作用的细胞，能直接发育成新个体，成熟的孢子很轻，易随风飘散）。种曲阶段（米曲霉扩培阶段）孢子量大，有利于曲霉菌的繁殖，但如果出曲阶段（将米曲霉接种于制酱原料进行发酵酿造阶段）依然生产大量孢子，就会导致车间内孢子飞扬，不利于车间环境卫生的保持（见图2）。

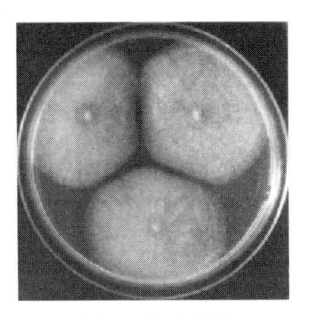

图1 米曲霉①

而且大量孢子容易包裹部分曲料漂浮于水面，被包裹的曲料无法充分浸泡入盐水，阻碍了酶对蛋白质、淀粉原料的接触分解，同时阻碍了盐水对曲料中污染菌的抑制。

面对上述酱油制造领域普遍存在的技术难题，现有技术有没有相关的改进成果呢？经检索发现，在现有优化米曲霉特性的专利中，均未涉及如何减少制曲中的孢子量、杜绝车间孢子飞扬的问题。目前国内外对于米曲霉的研究多涉及：产孢子性能，如"米曲霉菌及其应用（米曲霉LiY05）（ZL200610012114.3）""一株米曲霉菌及其应用（米曲霉菌 LiT05）

图2 光学显微镜下米曲霉的分生孢子②

（ZL200610012115.8）"，以及"高产中性蛋白酶的米曲霉菌株 CGMCC6848（ZL201210559100.9）""改善酱油风味的米曲霉M1-4（KR101486522B）""米曲霉 D-57（JP2002306159A）"等。

由此可见，孢子飞扬是困扰酱油工业化安全生产的一个技术难题，众所周知却无计可施。而要解决制曲阶段孢子飞扬的问题，那先要了解孢子和制曲的关系。原来，制曲工艺需要获得的是米曲霉产生的各种酶类，而不是获得可以用来传宗接代的米曲霉孢子，所以说米曲霉的孢子不是制曲阶段所需的产物。那么最理想的解决方案就是，获得一株既能易于扩大培养获得高孢子量的种曲，同时又不会在制曲时产生大量孢子的米曲霉菌株。这么优秀的菌株真的可以诞生吗？

那就来看看获奖专利米曲霉 zw102 吧，它是以沪酿3.042为出发菌株，经研发获得的新型菌株。它在制曲阶段产中性蛋白酶活力高、产孢子量少，有利于保

---

① 卢洪洲. 医学真菌检验与图解［M］. 上海：上海科学技术出版社，2018：156.
② 乔秉善. 中国气传真菌彩色图谱［M］. 北京：中国协和医科大学出版社，2012：72.

持车间现场卫生，避免孢子飞扬。在发酵阶段易于与盐水混合均匀使发酵充分，可提高原料利用率和减少杂菌污染，从而稳定地获得高品质的发酵调味品，适用于大规模工业化生产调味品使用，应用前景广阔。得到的原油氨基氮①含量可达到 1.08g/100mL，全氮达到 1.8g/100mL。按氨基氮含量，酱油可分为特级、一级、二级、三级（见表 1）。可见，经获奖专利米曲霉 zw102 酿造的原油中氨基氮含量明显高于特级酱油标准。

表 1　固态低盐发酵酱油的理化指标　　　　　　　（单位：g/100mL）

项目	特级	一级	二级	三级
可溶性无盐固形物≥	20.00	18.00	15.00	10.00
全氮（以氮计）≥	1.60	1.40	1.20	0.80
氨基氮（以氮计）≥	0.80	0.70	0.60	0.40

这项技术的专利权人是佛山市海天调味食品股份有限公司、佛山市海天（高明）调味食品有限公司。海天是中国调味品行业的龙头企业，专业的调味品生产溯源于乾隆年间开始鼎盛的佛山酱园，距今已有 300 多年的历史，是中华人民共和国商务部公布的首批"中华老字号"企业之一，目前生产的产品涵盖酱油、蚝油、酱、醋、料酒、调味汁、鸡精、鸡粉、腐乳等几个系列百余品种 300 多规格。

获奖专利米曲霉 zw102，是通过公知诱变方法对沪酿 3.042 进行诱变，经在酪蛋白平板上筛选透明圈比对照菌株大且菌丝生长旺盛的变异菌株获得。酪蛋白平板筛选法，可以在菌落水平直接观察菌株的产酶能力，精确地反映出酶的活性。本获奖专利突破了传统代谢调控筛选机制，避开了基因工程途径构建工程菌的定向思路，综合考虑菌株产孢子量多少的特性、分泌综合酶系的强弱、遗传稳定性、原料利用率等作为筛选指标，进行米曲霉菌种的多重筛选，最终得到一株性能优良菌株。

除本专利外，海天在米曲霉的选育、应用等方面的研究从未止步。以"海天"为申请人，"米曲霉"为关键词进行检索和统计，得到图 3、图 4 的统计图（更新至 2019 年 6 月）。

---

① 氨基氮指的是以氨基酸形式存在的氮元素，酱油中氨基氮含量越高，鲜味越好。

图 3　海天米曲霉专利申请数量趋势

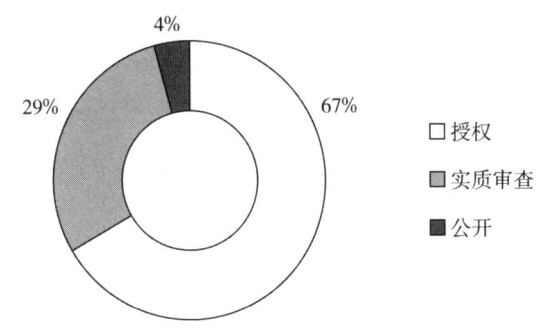

图 4　海天米曲霉专利申请法律状态

可见，近年来海天持续加大在筛选优质米曲霉新菌株领域的研发力度，并对研究成果进行了有效的专利权保护。对专利中技术内容的分析，发现海天对米曲霉菌种性能的改进涉及多方面，如减少曲料结块的米曲霉 ZA138（ZL201711017932.7）；提高发酵原油的氨基酸态氮和谷氨酸水平的米曲霉 ZA156（ZL201711094978.9）；高蛋白酶活力、高酯化酶活力的米曲霉 ZA127（ZL201711135657.9）；明显降低制曲阶段的原料消耗率、高产谷氨酰胺酶和淀粉酶活力的米曲霉 ZA189（ZL201711141059.2）；淀粉水解酶酶活高、能充分分解淀粉质原料产生高还原糖的米曲霉 ZA160（ZL201711163812.8）；能够降低原料消耗率、高产亮氨酸氨肽酶 E、酸性羧肽酶 A 和谷氨酰胺酶活力，提高调味品全氮利用率，改善发酵酱油口感的米曲霉 ZA210（CN109022296A）。

小赢衷心地希望这些米曲霉"新生宝宝们"能够尽快地投入酱及酱油的工业生产中，为人们的味蕾提供更加丰富、奇妙的体验。

本文作者：
国家知识产权局专利局
专利审查协作北京中心医药部
胡婉珊

04　能将油烟抽得更干净的油烟机*

> **小赢说：**
>
> 最近几年，《舌尖上的中国》《一城一味》《中国美食探秘》等美食节目不断刷新食客们的眼界。如果这些美食都能在家重现，那简直是一件再美好不过的事情。而在家烹饪美食，产生的油烟始终困扰着烹饪爱好者。今天就和大家聊一聊一款能将油烟抽得更干净的油烟机。

今天和大家聊一聊油烟机。细算起来，油烟机是在距今约 80 年前出现的。根据程刚①的介绍，1940 年，一位叫施诺德的德国年轻人和其女友毕业后同时应聘到西门子工作。由于经济条件的原因，他们只能蜗居在一间很小的房子里。那时还没有油烟机，因此一做饭，整个屋子里就弥漫着油烟，感觉很不舒服。不过，施诺德是一位勤于思考、动手能力极强的年轻人。经过屡次尝试，加上一次偶然的机会受到龙卷风的启发，他把一个涡轮风扇安装在了房子的烟囱口上，之后他又进行了几次改进，风扇转动时终于能有效地排走油烟了，这就是油烟机的鼻祖。施诺德还非常具备知识产权意识，他根据这个创意和构思申请了专利，之后将这个油烟机的专利转让给了西门子。

很多科学研究都表明，烹饪时产生的油烟成分极为复杂，含各类污染物达几百种之多，它们对人的健康危害极大，同时对环境的污染也很严重。不过随着人们生活水平的不断提高，油烟机已经走进了千家万户，它改善了室内环境，减少了对室外环境的污染。随着技术的不断进步，油烟机的类型也变得多种多样，中式烟机、欧式烟机、侧吸式烟机、平板式烟机各领风骚，它们都有着自己的客户群体，可谓百花齐放。老板、华帝、帅康、西门子、海尔、美的等众多品牌让人眼花缭乱（见图1）。

---

* 本文涉及第二十届中国专利优秀奖项目，专利号为"ZL201310627395.3"，专利名称为"吸油烟机的扩压引流装置"，专利权人为"宁波方太厨具有限公司"。

① http://story.kedo.gov.cn/c/2016-03-06/833017.shtml。

图 1　欧式烟机与侧吸式烟机①

　　除了品牌之间激烈的竞争，各大厂商还在研发领域投入了大量人力、物力和财力，不断提高油烟机的科技含金量。通过对油烟机专利和专利申请进行检索和梳理，得到如图 2 所示的统计图（截至 2019 年 6 月）。

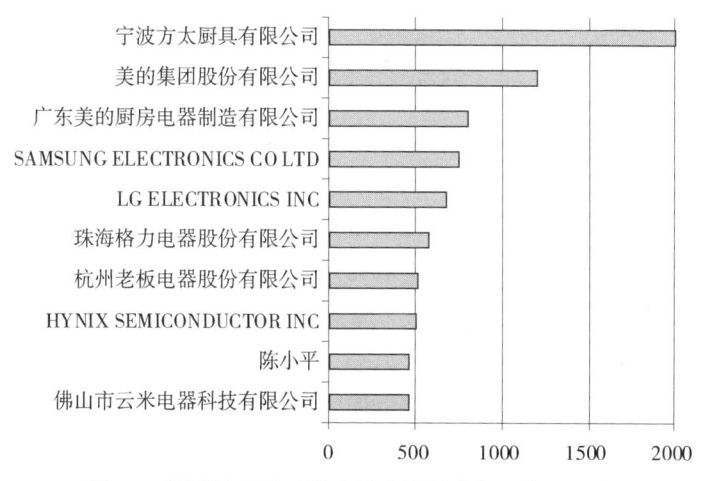

图 2　以油烟机为主题的申请人统计分布（单位：件）

　　在专利申请量和持有量上，方太、美的、老板等企业名列前茅。这些企业具有很强的知识产权意识，有了新的技术后迅速进行专利布局，在品牌推广和市场运作的同时，用技术研发和知识产权来保证其产品的核心竞争力。

　　今天小赢着重谈一谈顶吸式油烟机。现如今，市面上很多顶吸式油烟机采用的都是内凹式腔体的设计，而油烟大量产生时，受限于油烟机风机的风量以及油烟机进风口负压不断增大的衰减趋势，油烟很容易从内凹式腔体四周扩散走。

　　小赢下面要带大家认识的这款不一样的油烟机恰好解决了这个问题。它源于本文开头部分提到的获奖专利"吸油烟机的扩压引流装置"，其技术方案如图 3 所示。

---

①　图片来源：www.robam.com（老板电器官网）、www.fotile.com（方太集团官网）。

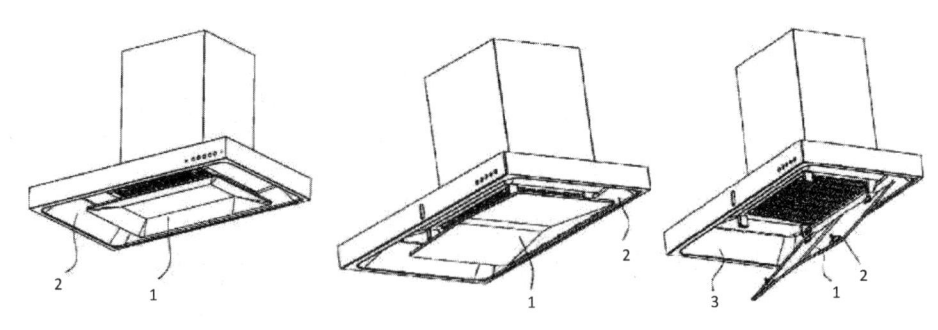

图3 ZL201310627395.3说明书附图

这项专利技术的核心是在油烟机进风口处设置了扩压引流控烟板1，它呈现出中间高、周边低的内凹结构，与集烟罩2形成集烟腔，且它们之间的油烟通道口径逐渐缩小。

下面，小赢就为大家解析一下这件专利的优势。

首先，由于安装了扩压引流控烟板1，油烟机下侧和边缘的压力重新分布，内凹结构使得吸除油烟的有效面域扩大了近2倍，这样可以更有效地容纳和集聚油烟。根据该专利说明书的记载，当油烟量大时，第一时间没有被吸除的油烟会在该区域得到减速并集聚，同时又由于附壁作用向对侧流动，并沿着对侧的边缘吸入风机内部，极大地改善了油烟扩散的问题。

其次，油烟气体上升与扩压引流控烟板边缘接触后会快速向上，同时扩压引流控烟板与其上部的集烟腔内表面形成一个负压通道，烟气沿该通道向内流动至风机进风口处。扩压引流控烟板1的壁面吸附效果优化了油烟机进风口处的控烟能力，从另一个角度避免了油烟的扩散与逃逸问题。

再次，扩压引流控烟板1增强了油烟机的吸油烟速度与效果，在不提高油烟机风机性能的前提下，内凹形状的扩压引流控烟板与集烟腔之间形成一个通道，这个通道可以快速吸收油烟。

最后，整个油烟机设计得非常简洁、美观，而且非常好打理。

在这样的构思和基本结构上，方太将油烟机设计成前高后低的形态，再加装一个条状油杯（图4左图中的部件4），这使得打理油烟机变得轻松。此外，还可以设计成周边是滤网板的构造（图4右图中的部件5），这种滤网板上有条状滤孔，起到了整流滤油的作用。

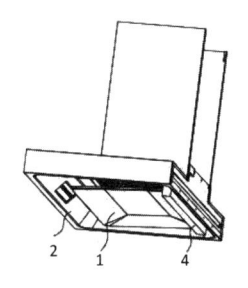

图4　ZL201310627395.3说明书附图

那么，这款油烟机的真实面目是什么呢？小赢在方太集团官方网站看到了方太的智能云魔方系列，如EM、EMD全系列油烟机，正是其主打市场的系列产品，获得了广泛的认可与好评（见图5）。

图5　方太的智能云魔方系列产品①

其实，人们很早就意识到了扩压引流控烟板的作用。之前，这种功能的控烟板也被称为导烟板或导流板，各式各样的带导烟板或导流板的油烟机的专利层出不穷，小赢选取几个有代表性的和大家一起分享。其中一件公告号为EP1624254B1，研发人员在集风罩进风口两端设计了外围部4，导烟板2与进风口端面6保持一定距离，进风口3至通道口7的距离逐渐减小（见图6）。而国内企业也在导烟板上下足了功夫，比如方太另一件专利号为ZL200910096759.3的专利，如图7所示。

---

① 图片来源：www.fotile.com。

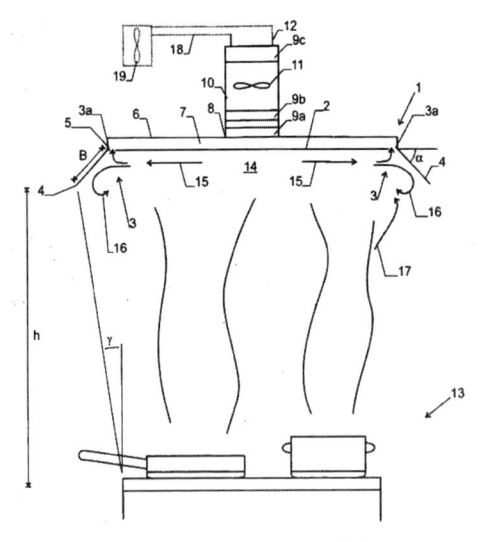

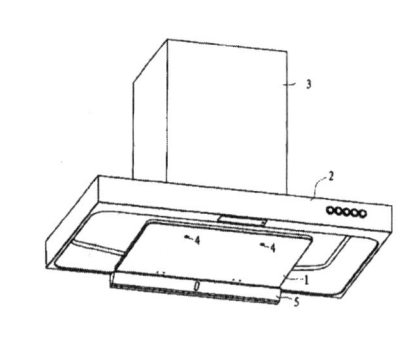

图 6 EP1624254B1 说明书附图

图 7 ZL200910096759.3 说明书附图

这种烟机在内腔底部正对该进风口的位置加装了平面结构的导烟板,导烟板与集烟罩保持一定的间距。这样一来,导烟板的存在大大提升了吸收油烟的效率,但是存在一个问题,那就是油烟较大时(如烹炸食材时),迅速而大量产生的油烟仍然容易从四周扩散。

再比如美的集团股份有限公司的专利ZL200910193448.9,研发人员在设计导烟板的同时,在进风口处还设计加装了整流网(图8中的部件3),这样能进一步提升排烟效率,同时清洗起来也很方便。

当然,还有样式更新颖的导烟板,如 ZL201220597117.9,这件专利也是方太公司的(见图9)。导烟板演化为左、右两个翼片。当吸油烟机开启时,两个翼片向下转动一定的角度后呈向下倾斜的状态,翼片下面的空间构成了减速和导流的下内腔,而其上表面和集烟罩的下表面之间构成加速的上内腔,上内腔的截面从外侧向内侧逐渐减小,这也充分利用了文丘里老先生发现的原理,提升了吸油烟的效果。但是新的问题又出现了,由于这样的结构复杂,驱动翼片转动

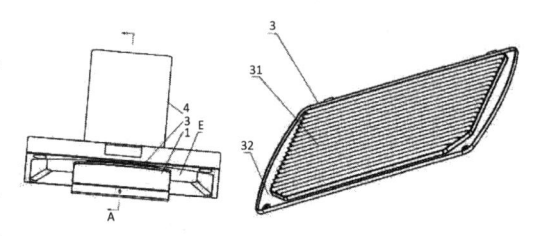

图 8 ZL200910193448.9 说明书附图

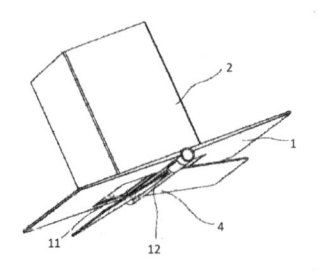

图 9 ZL201220597117.9 说明书附图

的装置以及转动轴都是机械结构，使用时间一长，不可避免地会出现机械故障，而维修起来也需要成本。

　　看了上面的几件专利，我们不难发现，方太公司的这件获奖专利吸收了其他专利的优点，同时他们也敢于自我否定、另辟蹊径，在油烟入口处设计出这种中间高、周边低的内凹形状的扩压引流控烟板。这样，在不用提高吸油烟机的风量的前提下就能达到四面环吸的吸油烟效果，有效解决了吸油烟机的跑烟问题，同时提升了抗排风管阻力的能力，可以防止烟气倒灌。可以说这件获奖专利提出了一种全新的进风结构与控烟方式。

　　技术在推动着人类不断进步，而关于烟机灶具的新技术不断涌现，研发人员不断努力，让油烟机朝着吸得干净、吸得安静、打理方便的方向不断迈进，这也必然会让烹饪变得越来越有趣。

本文作者：
国家知识产权局专利局
专利审查协作北京中心初审部
马紫光

05　　当珍珠遇见美白*

> **小赢说：**
>
> 俗话说，一白遮三丑。皮肤匀净白皙的女神总是更加耀眼！肌肤不够白，颜值很受伤，您是否也有这些肌肤烦恼？不用担心，小珍珠会助您一臂之力。

珍珠是一种古老的有机宝石，主要产在珍珠贝类和珠母贝类软体动物体内。具有瑰丽色彩和高雅气质的珍珠，象征着健康、纯洁、富有和幸福，自古以来为人们所喜爱。

《本草纲目》卷四六记载：珍珠味咸甘寒无毒，镇心点目。涂面，令人润泽好颜色，涂手足，去皮肤逆胪。坠痰。除面斑。止泻。除小儿惊热，安魂魄。止遗精白浊。解痘疗毒。

从唐代开始，珍珠粉便作为美容珍品在宫廷中普遍使用，但人们对其中的美容原理并不清楚。现代研究表明，珍珠中含有20多种微量元素、维生素B、牛磺酸、蛋白质、碳酸钙等多种成分，其中，起美白作用的主要是蛋白质。因此，为了获得珍珠粉或珍珠液等美容产品，首先需要从含有多种混合成分的珍珠中提取分离蛋白质；其次，由于蛋白质分子量太大，难以被皮肤吸收，还需要将提取分离得到的蛋白质"切"成小片段的氨基酸、二肽、三肽等。传统的制备水溶性珍珠粉或珍珠液的方法是先用强酸水解，这会使得珍珠里的蛋白质变性，不利于后期的"切"，而且高含量的离子钙会破坏护肤品的稳定性，不能有效添加到护肤品中，制约其应用范围。而获奖专利成功解决了上述问题。其采用了何种技术呢？下面由小赢带您解读一下。

获奖专利采用电渗析物理方式替代强酸水解方式，分离获得含钙盐溶液和珍珠蛋白溶液，避免了酸化过程对蛋白的破坏，较高地保留珍珠中的蛋白质活性。获得的含钙盐溶液可以作为可溶食用钙或可溶食用钙原料，而获得的珍珠蛋白溶

---

* 本文涉及第二十届中国专利优秀奖项目，专利号为"ZL201410097089.8"，专利名称为"一种从珍珠中分离制备珍珠可溶食用钙和珍珠复合美白因子溶液的方法"，专利权人为"欧诗漫生物股份有限公司"。

液再加入蛋白酶"切"成含有氨基酸的珍珠复合美白因子溶液。该溶液含有表1中的成分。

表1 ZL201410097089.8说明书表1

名称	含量/（g/100g）	名称	含量/（g/100g）
天门冬氨酸	0.7	异亮氨酸	0.2
苏氨酸	0.2	亮氨酸	0.4
丝氨酸	0.4	酪氨酸	0.3
谷氨酸	0.4	苯丙氨酸	0.2
脯氨酸	0.1	赖氨酸	0.3
甘氨酸	0.8	组氨酸	0.1
丙氨酸	0.7	精氨酸	0.2
缬氨酸	0.2	总和	5.2
蛋白质含量	1.58	钙离子	未检出

从表1可以看出，溶液中不含钙离子，从而使得含有复合美白因子的护肤品更加稳定。获奖专利还对珍珠复合美白因子中有效成分分子量进行了测试。结果表明，蛋白质基本上都被"切"为氨基酸、二肽、三肽等，从而有利于皮肤吸收，能充分发挥氨基酸、二肽、三肽等的活性功能。

众所周知，细胞中黑色素的含量较高时，人的皮肤就显得较黑。为此，获奖专利还测试了珍珠复合美白因子溶液对细胞中黑色素的影响。结果表明，当溶液的浓度为4%时，珍珠复合美白因子溶液能明显减少黑色素的相对含量，从而起到美白的效果。

值得一提的是，获奖专利还采用了机械化学法，在电渗析和"切"步骤之前，有效解离大分子蛋白的三级结构，促进酶切位点的暴露，提高了效率，时效缩短近50%，降低了成本，产品附加值得到了提高。该项技术也已经在欧洲、日本获得专利权，市场潜力巨大。

据小赢了解，获奖专利的专利权人欧诗漫生物股份有限公司（以下简称欧诗漫）从创立至今，已申请发明专利100余件，在"水解珍珠和植物提取物的组合物""去除珍珠粉固有的腥异味""含有珍珠粉的定妆粉"等多个方面进行了较为全面的专利布局，获得授权率高达93%。此外，还申请了多项实用新型和外观设计专利，涉及化妆瓶和化妆瓶瓶盖。小赢对其申请类型进行了分析（见图1）：发明专利申请占比73%，实用新型占比13%，外观设计占比14%。

在欧诗漫的发明专利中，小赢了解到，其拥有多项水解珍珠和植物提取物的组合物专利。植物提取物包括可可果/海藻复合提取物、人参根提取物（ZL201310253024.3）、三色堇花提取物、番石榴提取物（ZL201310252949.6）、黄春菊提取物、可可果/海藻复合提取物（ZL201310254313.X）、美洲接骨木提取物、三色堇花提取物（ZL201310255015.5）。这些珍珠水解物与各种植物提取物组合得到化妆水、生肌水等化妆品，让肌肤充分补充水分，为肌肤打开深层渗透通道，强化肌肤更新能力，大大增加了美白效果。

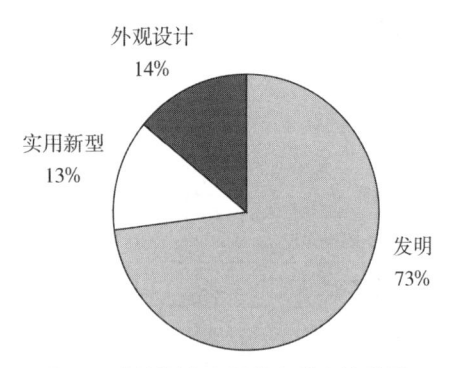

图1 欧诗漫在中国的专利申请类型

另外，小赢发现，在获得具有美白效果的珍珠产品时，还需要去除珍珠粉固有的腥异味。为此，欧诗漫申请了专利"一种具有规则几何形状去腥味亚微米珍珠粉的制备方法"（ZL201010522609.7），通过粉碎、撑裂、除味处理，制得的珍珠粉粉体颜色不变，具有规则的几何形状，珍珠粉固有的腥异味得到有效解决，避免了对人体的潜在危害。

此外，市场上的有些定妆粉并不能使得妆容保持持久、涂抹均匀，同时定妆粉中含有的滑石粉对人体有一定的伤害。为此，小赢追踪了欧诗漫的相关专利申请，发现一款含有珍珠粉的定妆粉的制备工艺已经获得授权（ZL201110152773.8）。这种定妆粉令妆容持久、柔滑细致、涂抹均匀，不含有害物质。

最后，小赢想说的是，如果选择购买了珍珠系列产品，如珍珠水、珍珠原液、珍珠润肤乳、珍珠面膜等，直接使用即可。如果购买了珍珠粉，那么应该怎么使用呢？小赢检索后发现，珍珠粉可以与维生素E、芦荟汁、蛋清或七子粉等分别搭配使用，起到祛痘淡印、舒缓修护、紧致润肤、嫩白肌肤的效果。您有没有心动呢？快来搭配您的珍珠粉吧。

本文作者：
国家知识产权局专利局
专利审查协作北京中心化学部
邱晓伟

06　电动汽车充电不排队的奥秘*

小赢说：

电动汽车越来越多地走进我们的生活。尤其是在北京，电动汽车的优势除了环保还有不限行。然而电动汽车对比燃油汽车也有一些无法弥补的劣势——续驶里程不足、充电设施配置不足。今天我们就来谈谈如何解决电动汽车的充电问题。

在石油资源日益紧张、汽车尾气造成的环境损害日益明显的环境下，电动汽车作为传统汽车的替代品正在快速发展。电动汽车充电站和汽油加油站类似，但又不同于传统汽车和加油站的关系。电动汽车的充电需要一段较长的时间，在这段时间内车会停留在充电站内占用一个充电工位。当充电站的所有充电工位都被占满后，后来的车无法及时充电，带来较差的用户体验。在节假日的高速路上，充电站里经常会排着长长的队伍，很多电动汽车用户都需要长时间等待。以至于有人说，电动汽车的最佳活动半径是在200km以内。这种说法虽然显得夸张，但现实生活中，尽管在高速公路服务区配备了很多充电桩，但由于对充电工位的不确定，阻碍了很多电动汽车车主的长途旅行意愿。如何有效合理地安排用户的充电时段，提高充电工位的利用效率，为用户选择充电站给予有效指引，成为亟待解决的问题。

面对上述问题，人们想到了预约的方法：提前查找好空闲的充电站，提前预约好某个时间段的充电工位。比如，专利 ZL201310705026.1 中的技术方案就是基于上述思想，提出了一种电动汽车充电服务预约系统和方法（见图1）。该系统和方法对充电工位使用情况进行统计、对用户端发送信息、与充电站其他管理模块配合，采用基于时间段的有限时间资源分配算法，用于判断预约请求能否成功，并且对有限的时间资源进行统计和分析，能够实现用户预约充电。通俗地说，和预约餐厅餐桌的原理类似，用户通过手机端提前预约充电站充电桩，然后在预约时间赶到该充电站进行充电，随到随充，无须长时间等待，大大提高了电

---

* 本文涉及第二十届中国专利优秀奖项目，专利号为"ZL201510229742.6"，专利名称为"电动汽车预约充电控制方法及装置"，专利权人为"国家电网公司、国网北京市电力公司"。

动汽车车主的充电用户体验。

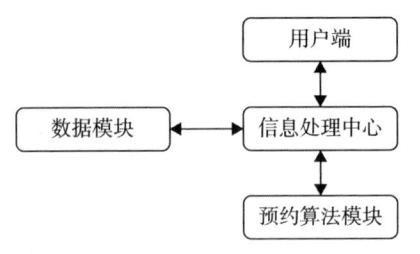

图1　ZL201310705026.1说明书附图

这样是不是再也不用发愁充电的问题了呢？答案是否定的。不要忘记这些都是建立在电网正常供电的基础上的。伴随电动汽车数量的增加，其大量接入电网也会给电网带来巨额的负荷增长，给电网带来不稳定因素。如果为充电站供电的源头电网都不能稳定供电了，充电站如何能保证为用户提供可靠的电力输出呢？这个问题该如何解决呢？下面介绍专利ZL201510229742.6，看看是如何兼顾电网、充电资源和用户需求等多方利益，来配置充电装置的。

获得专利ZL201510229742.6提出了一种兼顾电网、充电资源和用户需求等多方利益的控制方法与具备相关功能的充电装置（见图2），其中优化控制参数包括：最小化用户充电等待时间、最小化电网负荷峰谷差、最小化配电网线路损耗、最大化充电设施利用率以及最大化用户充电经济性。根据优化控制参数，确定预约充电方案集合中各个预约充电方案的优化参数值；根据优化参数值对各个预约充电方案进行排序；通过各个预约充电方案的排列顺序，确定推荐充电方案；上述方案通过获取充电桩所在区域的日负荷历史数据及预测曲线、配变容量等信息，建立负荷调度模型，对预约充电时间和地点进行方案筛选，实现配电网经济可靠运行。

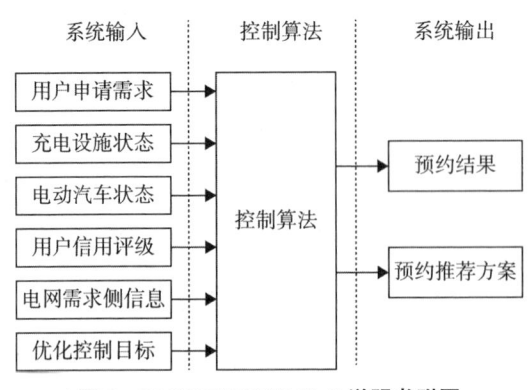

图2　ZL201510229742.6说明书附图

通俗地说，该专利请求保护的充电装置，在进行充电方案的实施时，不仅考虑了用户的等待时间，还考虑了电网的稳定性和用户的经济成本。比如，在分配充电设施时考虑配电网的线路损耗情况，考虑该充电站在配电网的线路位置和损耗，而不是一味地追求近距离安排充电桩，使得配电网不因为电动车的接入产生不稳定的现象，保证供电的源头电网健康稳定。同时，还考虑将不需要紧急充电的用户安排到电网负荷波谷进行充电，此时电价会比日常电价优惠，这样的安排可以为用户节约充电成本。综合来说，该方案的实施使得用户既不用排队又可以省钱，大大提高了充电服务网络的设备利用效率和用户体验。

同时，该专利申请还创新性地提出用户信用评级，类似于银行贷款的信用评级制度。如果预约充电设施而没有按时去使用，会相应扣除用户的信用评分，通过对用户进行信用评级，针对不同信用等级提供不同的服务，从而鼓励用户如约充电，进一步提高充电设施的利用率。

说的这么好，这个方案什么时候才能真正走进我们的生活呢？据小赢了解，该方法已在北京市公共和私人充电桩得到推广应用。据悉，在不久的将来还可以通过 APP 实现私人桩可用信息发布、预约锁定和启停充电等操作，实现充电设施共享。

本文作者：
国家知识产权局专利局
专利审查协作北京中心电学部
闫朝

07 爆胎时的"保护伞"——爆胎应急装置*

小赢说：

据相关数据统计，在高速行车时爆胎被认定是危险程度与伤亡概率最高的意外情况之一。如何有效减少爆胎后的人员伤亡就成了现今社会亟待解决的问题，下面，就让小赢带您了解一下能够有效降低爆胎危险性的爆胎应急支撑装置。

为什么需要爆胎应急装置？

伴随着科技的迅速发展，车辆作为应用最广泛的交通工具已经融入我们的生活之中，无论是轿车、货车还是其他的专用运输车辆，都与我们的生活息息相关。交通事故、车辆损耗也不可避免地随之而来。为了更好地保障驾驶人及乘客的人身安全，越

图1 福特汽车 ABS 示意

来越多的车辆安全装置逐步进入大众的视野。其中，安全带、制动防抱死系统（ABS，见图1）以及安全气囊是近年来车辆运输行业最普及的三种安全应急装置。许多汽车品牌还自主研发了盲区检测系统、智能防碰撞系统等来保障车辆驾驶安全。

然而，仅设置上述安全装置，很难在事故发生时对人员、财产安全做到最大程度的保护，尤其是爆胎事故发生时。据统计，中国每年因爆胎事故伤亡超过4万人，高速公路上更是有50%以上的死亡事故与爆胎有关。您可能会疑惑爆胎

---

* 本文涉及第五届北京市发明专利奖二等奖项目，专利号为"ZL201410018534.7"，专利名称为"一种铰链式爆胎应急支撑装置"，专利权人为"山东泰斯福德科技发展有限公司"。

为什么有这么大的威力,下面就让小赢来带您了解一下爆胎这个"马路杀手"。

引起爆胎的因素非常繁杂,轮胎的胎压过低、温度过高、胎面磨损严重、路面上存在较硬的障碍物等诸多细小的情况均有可能导致轮胎爆胎。爆胎发生后,轻者需要更换备胎、修补撞损的车辆零件,重者可能会导致多车撞毁、多人伤亡的严重后果。您可能会疑惑,相比于发动机等复杂的车辆零部件,轮胎的结构简单、常见,为什么轮胎破裂会造成这么可怕的后果?

小赢在此就要为您讲一讲了。现在车辆上常用的是真空轮胎,真空轮胎在发生爆胎或严重失压后轮胎的脱圈阻力减小,轮胎与轮辋之间的咬合力变小,不再能够保证两者之间连接的稳定程度,因此就会逐渐出现轮胎与轮辋脱离的现象(见图2)。这时轮胎受到地面的拖拽就会使其橡胶部分卷入轮辋凹槽的槽底,轮胎与轮辋彻底分离。轮胎陷入轮辋凹槽内部之后,金属材质的轮辋的高度高于橡胶材质的轮胎的高度,也就是说轮胎爆胎时,压力的瞬间变化会导致车轮两侧失衡或摇摆,此时金属材质的轮辋失去了轮胎的支撑力后,在车辆的重力作用下下沉直接与路面接触,车轮就无法再依靠橡胶轮胎向地面有效传递驱动力、转向力及制动力,司机无法控制车辆,进而发生严重的侧滑和翻车事故。

图2 爆胎后的车辆[①]

如何在车轮轮胎破裂、失压后仍能保证车辆在一定时间内稳定行驶就成了亟待解决的问题。此次山东泰斯福德科技发展有限公司与泰斯福德(北京)科技发展有限公司(以下简称泰斯福德)就如何解决爆胎后轮胎与轮辋脱离、金属轮辋直接接触地面这一问题,申请了多件专利。其中,专利号为 ZL201410018534.7 的"一种铰链式爆胎应急支撑装置"更是获得了第五届北京市发明专利奖二等奖。

---

① 图片来源:http://www.cq.xinhuanet.com/2018-07/19/c_1123149617.html。

从专利信息看爆胎应急支撑装置

铰链式爆胎应急支撑装置的工作原理其实很简单。将单个、独立的弧形带体通过若干个连接头，像锁链一样连接在一起，组装完成后安装在车辆的轮辋凹槽里，通过设置在带体内表面的摩擦结构锁死带体与轮辋之间的相对位置，通过设置带体外表面的卡带锁定与轮胎之间的相对位置（见图3）。支撑装置、带体、卡带三者配合，像双面胶一样填充在轮辋凹槽内，将轮胎与轮辋紧密地结合在一起。即使轮胎爆胎或者失压，整个"铰链"也可以紧紧咬合住轮胎，避免轮胎卷进凹槽后金属轮辋直接与地面接触，即在爆胎发生后，"铰链"使得车辆的方向和制动都能够保持在一个可控状态。

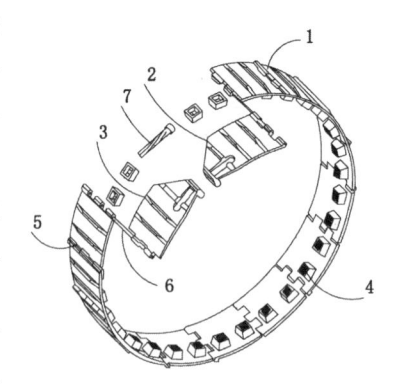

图3 ZL201410018534.7 说明书附图

安装有应急支撑装置的轮辋凹槽（见图4）被填充，爆胎或者失压后的轮胎依然依附在轮辋结构上。失压后的橡胶存在一定厚度形成橡胶垫，也就使得金属轮辋不会直接接触地面，橡胶垫仍与地面接触并产生相应的抓地力、制动力。装置上的凸起机构与失压轮胎紧紧咬合，确保了轮胎与轮辋的同步性，"滚动模式"的车轮也就正式变身为"履带传动模式"的车轮。这个时候，汽车就好像变形金刚一样成了"小坦克"，再踩刹车也不会打滑和侧翻。

图4 轮胎安装爆胎应急装置对比图

小赢通过检索发现，泰斯福德后续还申请了多个不同结构的爆胎应急支撑装置。例如，通过充气气囊填充轮辋凹槽，进而卡合轮胎与轮辋相对位置的盘龙式爆胎应急支撑装置（ZL201520215225.9，见图5）。

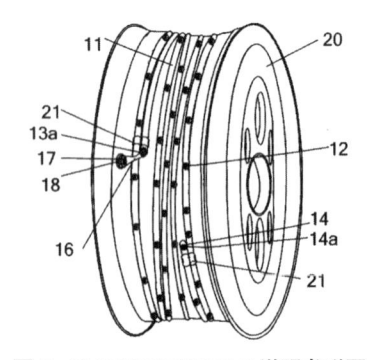

图5 ZL201520215225.9 说明书附图

实际应用

泰斯福德对于爆胎应急装置的改进不仅体

· 30 ·

现在功能结构上，在实际应用中还大量使用了新材料。如应用在乘用车上的 C 系列选用的是碳纤维材料，轻量化的设计更方便小型车的安装及使用；应用在高端、大型车辆上的 S 系列使用的是玄武岩纤维，材料强度更高，在载荷较大的情况下更能保证爆胎后的支撑强度。新材料的选择使得该爆胎应急支撑装置既保证了轻量化，也提高了耐久性。相关研究表明，相比于其他老式的续行类产品，泰斯福德的应急支撑装置减重了 400% 以上。

小嬴了解到泰斯福德的爆胎应急安全装置已通过军方、警用、交通部等多家权威机构的认证，完全符合行业的相关安全标准（见图 6）。

检测日期	检测地点	检测单位	检测项目	检测结果	检测（报告）编号
2017年10月20日	国家汽车检测中心（天津）	天津汽车检测中心	高温试验；低温试验；耐盐雾；机械振动；耐久性	合格，实验室模拟产品振动和耐盐雾等符合车辆行驶标准要求。	QA17XX2LEA931
2017年9月25日	国家级汽车试验场（湖北襄阳）	国家汽车质量监督检验中心（襄阳）	爆胎后的转向、制动性能；爆胎后可控行驶距离	合格 产品在客车上的试验符合交通部相关要求。	17-WT-ZC-23649
2016年11月24日	国家级汽车试验场（湖北襄阳）	国家汽车质量监督检验中心（襄阳）	爆胎后的转向、制动性能；爆胎后可空行驶距离；搭载试验	合格 产品在满载49吨重卡上的搭载试验符合交通部相关标准要求	16-WT-ZC-24380C
2015年1月25日	国家级汽车试验场（湖北襄阳）	国家汽车质量监督检验中心（襄阳）	19吨重载测试；爆胎后的转向、制动性能；爆胎后车辆持续行驶能力	合格 产品在满载19吨客车上的搭载试验符合交通部相关标准要求	14-WT-ZC-06222
2014年10月22日	国家军工产品指定测试场（安徽定远）	中国定远汽车试验场	爆胎前车辆转向性能试验；爆胎后持续直线行驶试验；爆胎后车辆转向性能试验	合格 产品在南京依维柯军用车辆上的搭载试验符合军方安全要求	DY/MP-ZC14-014
2014年9月23日	北京朝阳	北京华安中泰检测技术实验室	正弦振动试验；冲击试验；低温、高温存储试验；	合格 实验室模拟产品震动和冲击符合车辆行驶标准要求	R20140923031401C
2014年7月14日	北京西城	公安部刑事技术产品质量监督检验中心	产品外观；爆胎后行驶性能；爆胎后制动性能；爆胎后绕桩性能；使用性能	合格 产品在轿车及客车上的搭载试验符合公安部相关要求	CPST(2014)105

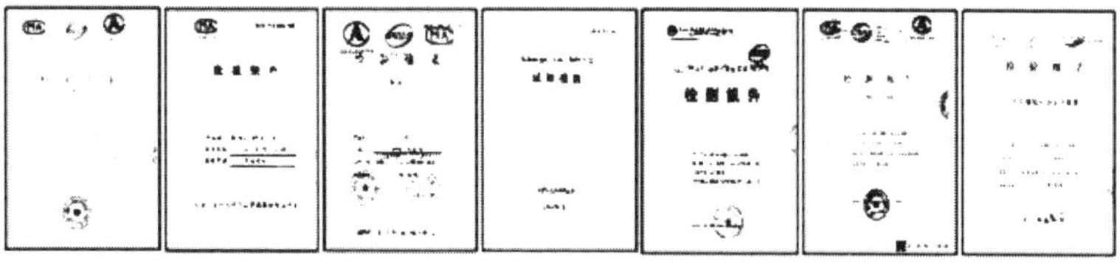

宇通客车测试　公安部刑事技术产品质量监督检验中心　国家汽车检查中心爆胎测试　中国定远测试场（军方）　震动，温度，冲击试验　国家汽车质量监督检验中心（襄阳）　国家汽车检测中心(天津)

图 6　相关检验报告①

① 图片来源：泰斯福德官方网站 http://www.tesd.com.cn/cpjs/jcbg/。

此外，泰斯福德不仅在国内申请了相关产品的专利保护，2017年9月29日泰斯福德在美国也已经成功获得授权（US9731548B2）。汽车爆胎应急安全装置尽管在世界范围内仅仅发展了不到40年，但铰链式爆胎应急支撑装置以其特有的设计，使车辆能在爆胎的瞬间形成履带传动模式，即使车辆爆胎后也仍保有一定的制动力及转向能力，有效地保障了驾驶者的人身安全。

在此，小赢提醒大家，如果驾车遇到爆胎，不要急刹车，因为车在高速行驶的时候忽然爆胎会使车辆侧偏，急刹车会使这种侧偏更加严重，从而导致翻车。这时应当双手紧握方向盘，缓慢减速，缓缓向爆胎的反方向打方向盘，保证车辆的直线行驶，慢慢将车停靠在路边，取出三角警示牌，放置于车后，等待后续处理。最后小赢祝大家一路平安！

本文作者：
国家知识产权局专利局
专利审查协作北京中心新型部
乔佳琪

第二章 | chapter 02

颜值担当

08 "全心全意"懂你的洗衣机*

> **小赢说：**
>
> 你风尘仆仆，我还你一身洁白；你五颜六色，我为你洗尽浮华；你酸甜苦辣，我为你荡涤滋味。因为懂得，所以全心全意，为你寻找最初最真的色彩！这就是本文中获得专利金奖洗衣机的最真实的写照。

首先，来看看本文的主角（见图1）。

图1　ZL201630032286.1外观设计附图

小天鹅的创新研发能力

曾记否，到中流击水！中国第一台全自动洗衣机1978年诞生于无锡小天鹅股份有限公司（以下简称小天鹅）。如今小天鹅的品牌价值已达150亿元。

一个企业的创新研发能力，从其对知识产权的布局可见一斑。小天鹅对知识产权和创新研发的重视位于家电行业的前列，专利申请数量也是非常可观的。根据最新（截至2019年6月，下同）中国专利检索与服务系统中文文摘库公开公

---

* 本文涉及第二十届中国外观设计金奖项目，专利号为"ZL201630032286.1"，专利名称为"洗衣机"，专利权人为"无锡小天鹅股份有限公司"。

告数据检索统计显示，小天鹅专利申请总量为4500多件，其中洗衣机专利申请总量为3200多件，滚筒洗衣机专利申请总量为500多件（见图2）。而全库检索到的洗衣机总申请量有3万多件，其中滚筒洗衣机总申请量有3100多件。可见，无论是小天鹅洗衣机总申请量与洗衣机总专利申请量对比，还是小天鹅滚筒洗衣机总申请量与滚筒洗衣机总申请量对比来看，都是颇具竞争力的。

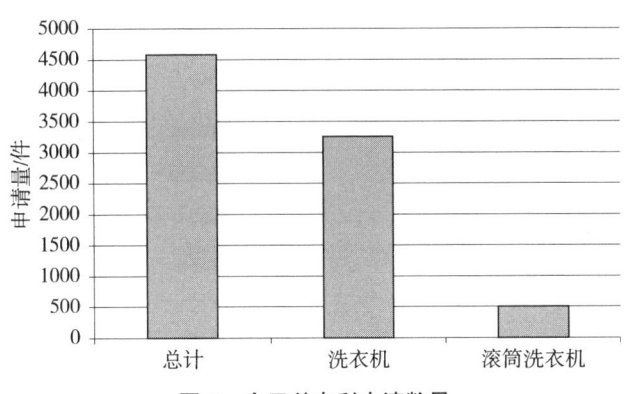

图2 小天鹅专利申请数量

在小天鹅所有公开的专利申请中，发明专利数量为500多件，实用新型专利数量为1900多件，外观设计专利800多件（见图3）。可见，其各种类型的专利布局也是比较完善的。

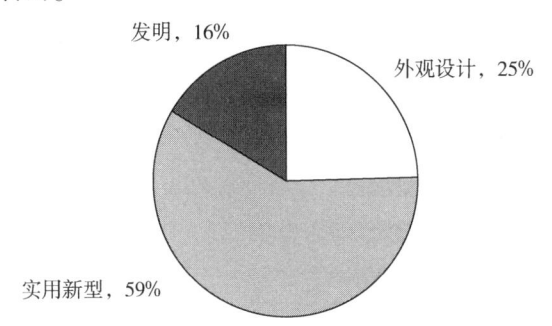

图3 小天鹅授权公告专利类型

根据最新中国专利检索与服务系统中文文摘库公开公告数据检索统计显示，小天鹅专利申请，由2008年的30多件，经历多年连续增长，2016年达到1200多件。在接下来的两年，因有些专利数据还未公开，其专利申请量有所下降（见图4）。其历年专利申请数量变化趋势也表明了企业创新研发的脉络走向。本文获奖专利项目即是在这样的研发背景下应运而生。

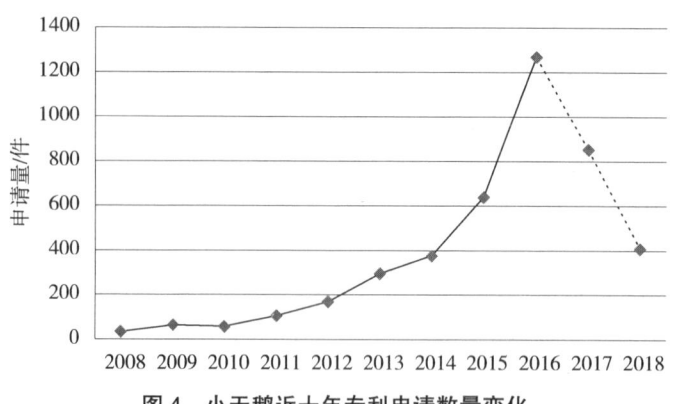

图 4　小天鹅近十年专利申请数量变化

这款金奖洗衣机为滚筒洗衣机，属于小天鹅比佛利倾系列，堪称净衣大匠。下面就为您全方位解读一下这款外观设计专利金奖产品的旷世才华。

小天鹅的创新设计理念

随着人们生活水平的提高和科学技术的创新发展，洗衣机作为克服传统洗衣费时费力问题的家用电器，成为千家万户不可或缺的产品。许多新兴时尚的智能滚筒洗衣机也增添了人们可选择的多样化。

这款获奖洗衣机是一款颠覆传统滚筒洗衣机产品设计理念的划时代创新产品。从其外表的流线到外开门斜向上 45°的倾斜角度，以及材质与色彩搭配的观感，无不饱含着对人类的关爱与呵护。在展现各种必备功能的同时，融入了现代时尚轻奢理念，以表达人类对时尚生活的热爱之情。同时，洗衣筒内部多角度、全方位、3D 立体感的设计，对所洗衣物的呵护表达也是淋漓尽致。

其精湛的设计理念完美演绎了由形状、图案、色彩三项核心的外观设计要素构成的具有美感的外观设计神话，从而一举夺得外观设计专利金奖。

形状设计

这款获奖洗衣机整体近似仰望星空的倾斜柱体，各结合面处为流线曲面过渡设计，整体外形充满了梦幻与灵性，给视觉冲击造成的即视感非常强烈，令人印象深刻。

正面中心为开关门，45°斜向上的设计解决了用户弯腰取衣难的问题。同时，提炼于太空悬浮舱的设计灵感对产品整体外观形状定义进行扩充与外延。它就像人的眼睛一样，能灵动地上下旋转。眼睛边缘为可伸缩的软性连接，达到与洗衣机主体巧妙地柔性连接在一起的目的。

正面上部为较大屏幕的控制面板，无论是在视觉上还是触觉上都带来绝佳的操作体验。正面下部为内敛回收的斜坡式盖板，给用户的双脚腾出更大的施展空间。左右侧面为不规则边长的圆角五边形，并且左右侧面形成完美的对称羽翼起飞的动态效果。

它颠覆了传统滚筒洗衣机单调刻板的外形设计，整体机身多处采用流线圆角过渡，加之中心突出的灵动的"大眼睛"设计，与外观设计对美感的要求浑然天成。

图案设计

正面为带金属边眼影的迷人闪亮大眼睛图案，左右侧面为小天鹅羽翼绽放的动态美丽的图案，与"小天鹅"品牌交相呼应，细致诠释了小天鹅的神话传说。羽翼图案微微凹陷，有一种呼之欲出的腾飞感觉，也象征着腾飞中的小天鹅品牌勇攀高峰的精神。7寸屏幕的布局与图案设计体现了"以人为本"的理念。

随着视野从一侧转到正面再转到另一侧，整体连续的外观图案就是一个绽放的动态LOGO，给人一种"灵动+动感+科技+内涵"并直击心灵的全息视觉体验！民族企业的创新精神绚丽多姿地绽放在多层次立体感的图案设计上！

色彩设计

这款洗衣机配色为亮银色与黑色。最具特色的"大眼睛"功能区域采用高亮色进行突出表达。产品各部位的颜色整体协调一致，提升了这款产品的整体外观设计观感与美感。它在众多优秀的设计中脱颖而出，堪称洗衣机界的"战斗机"。其优雅的金属银及经典黑交相呼应，重量感与科技感如潮水般扑面而来，"将你我重重包围"！它就像路过人间的天使，深情款款向你走来，为你送上最真、最美的色彩！

解读本专利的同时，小赢通过检索列出了几款国际滚筒洗衣机现有设计的对比情况（见图5），供读者参考。

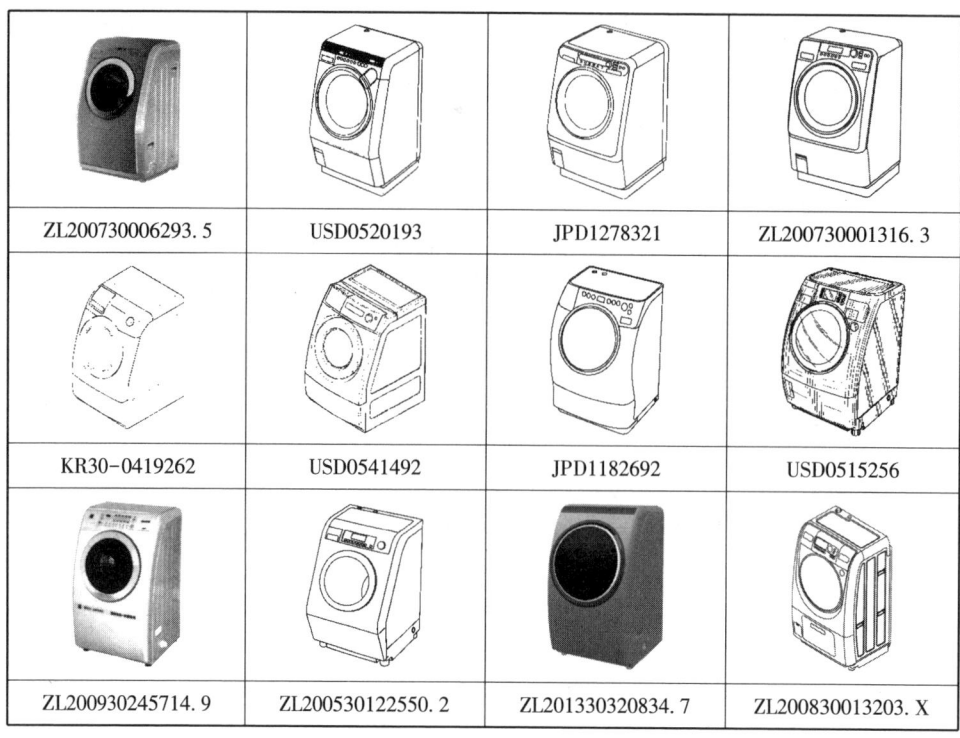

ZL200730006293.5	USD0520193	JPD1278321	ZL200730001316.3
KR30-0419262	USD0541492	JPD1182692	USD0515256
ZL200930245714.9	ZL200530122550.2	ZL201330320834.7	ZL200830013203.X

图5 各国滚筒洗衣机现有设计状况一览

技术功能附加项

这款金奖洗衣机可不止颜值高，下面再为您解读一下其他技术功能方面的设计才华。

高端：智能旋转筒身设计

采用全球首创、自主知识产权的转筒技术，运用军工涡轮蜗杆技术，筒体前端可以在开口内上下智能活动。而现有设计均不具备该设计特征。

大气：智能太空悬浮洗设计

采用BLDC变频电机，应用双电机支撑，全方位循环3D立体洗护。智能衣物浸泡，使得衣物打散更及时，洗衣更智能。采用空气悬浮洗涤，使得衣物更蓬松。

上档次：MBS 减震系统设计

源于悍马底盘设计，由四个减震器组合而成，运行平稳，洗衣安静，再也不用担心会吵到家里的老人和宝宝。

低调：便捷贴心设计

筒身采用45°倾角设计，不用弯腰便可优雅地取放衣物，这款洗衣机的口号就是"倾心不倾身，为爱不弯腰"。滚筒洗衣机主要依赖对衣物的摔打来洗涤衣物，所以并不需要大量的水来浸没衣物再启动洗衣程序。这款洗衣机可以中途加衣，无须排水，无须等待，不用担心水和泡沫溢出。而且自动添加洗涤剂，超大容量，一次添加可用半年。

奢华：时尚设计

超大7寸TFT彩屏，视觉体验舒适，界面交互友好易用。筒内有智能筒灯设计，避免遗漏衣服。内筒表面设计有钻石3D纹理，全方位立体化净衣。机身外观表面综合多国设计灵感，时尚美观。

有内涵：健康设计

可用冷水洗涤，采用抗菌设计，并且配有ACP抗菌门封圈，另外，还设计有95℃高温筒自洁，雾态喷淋，实现3D立体健康洁衣。

综上所述，这款洗衣机真是实力与颜值兼而有之，处处体现"全心全意"的设计情怀。正如企业的口号：全心全意，小天鹅！

本文作者：
国家知识产权局专利局
专利审查协作北京中心外观部
张梅

09 颜值与实力并存的吸油烟机*

> **小赢说：**
> 越来越多的都市女性宁愿选择外卖，也不愿面对油烟的烦恼。虽然家中有吸油烟机，但难清洗等弊端始终给人造成困扰。那么有没有既美观时尚，又能让人享受烹饪乐趣的解决方案呢？

设计介绍

老板"吸油烟机-5610"的外观（见图1）延续了老板电器一贯近吸式油烟机"万物为简"的设计风格，灵感来源于中国传统文化中"天圆地方"的理念，外方内圆，形成独特的美学韵味。整机采用黑晶面板，材质光滑、细腻，中置的圆形导风板引用"黑洞"概念，类比油烟如宇宙黑洞，可实现迅速、360°吞噬油烟。导风板在整体面板中占比较大，视觉冲击效果强，令人不由产生对产品功效的信服感。机身整体纤薄，侧部倾角仅25°，在保证家居空间、精准吸烟的同时，充分考虑了使用者烹饪的灵活性，避免对使用者头部的磕碰。面板下部左右两侧设有条状补光灯，延续了方圆文化中强调的对称美学，双侧灯带的设计也能满足有效补光，使烹饪视线更加开阔。

吸油烟机按照外观结构大致可分为侧吸式、顶吸式、T型机式、欧式、中式等几种，老板"吸油烟机-5610"属于侧吸式。

侧吸式吸油烟机的外观设计（见图2）主要体现在面板的造型设计及面板上的控制键设计：面板设计有内圆外直板的套嵌设计、直板简约设计、弧型曲线设计、内用直板外套弧形的设计；控制键主要有机械按键设计（凸出的机械开关）和触摸按键设计（轻触开关）。

---

* 本文涉及第二十届中国外观设计金奖项目，专利号为"ZL201730035284.2"，专利名称为"吸油烟机（CG5610）"，专利权人为"杭州老板电器股份有限公司"。

图 1　老板吸油烟机-5610①

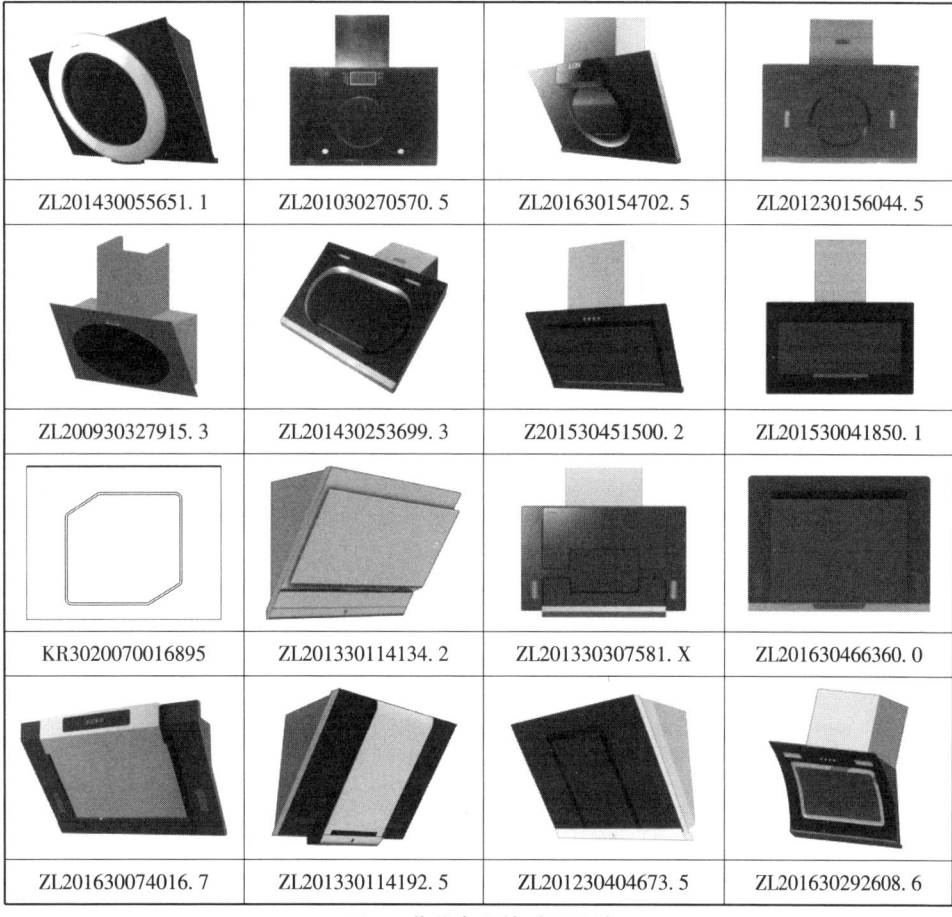

ZL201430055651.1	ZL201030270570.5	ZL201630154702.5	ZL201230156044.5
ZL200930327915.3	ZL201430253699.3	Z201530451500.2	ZL201530041850.1
KR3020070016895	ZL201330114134.2	ZL201330307581.X	ZL201630466360.0
ZL201630074016.7	ZL201330114192.5	ZL201230404673.5	ZL201630292608.6

图 2　获奖专利的对比设计

① 图片来源：https://www.robam.comproductproductinfo83.html。

老板"吸油烟机-5610"采用侧面进风,触摸按键设计,圆形挡风板闭合时与面板实现无缝闭合,面板光滑易清洗,整个机身轻薄,节约厨房空间。这样的外观设计不仅具有美观性还有功能性:只抽走油烟,不抽走火力,不增加额外能耗。

深度解析

1. "悬浮"感应技术

"吸油烟机-5610"首次搭载了老板公司的"悬浮"专利技术(ZL201621344558.2),用户只需在老板的LOGO上一挥手,就能感应开机,操控过程中手指不需要触摸到吸油烟机表面,防止油渍沾到手指上,体验感好的同时也让这款产品颇具科技感。

根据专利说明书记载(见图3),挡风板上安装有悬浮式操控的触控盘7,烟机本体上前端面安装有悬浮式操控的档位切换感应探头8。触控盘为电容式悬浮触控和红外感应悬浮触控两种结构的触控方式,触控盘上安装有若干个红外感应探头,触摸盘安装在挡风板背面,档位切换感应探头为红外感应探头。触控盘直径5~25cm,悬浮感应范围≤3~8cm。档位切换感应探头感应范围≤6~15cm。

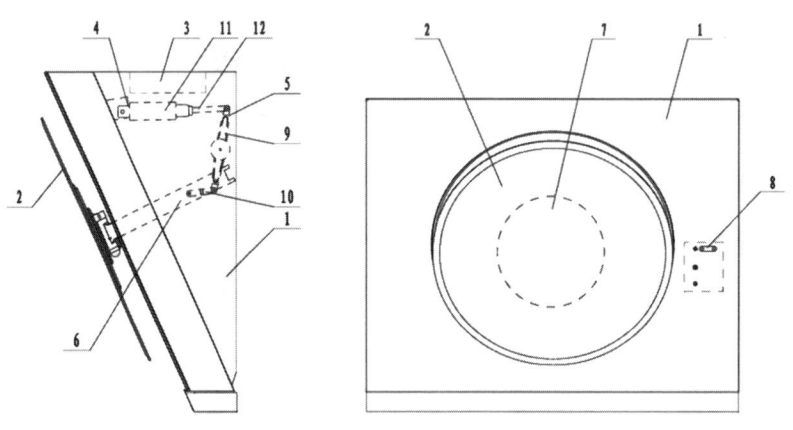

图3 ZL201621344558.2说明书附图1

当手靠近触控盘即可触发触控盘,通过控制器3控制起动吸油烟机,再次将手靠近触控盘悬浮触控,即可通过控制器起动活塞推杆机构4推动挡风板向外平移处于半开状态,然后吸油烟机弱挡起动。如需要进行强弱挡切换,可在烟机上的挡位切换感应探头8处进行挥手操控,挡位切换感应探头触发时烟机切换到强挡,控制器控制活塞推杆机构4继续推动挡风板往外平移一段距离,完全打开。再次在挡位切换感应探头处挥动手臂,挡位切换感应探头触发,烟机切换到弱挡，控制器控制活塞推杆机构回缩带动挡风板平移到弱挡状态，此时再悬浮触控挡风板上的触控盘，则可实现关机。

2. 自动平移挡烟板设计

现有油烟机集烟罩上的挡烟板多为固定式，无法有效阻隔烟道内其他用户的油烟串味。老板"吸油烟机-5610"设计上采用有效防止油烟串味、改善厨房空气质量的自动平移挡烟板设计（见图4）。

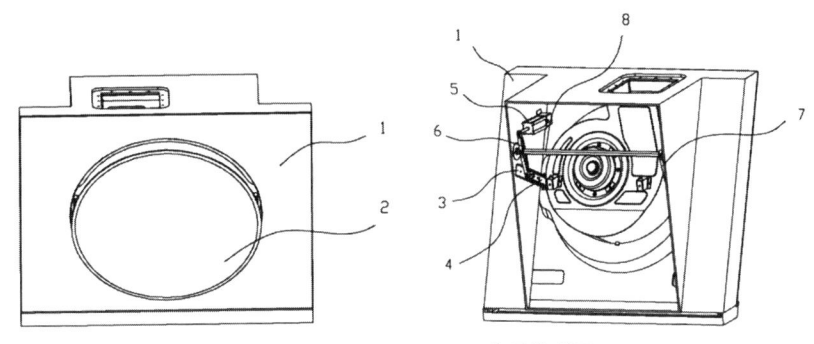

图4 ZL201621014012.0 说明书附图2

当油烟机使用时，推杆电机5动作，推杆顶伸，带动主动杆6绕着套设在连接轴上的中间支点作旋转运动，并推动滑块4沿滑轨3前移，使挡烟板平移并开启。当挡烟板2平移至一定大小时，推杆电机的推杆触碰到内部的限位开关，推杆电机随即停止工作，此时，挡烟板依然处于某个开启状态，风机正常工作。同时，推杆电机内部还设有多个微动开关，可以对挡位行程进行多个设定，从而实现挡烟板的平移距离可以随烟机风量的大小进行自动调节。

当关闭油烟机时，风机先停止运转，推杆电机延后启动关闭挡烟板。当挡烟板完全闭合后，挡烟板被集烟罩前框挡住无法再回缩，处于顶死状态，推杆电机的过载保护动作，自动断电，最终实现挡烟板的自动闭合。

3. 专利面板设计

可伸缩全闭合面板设计，始终确保强大的气流量及高效的排烟效果，油烟不再堵塞通道，不用再担心厨房油烟倒灌。

专利 ZL201621346063.3 包括导风板、连接在导风板上的插接头、与烟机本体连接的插接座，插接头上设有插套，插套下端设有触碰公头，插接座上设有和插套对应适配的插筒。插套插接在插筒内，插筒下端设有和触碰公头对应适配的触碰母头，触碰公头和触碰母头触碰在一起实现电连接。烟机导风板维修清洗时连接线的断通与导风板的拆装同步进行，不存在拆卸接插件的步骤，拆装方便，大大提高了工作效率（见图5）。

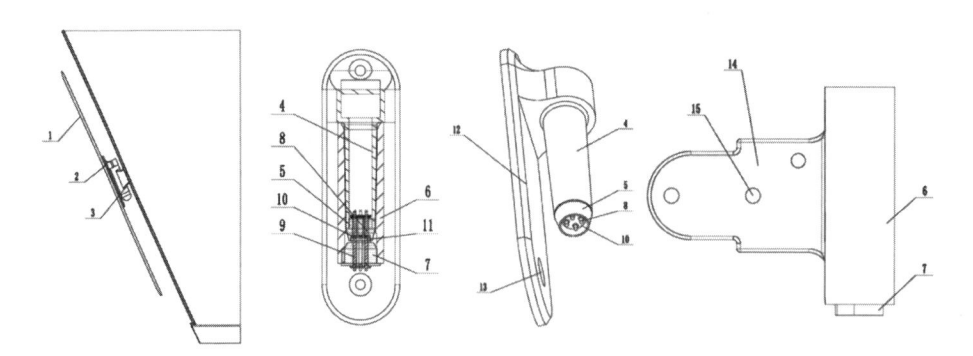

图5 ZL201621346063.3说明书附图

专利ZL201621345097.0旨在解决烟机导风板多行程开合位移量控制精度低，无法准确地到达所需要的行程位置的不足。该专利包括安装在烟机本体上的推杆电机、驱动连杆机构、与导风板紧固连接的推动杆。推杆电机包括推动活塞杆，推杆电机内安装有若干个微动开关，推动活塞杆外壁上设有用于触动微动开关的凸起，驱动连杆机构铰接在推动杆和推动活塞杆之间，烟机本体上安装控制器，微动开关、推杆电机均没有电连接控制器（见图6）。

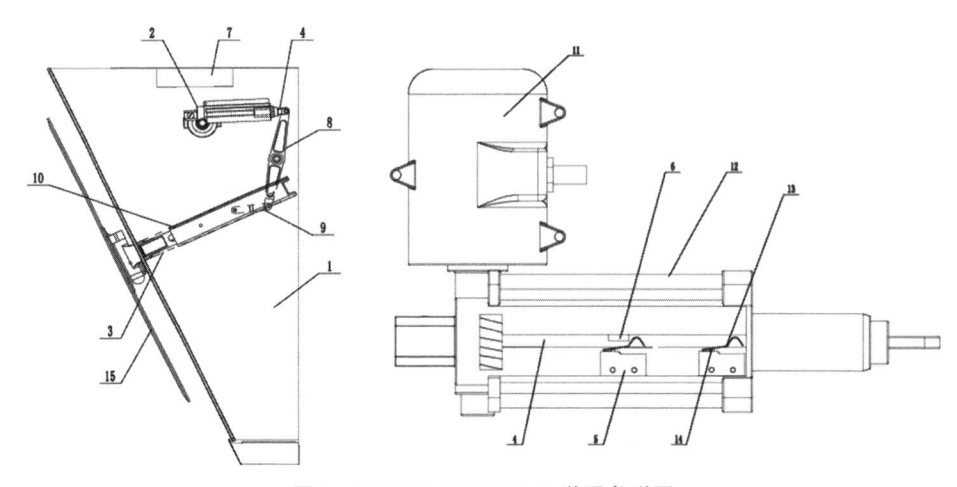

图6 ZL201621345097.0说明书附图

作为老板第四代大吸力油烟机，"吸油烟机-5610"排风量可达$20m^3/min$。这款油烟机的圆形挡风板在开启时，可以形成负压区域，保证强劲的吸烟效果，解决拢吸难题；关闭时，圆形挡风板收回机身，油烟机表面平整易打理，解决清洁难题；同时，挡风板关闭后还能有效杜绝中国厨房公共烟道油烟倒灌的问题。一个设计同时解决三种难题，令人称绝。

ROKI 智能烹饪

老板"吸油烟机-5610"搭载了 ROKI 智能系统，可以实现油烟机与灶具的智能联动。ROKI 智能 APP 与产品的连接非常方便，只需简单几步即可连接成功，当用户开启联动的灶具之后，烟机也会自动开启。不仅如此，当用户通过智能导航菜谱按步骤烹饪美食时，烟机也可根据需要调至最佳的风量挡位，协助完成此次烹饪。

通过 ROKI 智能 APP 还可实现远程遥控，无论用户身处卧室还是客厅，拿起手机轻轻一点，就可随时掌控厨房里的油烟机。这款油烟机还支持定时净化厨房空气的功能，还厨房一个清新健康的环境，功能贴心而实用。

本文作者：
国家知识产权局专利局
专利审查协作北京中心外观部
吴晴瑶　李良平

10　夫妻和睦倍增器洗碗机的前世今生*

> **小赢说：**
>
> 这几天读《梁书·张率传》中的一段："率嗜酒，事事宽恕，于家务尤忘怀。"好像无意中找到了"家务"的出处。从古至今，应该没有一个女人是天生就爱做家务的。当家务压在一个人身上，花费大量的精力来保持一个家的清洁，而某人却满不在乎："不就是洗俩盘子么！"这时真想上去给他两耳光，大吵一架。别急，小赢今天为大家介绍"夫妻和睦倍增器"——洗碗机。

根据某网站的投票统计，网友最不喜欢的家务从后往前的排名为：拖地、擦窗、洗碗、打扫卫生间、打扫厨房。

排名第三的"洗碗"真正诠释了"打扫厨房"为何排名第一。吃饭的时候有多幸福，洗碗的时候就有多痛苦。广告总是骗人的，洗洁精广告永远是美女微笑洗碗。可现实中面对那一池油腻的锅碗瓢盆，不哭出来已经很坚强了。费时费力洗完，整个人都快怀疑人生了。

既然洗碗是夫妻和睦的一大障碍，那就请出今天的主角——方太 Q6 洗碗机。别看它个头小，人家可是国内首款获得中国外观设计金奖的水槽式洗碗机，是洗碗机中的"战斗机"！浑身高科技，亮个相吧（见图1）！

图1　洗碗机（水槽式 Q6）[①]

---

* 本文涉及第二十届中国外观设计金奖项目，专利号为"ZL201630153681.5"，专利名称为"洗碗机（水槽式 Q6）"，专利权人为"宁波方太厨具有限公司"。

[①] 图1~图5均来自方太水槽洗碗机官方网站 www.fotile.com。

创新三槽自由组合使用

水槽、果蔬、洗碗全新三槽设计（见图2），与传统洗碗机完全不同，比西式洗碗机节省了一大半的地方，符合不同家庭的个性化需求。全新开放式的清洗系统，针对中式碗筷和垃圾物专门设计，清洗干净全程只需半小时。高频超声加上湍流的清洗方式，将果蔬表面的农药残留一扫而光，去除率可达90%以上。

图2　三槽设计

双泵变频高温除菌

全新"双泵变频"平台技术（见图3）是方太水槽洗碗机的核心优势之一。首创研发了一种配备复合式叶轮的开放式水泵，该水泵兼顾了轴流泵流量大和离心泵扬程高的特点，实现了双泵功能，降低了系统对水量的要求，既省水又节电。变频技术让水流喷淋时快时慢、时缓时急，配合"回旋喷淋臂+全方位出水角"，高压环洗。对于短期未使用的餐具，可使用高温除菌功能快速清洗除菌。通过高温对餐具进行消毒，对金色葡萄球菌和大肠杆菌去除率达99.99%。

图3　"双泵变频"技术示意

半自动开门+智能程序锁

一键轻触半自动开门，操作更便捷。独特顶开式门体结构设计（见图4），避免弯腰拿取餐具。碗架配有筷子笼、活动架、翻板，适应性强，非常适合复杂的中式餐具的放置。智能程序锁为安全"把门"，避免工作过程误开盖。一键操作，用户只需一次按键即可开启洗碗功能；防水电容触摸按键，手指沾水也能轻松点触。

图4 开门结构设计

藏身厨房的艺术品

整体纯平面板设计，美如天鹅湖般静谧。功能槽体面板、果蔬槽面板以黑色钢化玻璃和食品级塑料为主，不易变形，经久耐用。手工打磨小切角，外形出众且易打理。氧化喷砂材质，不易产生划痕，经久耐用；亚光磨砂质感，搭配精湛时尚的设计，赏心悦目。三个槽体的合理布局分区，结构紧凑，适合中国厨房90%以上的橱柜尺寸。水槽、果蔬槽和功能槽控制按键布局合理，按照特定比例设计，用户不需移动身体可直接操作。

清洁容易，安装简单

不锈钢一体成型，槽体小圆角设计，腔体光润，简化清洁。无管路的清洗系统，解决了传统洗碗机管路藏污纳垢的问题（见图5）。无须繁杂的水电改造，厨房水槽位置即可安装。摆脱了橱柜的限制，有效避免改水电的烦恼；免除了安装的麻烦，水槽怎么装，洗碗机就怎么装，使用体验感好，适合中国人的饮食习惯和人机工学。

图 5 无管路的清洗系统

洗碗机的前世传奇

有了这款洗碗机，老公再也不用担心帮老婆洗碗了，既节省时间，又不伤感情。方太 Q6 洗碗机为家庭关系作出巨大贡献，妥妥的"夫妻和睦倍增器"！

看到这您不免会问，这么好的东西，怎么没早发明出来？这其中还有一段"真实"的小故事。

"结婚后，洗碗就是我一个人的家务，烦死了！""每次让老公洗碗，他都敷衍我！""我很生气！于是和老公吵架！""他不但不悔改！还和我顶嘴！""最终我只能和他分手了！""我的婚姻因为洗碗纠纷而结束了！"

终于，一位女性站了出来。1850 年，第一台洗碗机出现了。你一定会觉得这是不堪忍受洗碗劳苦的人发明的。真相却是一位叫做约瑟芬·科克伦的贵妇！她出身好、学识高、嫁得好，十指不沾阳春水，看起来跟洗碗机一点关系也没有。可她偏偏是陶瓷制品的"真爱粉"。有一次她的丈夫邀请了一群社会名流来聚会，约瑟芬就拿出自己珍藏的碗碟，千叮万嘱让佣人小心对待，结果还是损伤了近三成。约瑟芬看着自己的宝贝欲哭无泪，便闭门造出了简陋的家用洗碗机。手摇手柄，水箱里的水泵就会喷出热水喷洒在转动的碗碟上，用这种方法洗碗并不省力。当时主要考虑的就是别把宝贝瓷器摔坏。所以，洗碗机的诞生，是因为碗太贵了！

约瑟芬发明这种费劲的洗碗机后，一传十、十传百，宾馆和饭店纷纷要求订货。学识渊博的她早就有专利意识，于是申请了专利。小伙伴们注意了，注意了！有了好发明，要申请专利！申请专利！申请专利！

1998 年，中国第一台全自动柜式洗碗机诞生。然而泱泱中华并没有被一台小小洗碗机所征服。我国人民一向崇尚劳动最光荣，洗碗这样的小事自己动手就行！直到方太 Q6 家用全自动水槽洗碗机的出现，水槽、烘干、消毒三合一，真正让中国家庭"放手"去体验不一样的厨房生活。

创新专利技术

当然，除了颜值美、价格好，方太Q6中还包括很多专利技术。经过小赢梳理，主要有以下三项核心"黑科技"。

通过设置覆盖有沥水板的沥水区域，将水泵与洗涤区域隔离，使回流到水泵中的水先经过沥水板的过滤，有效阻止食物残渣进入水泵。同时仅在水槽底部的中央部位设置下凹的沥水区域，使得无论水槽底部面积有多大，沥水区域都保持相同的存水量。这项水槽式清洗机技术不仅提高了水泵的工作效率和使用寿命，并且有效地节省了洗涤用水和洗涤剂（见图6）。

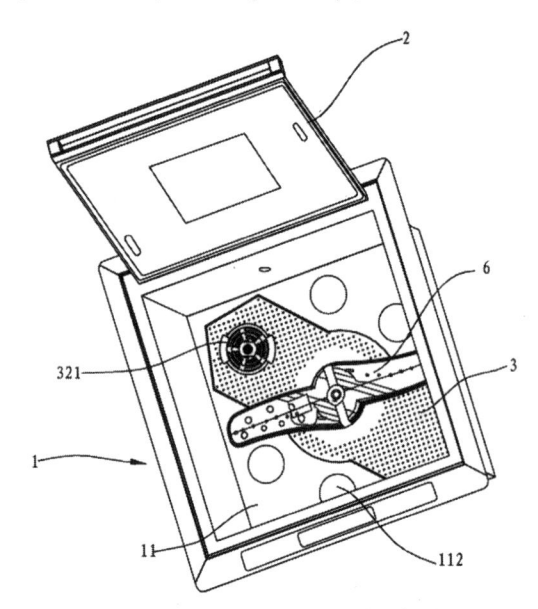

图6 ZL201310749864.9说明书附图

对叶轮叶片的上下段的高度进行合适设置，使得叶轮可以在较低水位汲水，不容易将水表面的洗涤液或者食物残渣形成的泡沫卷入叶轮而影响汲水，并且可以从入水口汲取足够的流量。这项汲水能力强的开放式水泵技术提高了叶轮的工作效率，改善了洗涤用水的流动效率（见图7）。

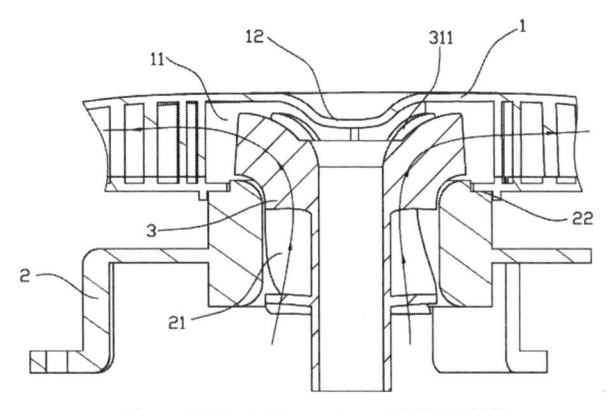

图7 ZL201310750285.6说明书附图

在水槽底部的局部下凹区域设置平板式的加热组件,无须额外加装软水装置,同时在底部通过可拆卸连接设置超声波发生装置。此项技术改善了对加热组件的清理效果,使得清洗机适用于清洗蔬菜水果,同时当超声波发生装置损坏时,只需更换相应的损坏部件而无须更换整个清洗机,维修方便节约成本(见图8)。

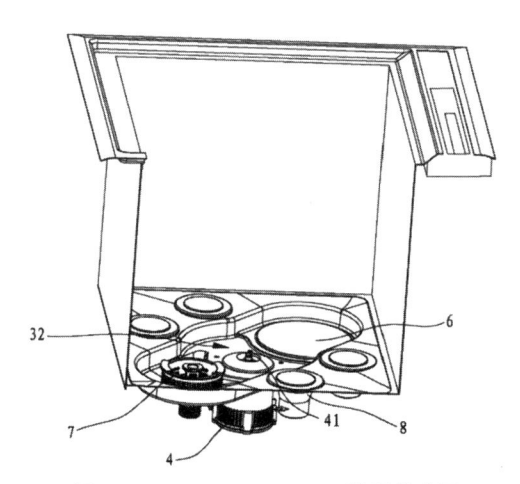

图8 ZL201320888659.6说明书附图

尽管方太Q6洗碗机的科技感十足,但值得欣赏的是,方太并没有将广告诉求放在"方方水槽洗碗机如何好"上,而是频繁地通过冗琐的家务和梦想的冲突来告诉消费者拥有一台洗碗机多么重要。这种跳出品牌范畴、跃立于行业高度的态度,反而赢得了大批消费者的好感。

数据统计也佐证了方太的判断：洗碗机用户集中在20~39岁中高收入人群，以都市白领、双职工家庭为主；地域主要集中在北上广深、江浙及四川地区。一款洗碗机产品带动整个行业的发展，这恐怕是方太发明水槽洗碗机之初不曾想到的事情。

本文作者：
国家知识产权局专利局
专利审查协作北京中心外观部
沙旭

11　揭秘腾讯小红包*

> **小赢说：**
>
> 　　新年都有哪些活动呢？看春晚、吃饺子、走街串巷拜年。除了这些传统活动，还有一个重要项目，就是发红包抢红包。今天小赢来说说一些有趣的红包和红包传递的原理。

各式各样的红包

　　现在过年的时候，几乎每个人都趴在手机上，眼观六路、耳听八方，在各个群里拼手速。虽然抢红包非常开心，发红包却不一定那么愉快。如果想要给很多个好朋友每人都发一个拜年红包，只能分别打开与每个好友的对话窗口，然后选择红包、输入金额、点"发送"，这样重复很多次。或者把所有的好友都拖进一个群里面，在群里面发群红包。这两种方法都有些烦琐。有没有更快更好的发红包办法呢？

　　本文涉及的银奖专利提出了另一种发红包的方法：先设置好红包的数量和金额，然后再选取要发送的对象。这样就可以省掉重复选择红包金额的步骤，也不用将好友都拖进群里。

　　这种发送红包的方法正应用于腾讯的 QQ 软件之中。腾讯 QQ6.1 之后的版本中，在 QQ 钱包的页面中设置了"QQ 红包"的功能，进入"QQ 红包"以后，可以看到"拼手气红包""普通红包""口令红包""面对面红包"四种不同的红包选项。

　　在"拼手气红包"里设置要发送的红包总金额和红包个数，设置完以后再从通信录中选择接收红包的好友。每个好友获得金额随机的红包，有可能出现一些好友收到大红包，而另一些好友仅收到几分钱的情况。

---

*　本文涉及第二十届中国专利银奖项目，专利号为"ZL201410043851.4"，专利名称为"虚拟物品发送方法、接收方法、装置和系统"，专利权人为"腾讯科技（深圳）有限公司"。

"普通红包"中可以给多个好友发送金额相同的红包，这样就能一次性给所有的亲朋好友发同样金额的拜年红包了。

"口令红包"则更有趣味，微信的小程序中也可以发送口令红包。小伙伴们需要回复正确的口令才能抢红包，通过这种方式可以尽情地调侃小伙伴们了。比如，发红包的同学把口令设置成"我丑我先领为敬"，小伙伴们需要回复"我丑我先领为敬"才能领到红包。真是为了领红包忍辱负重了。除了文字口令，还可以使用语音口令来增加难度。在语音口令里面放一串生僻字，比如"魑魅魍魉魑魅魍魉"，需要用语音念出来才能领到红包。很多人可能得查字典才知道怎么念。还可以在语音红包里设置绕口令，想领红包首先要普通话标准才行。比如设置这样的语音口令"黑化肥挥发不发灰"，对于拼音"h"和"f"不分的人来说，想领到红包可就难了。

"面对面红包"可以生成一个二维码，小伙伴们通过"扫一扫"的方式就可以领到红包了。通过这种"面对面红包"，无论是不是好友都可以通过扫描二维码来领红包。

除了以上的方式，腾讯在专利 ZL2014 10043851.4 中还提出，可以将红包链接发送到社交信息分享平台并限定有权限的人领取。或许在下一个 QQ 或者微信的版本中，就可以将红包分享到 QQ 空间或者微信朋友圈了。

红包里除了放入钱以外，还可以放入其他虚拟物品，比如游戏装备、游戏材料、游戏宠物、游戏币、会员、称号、积分、元宝、金豆、礼金券、兑换券、优惠券、贺卡等。在微信朋友圈的小程序里就有"话费送好友"的官方小程序，可以将话费包在红包里（见图1）。还可以根据要送的对象选择不同的红包封面。

图 1 微信官方话费红包小程序

红包传递的原理

红包到底是怎么从发送人的钱包跑到接收人的钱包里的呢？专利 ZL2014 10043851.4详细地介绍了红包发送过程中需要手机和后台服务器所做的事情（见图2）。

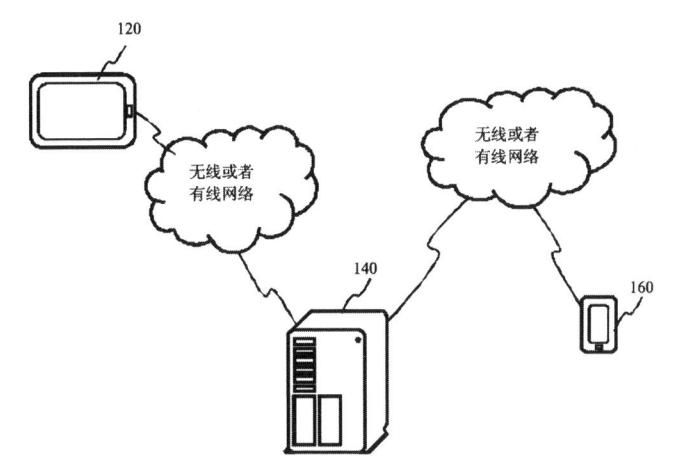

图2 ZL201410043851.4说明书附图

首先，发送人的手机和接收人的手机均需要通过网络连接到服务器。服务器相当于一个银行，在服务器这个银行中，保存着多个用户的个人账户。手机上的QQ钱包或者微信钱包是手机客户端上的用户个人账户。在发红包的时候，对应金额的钱从客户端的个人账户转移到服务器对应的个人账户中。例如，微信ID为AAA的用户要发10个红包，每个红包里是10元，服务器将100元从AAA手机上的个人账户转移到服务器上AAA的个人账户中，并生成一个虚拟物品包。这个虚拟物品包里包括10个红包，每个红包10元。

每个虚拟物品包有一个自己的ID，这个虚拟物品包ID实际上就是一个包括多个红包的"红包"标识。服务器将"红包"标识发送给发送红包的手机，发送方再生成一个包含"红包"标识的接收链接发送给接收红包的手机。接收方手机上呈现出来的接收链接就是平时我们领取红包时点击的链接。

然后发送方的手机需要将"红包"标识、发送方手机客户端（微信、QQ等）的标识以及接收方手机客户端（微信、QQ等）的标识作为一个链接关联信息发送给服务器。服务器将链接关联信息保存起来，保存的具体内容包括：服务器为虚拟物品包生成的ID（"红包"标识），发送方手机客户端的标识（微信ID），一个或多个接收方手机客户端的标识（微信ID），虚拟物品包参数（例如这个虚拟物品包中包括10个红包，每个10元）。

而接收红包的手机点击"红包"链接之后，会向服务器发送"红包"领取请求，服务器检查接收方是否满足领取条件。如果"红包"已经领完，或者已经领取过"红包"，或者不属于能够领取"红包"的对象，那么接收方不能领取"红包"。在"红包"被领完的时候，会有以下的提示："手慢了，红包派完了"。已经领取过"红包"的会直接显示领取到的金额。

如果接收方满足领取条件，服务器将"红包"发送给接收方。接收方先点击红包链接，然后会跳出一个拆开"红包"的页面，点击页面上的"开"才能获取到红包（见图3）。

点击了"开"以后，接收方向服务器发送一个"红包"拆开请求，拆开请求中携带"红包"标识。服务器根据"红包"标识获取"红包"参数，并且根据参数确定需要转移到接收方手机账户中的金额，然后将对应的金额从服务器上的账户转移到接收方手机账户中。相应的，原来的领取红包链接会变成灰色，并显示已经领取过红包。这才算是成功接收到红包。

图3 微信中的拆开"红包"页面

总结

随着科技的发展，人与人之间的交流方式也发生了变化，虽然不能时时当面问候，却能够采用其他方式来表达自己的关心。

如今红包已经成为我们生活中的一部分，不仅没有让人们担心的"手机会导致人与人关系疏远"成真，还拉近了亲朋好友之间的距离，也在日常交往中增添了很多色彩。我们也期待以后会有更多更有趣的红包形式，让科技为生活再加点料。

本文作者：
国家知识产权局专利局
专利审查协作北京中心通信部
余永佼

12　大疆折叠无人机 Mavic Pro 的小而美*

> **小赢说：**
> 它外观精巧，轻盈便携，仅重 743g，折叠后只有一个矿泉水瓶大小。它就是深圳市大疆创新科技有限公司（以下简称大疆）的 Mavic Pro，中文名"御"。

大疆于 2016 年 9 月 27 日在纽约发布全新消费级折叠无人机 Mavic Pro，中文名"御"。这款折叠无人机外观精巧，轻盈便携，总重只有 743g，折叠后仅有一个矿泉水瓶大小。Mavic Pro 的外观设计之所以能够获奖，与其在大疆消费级产品中的地位以及它对整个消费级无人机市场的影响是密不可分的。

自从大疆推出航拍无人机以来，便培养并吸引了众多航拍粉丝，使航拍不再是一种奢侈。多角度的拍摄体验让人兴奋不已，自己成为大片主角叫人难以忘怀。但是，携带大疆无人机出行一直以来都是困扰消费者的难题，虽然 2013 年 1 月，精灵 Phantom 1（见图 1）的发布标志着一体机时代的来临。但对于一般玩家而言，包装过大、携带不便、拆卸复杂等，依然是影响大疆无人机玩家数量的重要因素。高耸站立的起落架，张牙舞爪的四旋翼，带着"精灵"去旅行的玩家对此充满了抱怨与无奈。另外，仅是组装飞机、尝试起飞便会吸引无数人围观，整个过程像是在做科学实验，一些消费者对此苦恼不已。无人机的体积、携带及起飞问题限制了它的使用场景，也限制了产品的使用频率。

图 1　精灵 Phantom 1

---

* 本文涉及第二十届中国外观设计银奖项目，专利号为"ZL201630049235.X"，专利名称为"无人飞行器"，专利权人为"深圳市大疆创新科技有限公司"。

毫无疑问，大疆对此有着深刻的认识。在消费级无人机中，大疆有 3 种机型：精灵 Phantom 系列、御 Mavic 系列和晓 Spark 系列。下面各选取每个系列的一款典型产品对比，其中三个系列产品的最早发布时间分别为 2013 年 1 月、2016 年 9 月和 2017 年 5 月。第三款产品相较于第一款产品，其重量下降 78%，续航时间下降 43%，最大长度也下降了近 50%（见表 1）。图 2 为这三款机型与 iPhoneX 大小的对比图，可以很直观地感受到产品体积的变化。从需要专用背包的无人机，到口袋无人机，再到掌上无人机，毫无疑问，"简约、小巧"逐渐成为大疆的发展方向。

表 1　三款大疆机型参数信息

产品	精灵 Phantom4	御 Mavic Pro	晓 Spark
发布时间	2016 年 3 月	2016 年 9 月	2017 年 5 月
续航	28min	27min	16min
重量	1380 g	734 g	300 g
最大长度	289.5mm	198mm	143mm

图 2　三款大疆机型与 iPhoneX 大小对比①

由此可见，Mavic Pro 在大疆消费级无人机发展史中，是一款划时代的产品。甚至有人说，2016 年 9 月 Mavic Pro 的发布，证明能打败大疆精灵系列产品的只有大疆自己。我们可以通过图 3 来感受 Mavic Pro 在大疆消费级无人机领域所处的地位。在图中我们可以看出，在 Mavic Pro 发布之前，精灵 Phantom 系列的迭代产品是大疆在消费级市场的主打产品。而 Mavic Pro 的推出，使得产品在续航能力并没有明显降低的情况下，重量减少近一半，机身最大长度从 289.5mm 下降到 198mm（折叠后），缩小了三分之一。此外，大疆直接去掉了精灵 Phantom 系列产品的起落架，将四旋翼以近乎完美的方式折叠在机身中，摄像头与机身融

---

① 图片来源：https://www.dji.com.cn。

为一体。

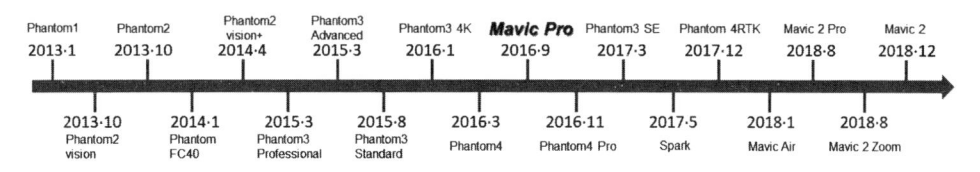

图3 大疆消费级产品发展历史

当诺基亚还在权衡键盘与屏幕占比时，乔布斯则将键盘与屏幕融为一体。可见，简约、小巧是这个时代产品共同追求的目标，同样，折叠无人机也非大疆一家独有。那么，Mavic Pro 与其他折叠无人机有何不同呢？

我们选取三款市面上同一年发布的主流消费级折叠无人机：零度智控（北京）智能科技有限公司（以下简称零度）的零度 Xplore mini，零度与腾讯控股有限公司（以下简称腾讯）合作的腾讯空影无人机，以及零度发布的零度 DOBBY 口袋无人机，与 iPhoneX 的大小进行对比（见图4）。

图4 三款零度无人机与 iPhoneX 大小对比

图5展示了以上三款无人机与 Mavic Pro 的折叠状态与展开状态对比。腾讯空影和零度 Xplore mini 无人机折叠后的支撑臂与桨叶均处在机身主体两侧，使得折叠后的产品宽度大于机身主体宽度。另外，产品的桨叶也未折叠。而零度DOBBY 与 Mavic Pro 机身主体为支撑臂的收纳提供了空间，折叠后的支撑臂与桨叶完全与机身融为一体，最大限度利用空间。在支撑臂的折叠方式上，大疆全面展示了自身深厚的产品设计功底。Mavic Pro 采用四个支撑臂向内折叠的方式，每个旋翼的两个叶片对扣重叠，将产品收缩在机身主体范围之内，最大限度地利用了空间。前臂在水平面上折叠开启，后臂在与水平面垂直的平面上折叠开启，四个支撑臂的折叠轨迹设计在两个垂直的平面内，互不影响，使得四个旋翼在折叠状态下依然均匀分布在机身四周，产品厚度降至最低。而腾讯空影与零度

Xplore mini 两款无人机均采用在机身水平面中折叠的方式，折叠后也未达到产品融为一体的外观效果。零度 DOBBY 的支撑臂同样采用在机身水平面中折叠的方式，但其折叠后的整体外观非常好。

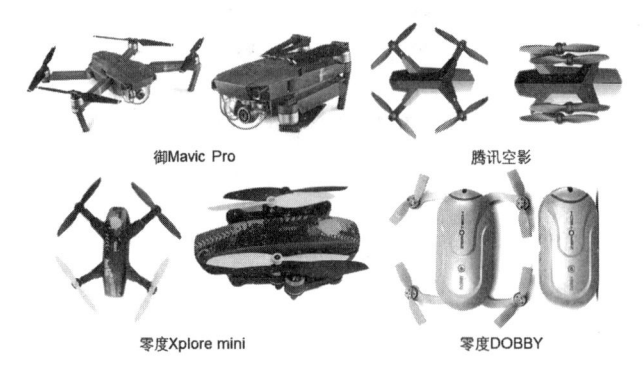

图 5　三款零度无人机与 Mavic Pro 的折叠状态与展开状态对比

表 2 为三款产品与 Mavic Pro 在发布时间、续航、重量、最大长度方面的对比。从中可以看出，四款产品均在 2016 年发布，由于零度 DOBBY 为口袋无人机，其对标的是大疆的晓 Spark 系列，性能方面不作对比。而零度 Xplore mini 与腾讯空影的续航均为 15min，其最大长度却在 Mavic Pro 之上。

表 2　四款机型参数信息

产品	零度 Xplore mini	腾讯空影	零度 DOBBY	御 Mavic Pro
发布时间	2016 年 1 月	2016 年 3 月	2016 年 5 月	2016 年 9 月
续航	15min	15min	9min	27min
重量	432g	425g	199g	734 g
最大长度	165mm	200mm	135mm	143.6mm

通过以上对比可以看出，大疆的 Mavic Pro 不但在自身产品系列中处于举足轻重的位置，在同类产品中也有明显优势。折叠是 Mavic Pro 最大的特点，也有人称 2016 年是折叠无人机的元年。而 Mavic Pro 可以折叠得更精巧、更科学、更自由，大疆强大的产品设计是一方面，更重要的还是其深厚的技术支撑。产品外观的差别，表面上体现的是设计水平的差别，实际上是背后技术水平的差别。

我们都知道，设计是技术成果转化的桥梁和纽带。技术的深度决定了外观设计的自由度。通过设计，可以把技术的潜在价值发挥出来，使科技成果更贴近人们的生活，更好地为人类服务。大疆自发展之初，便特别重视核心技术的积累。2009~2018 年，大疆在中国共申请专利 3104 件，其中发明专利 1706 件，实用新型专利 948 件，外观设计专利 450 件。且专利申请总量在 2018 年之前均处于逐年上升趋势（见图6）。已结案件中，处于授权保护状态的案件达到了96%。

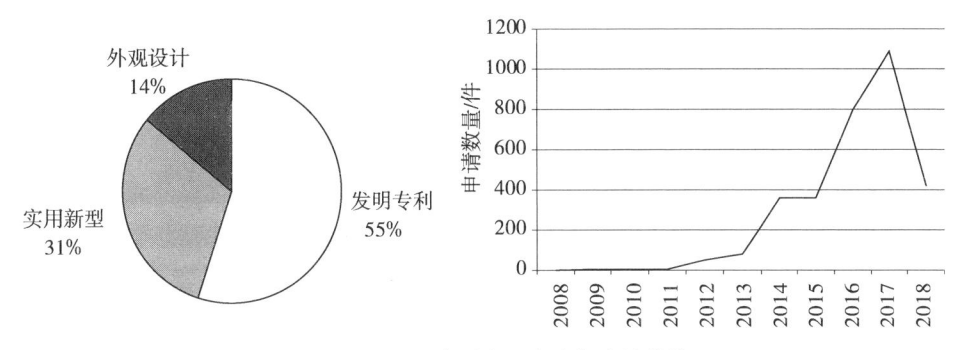

图6 大疆不同类型专利占比与申请趋势

由此可见，Mavic Pro拥有支撑臂垂直平面的折叠方式，折叠后融为一体的产品外观，自由的升降起落，以及在最大程度控制产品体积与重量下的续航能力等优势。正是大疆在专利技术方面的深厚积累为其产品的设计与开发提供了广阔的空间。当我们看到大疆的晓Spark在只有300g重量的情况下依然能够续航16min，我们有理由相信，像麻雀一样大小、一样自由的航拍器，会在不久的将来面市！

本文作者：
国家知识产权局专利局
专利审查协作北京中心审业部
王凯

13　不一样的水龙头——九牧 WISER Ⅱ *

> **小赢说：**
> 您可知什么产品更新换代的速度与电子产品并肩，什么产品每个家庭每天都会用到？从铸铁到电镀，再到不锈钢单温控制、双温控制、厨房半自动，在消费升级的背景下，小赢带您来认识这款"颜值"与"内涵"并存的水龙头。

在传统概念中，水龙头的整体结构就等于一个阀门加上一个圆形出水口（见图1）。那么，你们见过图2这样的水龙头吗？它是方形的，出水口是直线的，出水阀门是按压式的。这就是在2017年获得红点国际设计大奖的九牧 WISER Ⅱ 水龙头，也称为九牧 M5 名匠面盆龙头。

图1　常规水龙头　　　　　　图2　一键式按压水龙头[①]

说到国产卫浴时，大家第一个可能想到的品牌就是九牧。九牧是一个拥有超过2000名研发人员、3000多件专利，并先后斩获多项国内外大奖的企业。其产品不仅包括我们认知的传统卫浴产品，也包括"一站式VR体验、一站式管家定

---

* 本文涉及第二十届中国外观设计银奖项目，专利号为"ZL201630396674.8"，专利名称为"水龙头（0112）"，专利权人为"九牧厨卫股份有限公司"。

① 图片来源：http://www.jomoo.com.cn/brandnews/114.htm。

制、一站式管家服务"的新型泛家居定制解决方案产品。而这款水龙头，则是九牧创新的卫浴产品。

九牧 WISER Ⅱ 水龙头在设计上融合了方形的严谨与活跃，打破了方形带给人们的刻板印象，四周圆弧形倒角使它看上去更加柔和与稳重。这款产品于 2016 年 8 月向国家专利局提出申请，同年 11 月被授予外观设计专利权（见图3）。

九牧对于产品外观设计的专利布局一直是比较领先的，自 2004 年至今，先后申请了上千件外观设计专利，其中水龙头的专利申请就达到将近 300 件，且其绝大部分都处于长期保护的状态。

而从其申请对应的实际产品中，可以明显观察出其产品外观设计的变化思路，以及产品外观的设计走向。

图 4 显示的是 2009~2015 年九牧水龙头的外观设计专利申请的产品。从数量上看，2012~2013 年九牧公司对于水龙头的外观设计专利申请达到一个高峰值，水龙头的外观呈多样化，看似无设计规律可循，但除了零星的突出设计外，整体思路还是从基础传统设计框架做出的。这段时间属于尝试阶段。

九牧公司的设计灵感爆发是从 2014 年开始的。自 2014 年开始，其申请量趋于平稳，而其外观设计也趋于稳定。创新型设计产品的存量相对较多，其中获得 IF 奖的 WISER 睿水龙头就是 2014 年的专

图3　ZL201630396674.8 专利附图

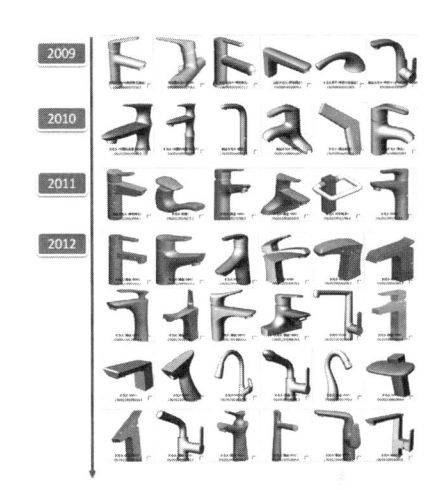

图4　2009~2015 年九牧水龙头申请

利。经过两年的沉淀，在 2016 年产生了 WISER Ⅱ 的设计，并于同年申请了外观专利。图 5 为两代 WISER 产品。

图 5　两代 WISER 产品专利附图

结合图 4 和图 6 可以看出 2009～2018 年九牧公司水龙头产品设计思路的发展历程。从传统的水龙头飞跃到九牧 WISER Ⅱ 这一款科技感十足的水龙头，是企业在创新方向上的大胆尝试，也彰显出企业在创新之路上的决心和成果。

那么，WISER Ⅱ 这款水龙头有什么独到之处呢？

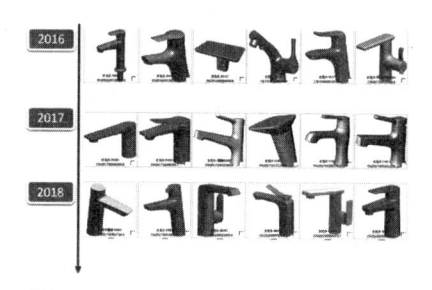

图 6　2016～2018 年九牧水龙头申请

颜值高

九牧睿水 WISER Ⅱ 水龙头是在它的"兄长" WISER 的外形基础上得到的。它延续了上一代产品一贯的简洁设计思路，并加入了一些新的设计元素。为突出不锈钢的质感，这款产品增加了龙头处面板的厚度，且其表面没有多余的修饰，仅保留线条纯粹的本质，给人的感觉更加稳重、更加舒适。

宽阔的玻璃平台，不锈钢的金属质感，既给人以高级感又不显得盛气凌人。宽口的瀑布式出水口方式，让水流以别样灵动的出场状态打动使用者，仿佛使人置身于野外风光，感受到潺潺溪流，美不胜收，令人心旷神怡。

它是九牧名匠系列中的按压水龙头，也是九牧公司与德国凤凰设计机构联合设计。跳出传统卫浴"摆件"观念，融入家居设计理念，相比传统卫浴，更显生机与活泼，给人大气、简约而精致的时尚感受。

智能科技感

"WISER"是"睿"的英文谐音,"睿"象征着"智慧、明智"。而该产品起名为"睿水",则象征着其简约、智美。没错,这款"睿水"内装感温装置,可以随周围环境温度的改变自动调节待出水温度,环境温度升高则水温会降低,环境温度降低则水温会升高,而且水温可以任意调整,随心改变。这是一款"智美"的水龙头,让用户每次都能感受到最舒适的水温,感受不一样的生活体验。

按压式的一键智能操作方式也极大地体现了产品的科技感,将出水方式与科技结合(见图7),简化了用户的操作过程,同时开启了智能卫浴的梦空间。

图7　WISER Ⅱ按压出水示意图

专项体验

WISER Ⅱ这款水龙头是九牧智能卫浴"名匠"系列中的水盆龙头。"名匠"一经亮相就引起了社会的关注,它将生活体验以及人工智能等理念完全融入进去。它以用户体验至上为理念,注重材质的质感,注重细节的搭配(见图8)。

水龙头的一键启动功能给人以新颖的感觉,水温随控又给人以舒适的体验。表面设

图8　水龙头的使用环境[①]

计做工精良,在细节上呈现完美的舒适感就是其给予人最棒的用户体验,也是在平凡的生活呈现出的不平凡的品味。

当社会朝着简洁化、智能化的方向发展,九牧也在寻找自己的发展方向与设

---

① 图片来源:http://bbs.tianya.cn/post-yzt-218364614.shtml。

计思路。从这款产品来看，它的创新之路找到了方向，在不摈弃传统的设计样式的基础上，适当创新会带给产品新的生命轨迹。新的设计赋予产品新的灵魂，旨在为使用者创造更适宜的生活方式。

    设计改变生活，
    设计创造生活，
    设计让生活更加美好。

本文作者：
国家知识产权局专利局
专利审查协作北京中心外观部
路昊彤　张艺馨

14　这么美的电熨斗，怎能不心动*

> **小赢说：**
> 　　电熨斗是现代家庭必不可少的电器之一，想必大家早已司空见惯。如今有一款手持式电熨斗的专利获得了外观设计银奖，究竟是怎样的高颜值才能获得这样的大奖呢？小赢充满了好奇心，咱们一起来看看吧！

　　说起电熨斗，小赢和它结下不解之缘还得从娃上幼儿园说起。娃是个不省心的主儿，天天胸前挂着菜汤、炸酱、米粒、颜料……小赢记得好几个晚上洗完厚厚的园服，拿起电熨斗开始用物理加热大法熨干衣服。那时的电熨斗很笨重，小赢手都快累断了。可见电熨斗的轻便性至关重要。

　　在小赢印象中，市售的电熨斗①（见图1）的机身采用尖形前段设计，设有大容量的水箱，且机身上部设有单独的注水口。机身底部为大面积底板，底板中设有大量蒸汽孔以应对大面积熨烫的需求。另外把手和机身一体设计，把手上设有操作按钮以方便操作。

图1　市售电熨斗

　　但本文的主角，也就是获奖专利（见图2）这款电熨斗不一样。灰色和西瓜红色的搭配赏心悦目。灰色使得电熨斗整体显得稳重、含蓄，但时间久了不免会感觉压抑，因此在灰色中加入了足够亮眼的红色搭配点缀，使得电熨斗充满了时尚和艺术的灵动感。

图2　ZL201730061278.4立体图

　　这款电熨斗外形小巧圆润，形似鹅卵石，符合人握住一件东西时手掌心呈现的特殊弧形，让用户无论从哪个角度握住产品都会感觉非常舒适。人性化的按键分布非常便于手指操作。顶部按键的位置正好对应于大拇指下方位置，把手下端

---

　　* 本文涉及第二十届中国外观设计银奖项目，专利号为"ZL201730061278.4"，专利名称为"手持式电熨斗"，专利权人为"广东美的环境电器制造有限公司"。
　　① 图片来源：https://m.tb.cn/h.egDyiGQ?sm=e8ea8e。

按键对应于食指第二关节位置。用户在握住电熨斗之后，大拇指不需要移动即可马上调整档位。

当然熨烫时的安全性也不容忽视。电熨斗在使用过程中的熨烫板一直处于高温工作状态，并不时伴随着蒸汽。一般使用后是将电熨斗立起来散热，但是余温很容易烫伤用户。获奖专利进行了安全底座设计，熨烫板工作完后置于底座内部，可避免烫伤的安全隐患。

这款电熨斗支撑座内设置了一个储水腔，烫衣服前，先将水倒入储水腔内，储水腔的出水口将会将水注入电熨斗主机内。当电熨斗主机不熨烫的时候可放在该支撑座上，熨烫的时候可以直接提起。普通的手持式电熨斗没有这个水腔哦。

除了获奖专利之外，专利权人广东美的环境电器制造有限公司在电熨斗产品中还有广泛的专利布局。

ZL201721209889.X（见图3）中手持式电熨斗能够实现持续出蒸汽且不需要频繁加水。手持式电熨斗（100）包括外壳（1）、底板组件（20）、水箱组件（3）和可吸水的吸水件。吸水件被构造成向储水腔吸水以向水泵供水。在电熨斗（100）工作时，吸水件可始终向水泵供水，从而可使得电熨斗（100）无论处于水平放置或者竖直放置，都能够喷出蒸汽以对衣物进行熨烫。

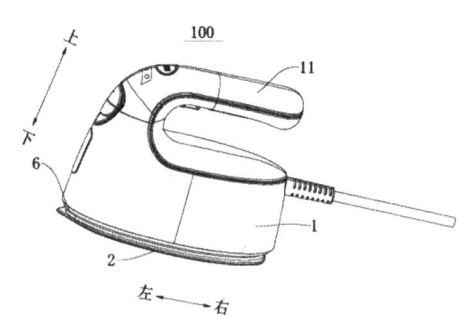

图3 ZL201721209889.X 说明书附图

ZL201820249957.3（见图4）中的电熨斗包括电熨斗本体（1）、水箱安装机构和水箱（3）。其解决的主要问题在于如何将水箱（3）牢固地安装于电熨斗本体（1）上。其中的水箱安装机构包括上安装部和下安装部，上安装部和下安装部分别位于水箱安装腔的上顶壁和下底面（12）。水箱的顶端和底端分别设有第一固定部和第二固定部。这样，将水箱的顶端和底端都固定在所述电熨斗本体上，固定得更牢固。

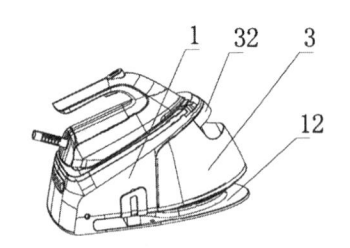

图4 ZL201820249957.3 说明书附图

ZL201820075760.2提出了一种电熨斗的水箱组件（100），该水箱组件（100）包括水箱本体及过滤装置，水箱本体具有注水口；过滤装置插设注水口，并与注水口可拆卸连接。用户可将过滤装置拆取下来再对水箱进行清洗，达到了水箱清洗方便的效果，避免了水箱内有堆积过多脏物的情况。

ZL201730242800.9（见图5）与获奖专利的相同点是都包括机身、熨烫板和底座三部，把手为开放式设计，但外形更偏向于椭圆，其结构按钮也相对更简单。

图5　ZL201730242800.9立体图

即使手持式电熨斗只是美的的一个小众产品，通过对其各方面的设计理念进行研究，也可看出美的环境电器对这款产品还是非常重视的。其对手持式电熨斗进行了全方位的专利保护，包括多件授权的实用新型专利与外观设计。而获奖专利更是凭借出色的人性化设计、外观创新性的突破在众多产品中脱颖而出，满足了人们对电熨斗的全方位多层次的需求：精细熨烫、超高颜值、小巧精致、收纳方便、携带便捷……这么美的电熨斗，确实让爱美的小赢心动！

本文作者：
国家知识产权局专利局
专利审查协作北京中心材料部
李文静

15　美梦成真——不一样的透气枕*

> **小赢说：**
>
> 您还在为睡梦中汗湿枕巾而烦恼吗？您还在为宝宝趴睡的安全而担心吗？您还在为起床后肩颈酸疼而痛苦吗？您还在为没有高质量的睡眠而焦虑吗？来、来、来，往这儿看，这款获外观设计优秀奖的透气枕头或许能帮到您。

枕头，上至百岁老翁，下至一岁孩童，大家都不陌生，无论是熬着难眠的夜还是做着香甜的梦，都有枕头伴我们左右。那么，这个在我们生活中司空见惯的小物件，看似平常普通，是否能与高大上的专利有点关系呢？

其实有关枕头的专利早已出现，1986年（我国专利制度始于1985年）已经有枕头的相关专利申请陆续登上历史的舞台。但早期提交的枕头申请，功能比较单一、结构比较简单，只是满足基本的支撑头部的需求。而随着人们生活水平的提高，又出现了按摩枕、药枕以及保健枕等各式各样的功能型枕头的专利申请，主要对人的头部和颈部有保健作用，不但满足了支撑头部的基本需要，而且增加了预防疾病和保健的功能性。随着计算机技术的飞速进步，目前又出现了利用计算机和程序控制的智能枕头等现代化枕头。

看来，小枕头在专利领域也已驰骋多年，现在小赢要带您认识一款不一样的枕头，这款枕头是获外观设计优秀奖的透气枕。首先，了解一下申请该专利的申请人。该透气枕的申请人江苏卧尔康家居用品有限公司（以下简称卧尔康公司）是一家主要生产家居用品的公司。截至2019年5月，卧尔康公司共申请172件专利，申请内容主要涉及枕头、抱枕、颈枕类申请，地垫、床垫以及椅垫等各种垫类申请，以及折叠床类申请（见图1）。可以看出该公司在家居用品领域中早有专利布局。

---

* 本文涉及第二十届中国外观设计优秀奖项目，专利号为"ZL2017300244580.3"，专利名称为"枕头（透气）"，专利权人为"江苏卧尔康家居用品有限公司"。

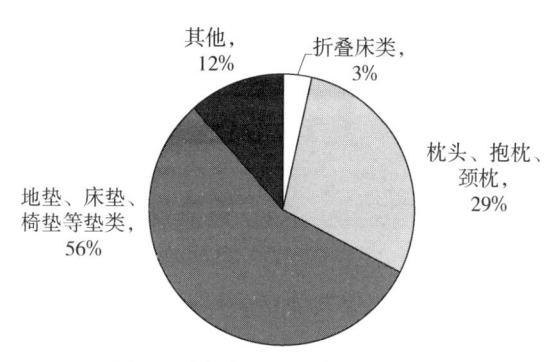

图1 卧尔康公司的专利分布情况

而本文的主角——透气枕也属于该公司枕芯类的明星产品之一，图2是该透气枕的主视图。

流畅的弧度、清新的颜色，是不是让人赏心悦目？这款枕头不但颜值超凡脱俗，而且其内在气质也出类拔萃，下面看小赢对其细数一二。

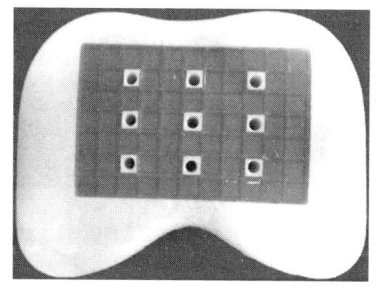

图2 ZL201730244580.3主视图

采用蜂窝状的打孔结构

据调查，俯卧姿势在每个人的睡眠过程中都占有一定的比例，透气性不好的枕头会使睡眠中的人们呼吸不畅，从而严重影响人的身体健康。特别对于幼儿来说，会危及趴睡幼儿的安全，造成不可弥补的严重后果。同时，很多儿童以及成年人睡觉时大汗淋漓、挥汗如雨，头皮分泌的汗渍和油垢混合在一起，极易使枕头藏污纳垢，也容易使细菌、病毒滋生繁殖，不利于身体健康。

而这款枕头上别出心裁地设有立体蜂窝状的打孔结构（见图3），该孔上下贯通，增加空气对流，具有充足的透气性，能快速散发人体产生的热量。虽然不及小凉风呼呼地吹，但也能感知到惬意的干爽和透气，特别是在炎热的夏天，也算得上头部的降暑利器。

图3 打孔结构

而枕头采用多孔结构，在 ZL201630 12883.3 公开的一种多孔枕头（见图4）中有所披露，其也采用多孔的设计方式以增加透气性，其设置透气孔的方式和获奖专利的打孔方式略有不同，但思路是一致的，透气、快干是永恒不变的追求。

图4　ZL20163012883.3主视图

采用控温凉感的凝胶层

该款枕头不仅透气性好，看到那片清新的蓝了吧？那是凝胶片（见图5）。凝胶具有恒温的特点，当人体的温度降低到27℃左右会保持恒温状态，同时凝胶能帮助快速散热，能有效降温1.5~2℃。该透气枕上覆盖有打孔凝胶片，独特的打孔结构以及凝胶片的完美组合，使人进入睡眠后有凉爽的感觉。

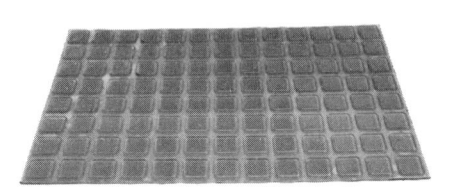

图5　凝胶片①

经过小赢检索，发现在枕头上使用凝胶层的技术也曾被福建省安然家居用品有限公司申请过相关专利，ZL201620084964.3公开了一种凝胶枕头（见图6）。该枕头在本体的顶面设有第一凝胶层2，在前后侧面均设有第二凝胶层3，这样可以分别给予头部和颈部冰凉的感觉。这样人们在夏天睡觉时就不会感到闷湿、燥热。其实凝胶层不但在枕头中使用，在其他家居用品如坐垫、床垫和软体沙发垫上也都有广泛应用。

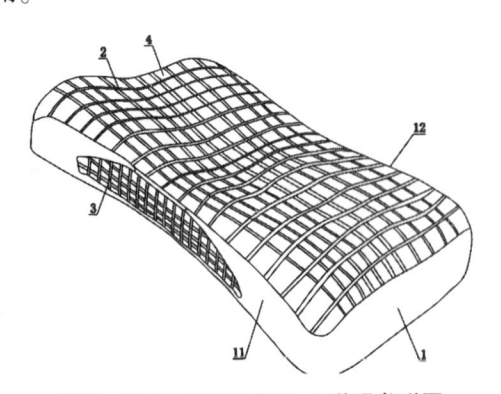

图6　ZL201620084964.3说明书附图

---

① 图片来源：http://china.makepolo.com。

而本文介绍的这款透气枕与传统凝胶枕最大的区别在于，透气型凝胶枕采用新的工艺，将凝胶枕通过打孔机打孔，增加空气对流，使人不会产生闷热感；并在打孔的枕头上覆盖合适尺寸的凝胶片，增加凉感，有利于人更快进入睡眠，提高睡眠质量。

采用符合人体工学的蝶形凹槽设计

不少人早晨起床时会出现颈背酸痛、肢体麻木等不适，表现出"落枕"的症状。人们通常认为这是睡觉姿势不好，或者是吹了冷风所致。实际上，这有可能是枕头不合适导致的。一个成年人每天有 1/4 ~ 1/3 的时间是在睡眠（枕头上）中度过。人睡着时，在每个长达 90 ~ 120min 的睡眠周期中，基本保持一个姿势不动。若枕头长期用得不对，会引起颈椎曲度改变，导致颈椎失稳、关节错位等慢性劳损，久而久之就发展成颈椎病。

卧尔康公司申请的这款透气枕采用蝶形凹槽设计枕形，能缓解上述睡后颈椎不适的问题。在此款透气枕问世之前，2013 年已有申请人杭州梦眠寝具用品有限公司也申请了蝶形枕的外观设计专利 ZL201330003302.0（见图 7）。通过对比发现，两款蝶形枕的基本结构类似，能达到的功能也几乎相同。

图 7　ZL201330003302.0 主视图

在上述的蝶形枕中，弧形的凹槽结构能在睡眠中对头颈自然牵引，更好贴合人体曲线，在枕头靠近人体肩部一侧的中部为向内凹陷的弧形，形成护肩部，仰睡能护理颈椎，侧睡能填补颈肩空隙。自然过渡的蝶形凹槽结构，能贴紧颈肌曲线，周全保护头颈，顺应睡眠者的姿势，减少受压点，调节适当承托，全效承托肩、头、颈，各种姿势。想怎么睡就怎么睡，让你侧睡、仰睡、趴睡都舒爽！

采用慢回弹太空记忆绵材质

什么是记忆绵？记忆绵并不能增加人的记忆力，而是一种慢回弹绵。记忆绵是一种聚醚型聚氨酯，是 20 世纪 60 年代由美国太空总署的下属企业美国康人公司所研发。它是一种开放式的细胞结构，具有温感减压的特性，也可以称作温感减压材料。记忆绵能因人体体温变化提供支持硬度，有效地将人体压力化解为零压，抵消反作用力，彻底放松颈肩部和腰部来改善睡眠（见图8）。不管仰卧还是侧卧，都能给用户的头部带来恰到好处的支撑力，使身体长时间接触的部位处于无压力状态，不阻碍血液循环及不易产生疲劳及酸痛。

因为记忆绵具有慢回弹的记忆能力，可以让枕头变成最贴合人体颈椎形状的高度。每一次翻身动作、每一次睡姿的改变，都会伴随着颈椎受压点的转换，卧尔康公司的透气枕采用慢回弹性的记忆绵材质，能适应各种不规则的翻身姿势，任由你辗转反转。

通过检索卧尔康公司的专利，发现卧尔康公司是我国从事记忆绵研究、开发较早的公司之一。从其早期的专利申请中可以看出，ZL201520897607.4、ZL201220611232.7、ZL201220611216.8 都涉及慢性回弹性绵的使用。从2006年开始，其他公司有关记忆绵方面的专利也陆陆续续登上了知识产权的舞台。

图8 记忆绵按压效果①

想不到小枕头还有大科技，平常物件还能如此大升级。①符合人体工学的蝶形凹槽构造：流畅弧形设计，除可以适度地支撑头部外，还可以温和地支撑颈部；②透气清爽的打孔凝胶结构：蜂窝状打孔结构，能保持空气流通，舒适透气，同时在表面设置凝胶片，增加凉感；③舒适的软硬度：采用的太空记忆绵能使枕头拥有合适的软硬度。

本文作者：
国家知识产权局专利局
专利审查协作北京中心新型部
赫淑彩

① 图片来源：https://detail.tmall.com。

第三章

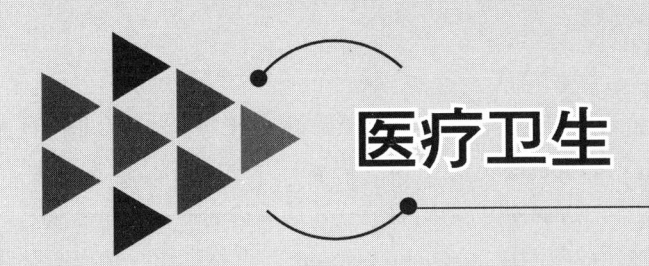

chapter 03

医疗卫生

16　中国人自己的降压药——阿立沙坦酯*

> **小赢说：**
> 随着社会老龄化、生活水平的普遍提高，富贵病越来越多，我国每五个成年人中就有一个为高血压患者，降压药逐渐成为家庭常用药。获第二十届中国专利金奖的一个化合物，让中国人吃上了自己的降压药。

高血压概况

根据世界卫生组织规定，高血压的主要诊断标准之一为门诊非同日测量三次血压值"成人收缩压≥140mmHg 或（和）舒张压≥90mmHg"。不是要求收缩压≥140mmHg与舒张压≥90mmHg必须同时成立才能确诊高血压，而是满足两者中任一条件即可确诊高血压。收缩压（systolic pressure）也称高压，是当心脏收缩时，从心室射入的血液对血管壁产生的侧压力，这时血压最大。舒张压（diastolic pressure）也称低压，是心脏舒张末期，血液暂时停止射入动脉，而已流入动脉的血液靠血管壁的弹力和张力作用继续流动，这时对血管壁产生的压力。

最近，美国高血压权威杂志 *Circulation* 在线刊出了中国国家心血管病中心进行的我国"十二五"高血压抽样调查（CHS）最新结果。我国18岁以上的成人中有2.45亿人（23.2%）患有高血压。其中超过1.25亿人不知道自己有高血压，1.5亿人（59.3%）没有用药治疗，只有3700万人（15.3%）得到控制。此外，还有4.35亿人是高血压后备军（正常高值血压）。

一方面，高血压得到控制的人很少，仅15%的比例！另一方面，高血压的防治压力很大，4.35亿人都是正常高值血压。高血压在中国有着明显的地域分布特点，北京（35.9%）、天津（34.5%）、上海（29.1%）高血压患病率位列全国前三，辽宁、云南、广东、黑龙江紧随其后，属于第一梯队。京津沪不仅经济发

---

* 本文涉及第二十届中国专利金奖项目，专利号为"ZL200680000397.8"，专利名称为"咪唑-5-羧酸类衍生物、制备方法及其应用"，专利权人为"深圳信立泰药业股份有限公司、惠州信立泰药业有限公司"。

达，其高血压患病率也是居高不下。

大部分的高血压患者没有不舒服的表现，所以很多高血压患者不知道自己的血压高。但是没有症状不代表没有危害！高血压存在"三高"的特点，即患病率高、死亡率高、残疾率高，并已出现年轻化特征。心脏、脑、肾脏是高血压疾病累及的主要器官。高血压一方面容易导致脑血管破裂，进而引起出血性卒中；另一方面容易引起动脉粥样硬化，进而出现冠心病（心绞痛、心梗等）、缺血性卒中、肾衰竭。研究发现，80%的脑卒中和高血压相关。脑血管非常娇贵，一旦堵塞或出血，死亡率、致残率都很高。但如果把血压降下来，可使脑卒中发生率降低35%~40%。所以治疗降压很重要！

降压药种类繁多，主要包括五类：①钙拮抗剂；②血管紧张素Ⅱ受体拮抗剂；③血管紧张素转化酶抑制剂；④利尿剂；⑤β受体阻滞剂。可以概括成一句话：普利沙坦派唑嗪，噻嗪洛尔和地平。

其中血管紧张素Ⅱ受体拮抗剂（ARB），被誉为20世纪90年代心血管药物的里程碑，比以往的抗高血压药物具有更高的安全性，成为高血压药物的首选。根据米内网数据，2016年国内高血压药物市场中，ARB市场占比40%左右，明显高于第二名钙通道阻滞剂（CCB）的34%。

但是，在这么多种降压药中，进口药一直占据统治地位，原研药几乎都掌握在美国、欧洲、日本的大型制药商手中——诺华的代文/复代文、辉瑞的络活喜、默沙东的科素亚、赛诺菲的安博维……尽管如此，拥有自主知识产权、made in China 的降压药品已经面世。下面详细分析一下我国自主研发的抗高血压药物"信立坦"的独特之处。

信立坦®

作为心血管领域近五年来唯一获批上市的1.1类新药信立坦®（成分为阿利沙坦酯），是我国第一个自主研发的沙坦类抗高血压药物（见图1）。在被高血压治疗领域誉为圣经的《高血压合理用药指南》第2版中，阿利沙坦酯作为唯一一个1类创新药获该指南的强力推荐。信立坦®可用于轻、中度原发性高血压的治疗。

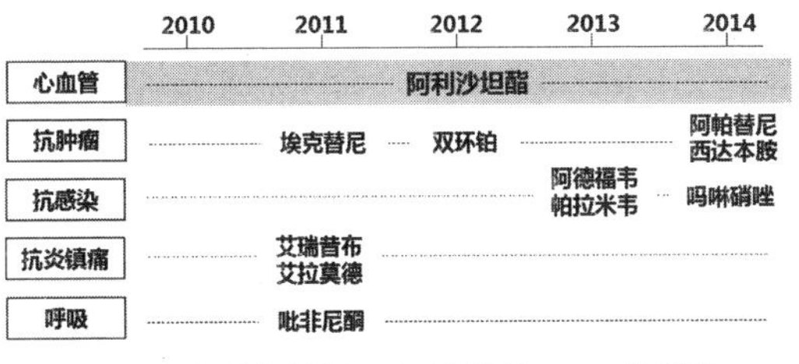

图1 主要领域近五年获批的1.1类新药

阿利沙坦酯是在氯沙坦钾的活性代谢物 EXP3174 的基础上进行结构改造获得的。经胃肠道酯酶水解后生成活性物质 EXP3174，实现 AT1 受体阻滞作用，无须经过 CYP450 酶代谢起效。与氯沙坦钾相比，无活性代谢产物少，不良反应更低，不经过肝脏 CYP450 酶代谢，因而降压更快，药物相关作用更少，肝脏负荷小。同时还具有一定的靶器官保护作用。

信立坦®是由郭建辉博士在 2000 年开始构思的，2004 年回国组建研发团队对其进行了深入细致研究，2006 年申请阿立沙坦酯的新化合物专利，2012 年 8 月获得国家 1.1 类新药证书。该新化合物专利就是今天的主角，获得第二十届中国专利金奖的 ZL200680000397.8。与现有血管紧张素Ⅱ受体阻滞剂（ARB）相比，该化合物在具有同等降压效果的同时，具有毒性更低、转化效率更高的优点。

- 唯一不经肝脏 CYP450 酶降尿酸的 ARB，不会增加肝脏负担；
- 快速起效，疗效稳定；
- 显著降低血尿酸水平；
- 具有良好的安全性和耐受性，肝肾功能不全患者使用安全性高。

对于疗效这么好的产品，当然要用最有效的方法——专利进行保护了。在该核心化合物专利基础上，研发人员继续创新研究，申请了一系列外围专利（见表1），包括化合物的盐、药物组合物、新用途、新剂型等，形成强大的专利族群，构建了铜墙铁壁！

表 1 信立泰涉及信立坦®的专利或专利申请

序号	公开号（专利号）	法律状态	主要涉及内容
1	ZL200680000397.8	专利权维持	咪唑-5-羧酸衍生物的盐、药物组合物和制备方法
2	ZL200610-119184.9	专利权维持	咪唑-5-羧酸衍生物药学上可接受的盐、制备方法、药物组合物和用途
3	WO2008067687A1	进入欧洲、美国、韩国、日本等国家和地区	咪唑-5-羧酸衍生物药学上可接受的盐、制备方法、药物组合物和用途
4	ZL200880001668.0	专利权维持	一种药用组合物、制剂和用途
5	ZL200880018830.X	专利权维持	咪唑-5-羧酸衍生物或其组合物的治疗用途，一种口服或舌下给药的药物组合物
6	ZL200710094021.4	专利权维持	咪唑-5-羧酸衍生物的制备方法
7	ZL200710094131.0	专利权维持	咪唑-5-羧酸衍生物的晶体、制备方法、药物组合物和用途

续表

序号	公开号（专利号）	法律状态	主要涉及内容
8	ZL200980120798.0	专利权维持	特定处方组成的具有降血压作用的药物组合物和用途
9	CN103012377A	驳回失效	咪唑-5-羧酸酯的重结晶方法
10	CN103965171A	未决	一种阿利沙坦酯的制备方法和精制阿利沙坦酯的方法
11	CN104610232A	未决	一种阿利沙坦酯无定形、制备方法、药物组合物及片剂
12	CN105078974A	未决	一种阿利沙坦酯固体分散体、药物组合物和用途
13	ZL201510271632.6	专利权维持	一种阿利沙坦酯晶型、制备方法和药物组合物
14	CN105232489A	未决	一种阿利沙坦酯固体分散体、药物组合物和用途
15	CN105168166A	驳回失效	用于阿利沙坦酯固体制剂的包衣处方、包衣工艺
16	CN105963296A	未决	一种含有阿利沙坦酯或其盐或其水解产物或其水解产物盐的药物组合物和用途
17	CN107441048A	未决	一种阿利沙坦酯药物组合物、研磨制备方法

研究中发现阿利沙坦酯在常规溶剂中具有难溶的特点。为了解决溶解性差的问题，专利ZL200610119184.9提供一种溶解性改善的咪唑-5-羧酸类衍生物的盐，专利ZL200880001668.0可改善药物的溶出效果，专利ZL200980120798.0可改善阿利沙坦酯的溶解性、生物适用性和制剂适用性。

针对阿利沙坦酯的制备方法，2007年申请了专利ZL200710094021.4，后于2014年继续对阿利沙坦酯的合成方法进行了改善，研究出一种收率高、效率高、副产物少、环境友好、易操作的制备化合物的方法（CN103965171A）。

为了改善阿利沙坦酯流动性不佳、堆密度小、静电现象明显的问题，2014年研究获得了阿利沙坦酯的无定形的药物组合物（CN104610232A）和2016年研究获得了一种新的阿利沙坦酯晶体（ZL201510271632.6）。

针对现有技术中的固体分散体载药量不高的问题，研究获得了一种高负载的阿利沙坦酯固体分散体（CN105232489A、CN105078974A）。为了改善阿利沙坦酯在极端环境下的稳定性，更长时间保存，提供一种阿利沙坦酯固体制剂的包衣处方（CN105168166A）。为使阿利沙坦酯药物组合物的生物利用度更高和性质更稳定研究获得了一种药物组合物（CN107441048A）。

在治疗过程中发现阿利沙坦酯可用于治疗高血压引起的靶器官损伤，由此申请了专利并获得授权（ZL200880018830.X）。该专利同时还提供了一种新剂型，用于口服或舌下给药，更便于患者使用。

能研发、生产出中国人自己的降压药的公司信立泰，成立于1998年，2009年在深圳证券交易所上市，是集医药产品研发、生产、销售于一体的综合性医药集团。创新实力雄厚的公司，申请的专利一定也很多。截至2019年6月，其申请总量达183件（见图2）。

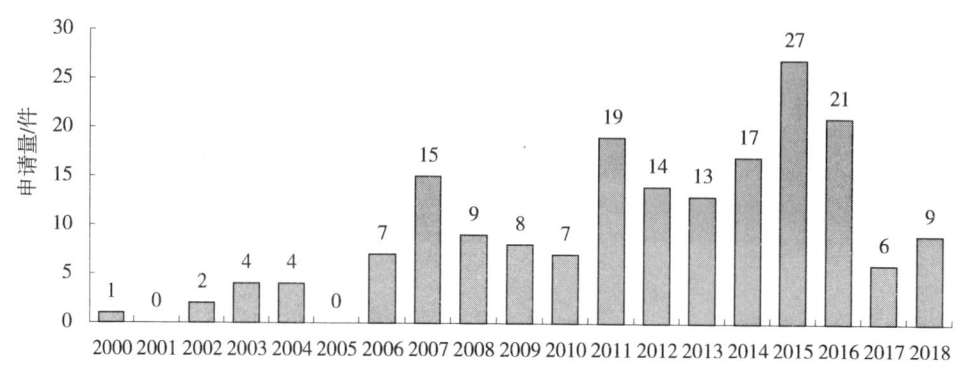

图2 信立坦专利申请量年度趋势

信立泰不仅仅只有上述一件专利金奖。早在2015年，抗血小板凝集药物泰嘉就获得过第十七届中国专利金奖。

真心希望中国能有越来越多像信立坦®、泰嘉这样的本土创新药物面世！

本文作者：
国家知识产权局专利局
专利审查协作北京中心医药部
师晓荣 韩松

17 人工蝉花带您进入"虫草2.0"时代*

> **小赢说：**
> 生长在雪域高原的冬虫夏草一直是市场上火热的药材。今天，小赢通过金奖专利为您解读"蝉花"，解决冬虫夏草资源紧缺价格高昂的难题。进入"虫草2.0时代"就靠它了。

很多人都知道"虫草"是个宝。提起虫草，其中最有名的当属冬虫夏草（见图1）。冬虫夏草与人参、鹿茸一同被誉为中国三大名贵滋补中药，有"百药之王"的美称，还被医家称为"诸虚百损至为上品"。

虫草能入药，也能食疗。"冬虫夏草炖老鸭"这道菜，源自清代赵学

图1　冬虫夏草①

敏编写的《本草纲目拾遗》：冬虫夏草三五枚，老雄鸭一只去肚杂，将鸭头劈开，纳药于中，仍以线扎好，酱油酒如常蒸烂食之。凡病后虚损者，每服一鸭，可抵人参一两。

然而，冬虫夏草的产地基本都处于高海拔地区。随着逐年采挖，冬虫夏草也越来越难以搜寻，采挖难度系数大，造成产地冬虫夏草的价格堪比黄金，高昂的服用成本让大多数老百姓望而却步。

难道普通百姓真无法享用虫草？泛亚医药想到了一个办法，使用蝉花代替冬虫夏草。其开发出了一种蝉拟青霉素株［Paecilomyces cicadae（Miq.）Samson］，制备得到的人工蝉花产品可替代冬虫夏草，使得虫草资源紧缺、价格高昂的局面有所改观。

---

* 本文涉及第二十届中国专利金奖项目，专利号为"ZL201110120603.1"，专利名称为"一种蝉拟青霉菌株"，专利权人为"浙江泛亚生物医药股份有限公司"。

① 张贵君. 常用中药养生图册［M］. 北京：中国医药科技出版社，1993.

首先要纠正一个观念。在很多人的知识结构里,"虫草"就是冬虫夏草。

非也非也!"虫草"指的是真菌长在昆虫体上后形成的菌虫体。很多人也许不知道,还有一种虫草叫"蝉花虫草",这种"蝉花虫草"是真菌长在蝉蛹体上后形成的菌虫体,外形似蝉蛹体上长出了白色的花,故名"蝉花"(见图2)。

图2 蝉花①

药材蝉花主要是蝉拟青霉寄生后的复合体。由于蝉花与冬虫夏草有相似的活性成分,是一种应用前景广阔的虫生真菌。蝉花除了药效与冬虫夏草相近,重金属含量少、价格低廉,还可作食品、保健品、药品、化妆品等研究开发,具有可观的经济价值。然而野生蝉花生长周期长、采集对环境破坏大,也同时存在孢子粉无法收集等难题,不能满足药品、食品和保健品领域的应用。

该获奖专利涉及一种蝉拟青霉菌株及其应用。该菌株可通过从云南三江源头采集纯净无污染野生蝉花标本,进而通过分离标本的分生孢子再进行培养和反复纯化获取。利用此菌株,可以容易地得到人工蝉花虫草。且蝉花虫草菌株性能稳定、生长快、出草率高等特性符合工业生产的要求,也解决了野生蝉花孢子粉无法收集的难题,并使得产量增加且价格下降。可实现大规模固体发酵生产,以自动化生产方式,全过程环境控制,自动灌装、自动接种,克服了药用虫草类真菌人工栽培工业化生产的技术瓶颈,解决了高价值虫草菌的产业化生产世界难题(见图3)。

根据该专利文献说明书的记载,在活性成分方面,与天然蝉花产品相比,人工蝉花中的功效成分,如多糖、腺苷、虫草酸、虫草素等的含量得到进一步提升(见表1)。

图3 蝉花虫草菌株大规模固体发酵生产②

---

① 赵学敏. 本草纲目拾遗 10 卷 [M]. 北京:人民卫生出版社.
② 图片来源:http://www.biophar.cn/news_930.html。

表1　人工蝉花与天然蝉花产品对比　　　　　　　　　　　　　单位：mg/g

样品		多糖	虫草酸	腺苷	虫草素
蝉拟青霉固体发酵产物	孢梗束	135.88	66.66	0.963	0.0164
	孢梗束根	116.23	51.72	0.702	0.0124
天然蝉花		69.60	34.93	0.440	未检测到

在功效方面，蝉拟青霉菌株培养物具有以下作用：①具有很好的解热镇痛作用；②可显著提高血清溶血素水平及巨噬细胞活性，促进免疫功能；③减少尿蛋白量，减轻肾小球硬化程度，具有改善肾病症状等功能，对慢性肾病的治疗效果明确。因此，蝉拟青霉菌株可应用于食品、保健品和药品的制备。

天然的虫生真菌存在资源稀缺、价格昂贵、重金属超标、假冒伪劣充斥市场等一系列问题。由于人工培育蝉花采用无土栽培，过程中通过环境洁净控制，无须施肥、不使用农药，得到的食品原料无重金属残留、无农药残留，天然安全，符合现代人对安全、健康、营养食品的需求。通过菌株培养产生的蝉花可以作为生物防治的有效手段，从源头上解决农产品农药残留超标的问题。根据专利说明书记载，在毒性测试方面，使用蝉拟青霉菌株培养物对雌雄小鼠急性经口毒性试验的最大耐受剂量MTD均大于10000mg/kg，属于实际无毒级别。

目前，泛亚医药根据该专利技术培育出来的人工蝉花虫草产品已经上市。其中，蝉花虫草片（Cikaria）获批在瑞典生产、欧盟销售。这标志着蝉花虫草正式进入欧盟市场，从而为走向国际市场迈出了重要坚实的一步，为虫草的保护和开发掀开了新的一页，也为虫草产业的发展模式增添了新的方式（见图4）。

图4　蝉花虫草片（Cikaria）[①]

能研发出这么高大上的技术的公司一定能牛吧！根据检索，泛亚医药由上海泛亚生物医药集团于2011年发起设立、以虫草类真菌资源的系统研究及应用开发为主营业务，重点推动包括蝉花虫草、蛹虫草、球孢虫草及冬虫夏草发酵产品等在内的传统中医药虫草类真菌的传承、产业现代化与国际化，是目前虫草类真菌领域从基础研究到产业转化全链覆盖的生物技术和医药健康的国家级高科技企业。"蝉花虫草"系列产品是泛亚医药的主打产品。围绕人工蝉花技术，该公司

---

① 展品扫描. 这家瑞典药厂的产品竟是中国虫草［N］. 文汇报，2018-11-10.

已经进行了周密的专利布局。

泛亚医药目前共提交专利申请114件，其中发明71件，实用新型22件，外观设计21件。从申请的领域来看，涉及蝉花虫草培养相关专利共46件，涉及药物、食品、保健品及化妆品等蝉花虫草深加工共47件。

同时泛亚医药还向世界知识产权组织（WIPO）提交了5件PCT国际申请（见表2），分别涉及蝉花的人工培养方法、新用途以及组合物。可见，从国内到国外，泛亚医药实现了从上游蝉花虫草培养到下游深加工及产品外观保护等全覆盖的知识产权布局。

表2 泛亚医药向WIPO提交的PCT申请

序号	公开号	专利名称
1	WO2018188548A1	一种具有降血脂作用的中药组合物
2	WO2018188546A1	蝉花的新用途
3	WO2018188547A1	蝉花的新用途
4	WO2017202293A1	一种蝉花的人工培育方法
5	WO2019052165A1	蝉花子实体的新用途

小赢认为，正是在"蝉花虫草"产学研方面的多年投入和全方位布局，才使其核心专利能够获得2018年第二十届中国专利金奖。浙江泛亚生物医药股份有限公司在研发和专利布局方面的经验，值得相关企业借鉴。

本文作者：
国家知识产权局专利局
专利审查协作北京中心医药部
王鑫　涂海华

18　揭秘维生素 A 的完美盔甲*

> **小赢说：**
> 维生素 A 是我们生活中再熟悉不过的营养物质，谁都离不开它。您可知这小小的维生素 A 里面蕴含着大学问？

说起维生素家族里的老大维生素 A，它是最早被发现的维生素。狭义的维生素 A 化学名为视黄醇。广义的维生素 A 是指具有视黄醇结构、并具有其生物活性的活性物质的总称，具体包括视黄醇、视黄醛、视黄酸、视黄醇乙酸酯和视黄醇棕榈酸酯等在内的视黄醇衍生物（见图 1）。

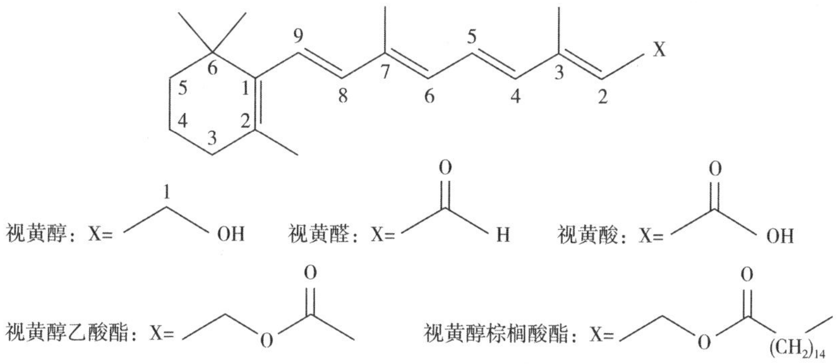

图 1　维生素 A 及其衍生物的分子结构

维生素 A 和我们的身体健康息息相关。它是眼内感光物质视紫红质的重要组成部分，同时还可以维持上皮细胞组织形态、维持和促进免疫功能、维持生殖功能、促进体内铁的吸收和利用、促进造血功能、促进骨骼发育和健康等，在机体中无时无刻不发挥着重要的作用。缺乏维生素 A 会导致夜盲症、视力下降、皮肤黏膜损伤、免疫功能损伤、贫血、生长发育缓慢等一系列不良后果。维生素 A 缺乏与铁缺乏、碘缺乏、蛋白质-能量营养不良共称世界四大营养素缺乏病。

---

* 本文涉及第二十届中国专利金奖项目，专利号为"ZL201010101199.9"，专利名称为"一种连续化稳定维生素 A 微胶囊的制备方法"，专利权人为"浙江大学、浙江新和成股份有限公司、北京化工大学"。

对于维生素 A 的摄入量，中国营养学会给出了参考摄入量。随着年龄的增长相应增加，从半岁以内适宜的 300μg 视黄醇当量/日，逐渐增加至正常成人男性的推荐量为 800μg 视黄醇当量/日，女性为 700μg 视黄醇当量/日；而孕中晚期女性则需要 770μg 视黄醇当量/日，乳母需要 1300μg 视黄醇当量/日。同时，也提出维生素 A 可耐受最高摄入量为成人 3000μg 视黄醇当量/日[1]。如果超量摄入会对身体健康造成不同程度的损害。急性中毒表现为头晕、头痛、嗜睡、呕吐、腹泻等症状，慢性中毒则表现为关节疼痛、肿胀、皮肤瘙痒、疲劳、妇女月经过多等[2]。

可见，维生素 A 缺乏或过量都会造成危害。维生素 A 是我们生命中不可缺少的营养素，无法由人体自身合成，只能通过膳食来进行补充。据悉，虽然整体状况有所改善，但是我国儿童和孕妇维生素 A 缺乏仍广泛存在，尤其是贫困农村地区儿童青少年维生素 A 缺乏仍是重要公共卫生问题[3]。

但是，维生素 A 及其衍生物中存在 5 个共轭双键及羟基或酯基，这也导致其化学性质活泼，在光、氧、热、湿度、酸、碱等因素作用下极易发生氧化、脱水、水解和聚合等反应，从而致使其结构变化而降低其保留率及生物利用率[4]。而且维生素 A 是脂溶性的，不溶于水，在水溶液中容易失活、降解。以上种种因素造成维生素 A 的稳定性极差，从而使补充维生素 A 十分困难。因此，迫切需要提供一种能有效改善维生素 A 稳定性的制剂手段。

解决维生素 A 稳定性的方法

由于维生素 A 活泼的化学性质，我国科研人员提出了很多办法来隔绝维生素 A 与前述的影响因素（如光、氧、热等）接触，包括乳化法、添加抗氧化剂法等。例如，维生素 A 纳米乳（ZL201611249652.4、ZL201310478374.X）、一种维生素 A 泡腾片组方及其制备方法（ZL201610288132.8）等。最为有趣的是"包埋法"，也就是给维生素 A 穿上盔甲，把它包裹起来，成为一种能够防御外界光、氧、热、酸等进攻的微粒（见图2）。

图 2 微胶囊化示意

这项技术就是微胶囊化。例如，一种维生素 A 微胶囊的制备方法

---

[1] 王飞生，黄小明. 食品营养卫生与健康 [M]. 北京：中国质检出版社、中国标准出版社，2016：330.
[2] 马银春. 小常识 大学问 [M]. 北京：中国致公出版社，2008：267.
[3] 王迪，胡小琪，徐ة培，等. 2016 年"学生营养改善计划"试点地区学生维生素 A 营养状况分析 [J]. 中国健康教育，2019，35（4）：295-299.
[4] 俞安，尹红，陈志荣，等. 维生素 A 稳定性影响因素研究进展 [J]. 中国食品学报，2013，13（1）：124-131.

（ZL201110142578.7）就提供了一种较为稳定的维生素 A 微胶囊的制备方法。顾名思义，微胶囊化是指通过成膜材料把固体、液体或者气体包覆，使之形成微小粒子的技术，一般粒子大小在微米或毫米范围，粒子可以制成多种形状，如球状、谷粒状、絮状、块状等。通常，将包覆在微胶囊内部的物质称为囊心（也称为芯材、包容物、内核、封闭物），由成膜材料形成的外部包覆膜称为壁材（也称为外膜、壳体、囊壁、包膜），也就是前面说到的维生素 A 的盔甲。微胶囊技术大约始于 20 世纪 30 年代，在 20 世纪 50 年代取得重大研究进展。微胶囊可以是单层壁材，也可以是多层壁材，壁材材料可以使用一种或多种复合材料。微胶囊化的技术优势在于形成微胶囊时，囊心物质被包覆而与外界环境隔离，其性质能毫无影响地被保留下来，而在适当条件下，壁材被破坏时又能将囊心物质释放出来。这些优势给囊心物质的使用、运输、贮存等方面带来许多便利[①]。

微胶囊的设计和制备需要考虑多个方面，如囊心的性质、微胶囊的使用需求以及生产环境等。按照包覆方法的不同，微胶囊化技术通常分为三大类：①化学法，如界面聚合法、原位聚合法、锐孔法；②物理化学法，如相分离法、干燥浴法、粉末床法等；③物理法，如空气悬浮法、喷雾干燥法、真空蒸发沉积法等[②]。微胶囊技术具有许多优点，如可以隔离活性成分，保护敏感物质，从而有效减少这类物质受外界环境因素（如光、氧、湿度等）的影响而失效的程度；控制芯材的释放；掩饰芯材的异味，等等。通常制备微胶囊时，首先需要将囊心物质均匀分散于介质中，然后将适宜的成膜材料加入该分散系统中，再通过适当的方法使成膜材料包覆囊心物质。壁材材料不稳定的情况下还需要使用化学或物理方法进行固化处理。

可见，维生素 A 的这身盔甲也不是那么好穿的。传统的微胶囊工艺中，操作环境敞开、所需设备能耗高、制备时间长、设备产热高等问题还是会影响维生素 A 的稳定性。而且在现有技术中，维生素 A 的微胶囊化通常是先将维生素 A 结晶或配油，与含保护胶体的水溶液一起加热，通过高速剪切加高压均质乳化，再经喷雾干燥制备。上述方法存在一些问题，如乳化时间长，乳化时摩擦生热温度高，易导致维生素 A 变质；高速剪切机和高压均质机所需电机功率大，能耗高；乳液易分层，维生素 A 小油珠易聚并成大油珠，从而影响最终产品的包埋效果和生物利用度；等等。

开篇提及的获奖专利很好地解决了上述难题，给维生素 A 完美地穿上了"盔甲"！

具体的技术方案是这样的。

---

① 梁治齐. 微胶囊技术及其应用 [M]. 北京：中国轻工业出版社，1999：1-3.

② 宋健，陈磊，李效军. 微胶囊化技术及应用 [M]. 北京：化学工业出版社，2001：13.

一种连续化稳定维生素A微胶囊的制备方法，其特征在于包括以下步骤：

1）在氮气保护下，将维生素A结晶、抗氧化剂按100：（1～5）的重量比例连续加入结晶熔化器中，于65~75℃熔化，配成含抗氧剂的维生素A熔油；

2）将可凝胶化改性淀粉溶于65~75℃水中，配成30%~40%改性淀粉水溶液，并于-0.07~-0.08MPa真空下除氧1~2h；

3）将维生素A熔油用泵送入带有液体分布器的超重力旋转填充床乳化器中；同时，将除氧后的改性淀粉水溶液用泵送入同一超重力旋转填充床乳化器中，在出口处得到维生素A乳化液，维生素A熔油与改性淀粉水溶液的重量比为1：（3~9）；

4）将维生素A乳化液连续雾化喷入冷却的淀粉床中进行造粒，然后在以氮气作为干燥介质的流化床中于65~75℃进行流态化干燥、凝胶化处理，即得到稳定维生素A微胶囊。

该获奖专利在全世界范围内首次实现了可工业化的微胶囊制备全过程氮气保护技术，保证了生产过程中维生素A不变质，增加了产品的稳定性。通入氮气可以赶跑氧气，避免氧气的氧化破坏作用。这看似很平常，但是受现有设备的限制，氮气的循环利用一直都是难题。而获奖专利蕴含的关键秘诀之一，就是对乳化器、造粒、干燥等多种装置进行了设计改造，采用了全过程封闭操作，完美地实现了阻氧保护。而且所用的氮气经过冷冻除水、分子筛干燥后即可循环利用，实现了氮气的有效循环利用，全过程氮气循环利用率达99%以上。

当然，获奖专利的技术贡献不仅在于此。乳化技术是微胶囊制备中常用的关键技术，就是将油性的维生素A以极微小的油滴状态均匀分散在另一种介质中，这种状态下才容易进行下一步的包裹，即挨个穿盔甲步骤。

此外，获奖专利还采用了超重力旋转填充床乳化器，替代了常规的高速剪切乳化机和高压均质机。何为超重力旋转填充床乳化器？

超重力，指的是在比地球重力加速度（9.8m/s²）大得多的环境下物质所受到的力。在地球上，模拟实现超重力环境的简单方法就是通过旋转产生离心力，采用的旋转设备称为超重力机或旋转填充床。因此超重力技术是利用装置旋转产生比地球重力加速度大得多的超重力环境，显著强化分子扩散和相间传质过程，用于强化传递和多相反应过程，具有高度强化、高效节能等特点，是新一代的反应与分离工业性技术（见图3）①。

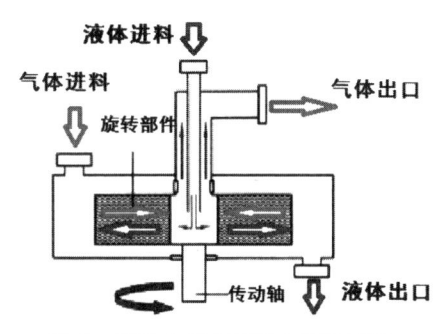

图3 超重力反应器基本结构示意

超重力环境下可以产生快速强大乳化效果，有利于使维生素A以非常小的纳米级尺寸包裹于微胶囊中，且尺寸均一，避免生成生物利用度低的大晶体。更解决了以往使用高速剪切机和高压均质机存在的高能耗缺点，使能耗降低90%左右。

除此之外，维生素"盔甲"材料（壁材）的品质好坏也与微胶囊的稳定性息息相关。毕竟，人靠衣服马靠鞍，"布料"材质优异有助于提升"衣服"的品质。理想的壁材理论上应具有下述性能：①即使在高浓度下也具有良好的流动性，从而可以确保在微胶囊化的过程中具有良好的可操作性；②在加工以及贮藏过程中可以将芯材完整地包埋起来；③易干燥、易脱落；④安全性高、经济性好；等等。微胶囊化的常用壁材有明胶、乙基纤维素、淀粉、改性淀粉等。使用明胶作为壁材时，所需制备时间较长，且所得微胶囊具有透气性，即盔甲上有"漏洞"。而使用改性淀粉时，在喷雾干燥后微胶囊内通常有微小空腔，这些微小空腔的存在会使超微化颗粒产生内外连接通道，形成"空心"现象，导致维生素A在储藏过程中稳定性变差。

获奖专利独特地选择了可凝胶化改性淀粉作为主要壁材，通过增加改性淀粉的凝胶化能力，使其具有在较低温度下可凝胶化的性能，则可像明胶一样先经过喷雾造粒，再经流态化干燥得到微胶囊，从而避免喷雾干燥时所出现的"空心"现象，提高了维生素A微胶囊在贮藏过程中的稳定性。同时，使用"可凝胶化改性淀粉"还具有出人意料的优势：在配制其水溶液时，只要在真空条件下进行适当的搅拌，水溶液中分散的气泡很容易脱除，从而为后续隔氧乳化创造了条件。由于可凝胶化改性淀粉形成的保护层更致密、更抗压，包埋效果更好，不易吸潮，结合氮气保护技术以及专用设备，与普通改性淀粉、常

---

① 张龙，贡长生，代斌. 绿色化学 [M]. 2版. 武汉：华中科技大学出版社，2014：364.

规设备制得的产品相比，常温贮存 2 年，维生素 A 保留率达到了 97%以上，提高了将近 10%。

技术研发团队解读

申请人浙江大学和浙江新和成股份有限公司（以下简称新和成）的合作可谓源远流长。早在 1992 年，双方就在产学研方面开展了合作，2012 年共同组建了浙江大学—新和成联合研发中心，至今已从单一产品研发发展到系列产品和产业链的整合、国内外先进技术的总集成。

2011 年，获奖专利技术方案就已成功应用于新和成 2500t/年稳定维生素 A 微胶囊综合生产线，实现了该技术的大规模产业化，更获得丰厚的利润回报。

与维生素 A 制剂领域一直处于领先水平的帝斯曼（代表性专利 US8409617B2）和巴斯夫公司（代表性专利 US9445997B2）的专利技术相比，获奖专利技术不论是在稳定性还是能耗方面，均处于领先水平。这一技术的应用，也使新和成维生素 A 微胶囊产品市场竞争力不断提升，从 2011 年市场占有率 18%左右，增长到 2017 年的 23%，同年更是完成了对全球化工巨头巴斯夫公司的超越。成为全球第一大维生素 A 微胶囊产品供应商不再是梦！

此外，小赢还查阅了获奖专利的全球布局。在提交中国专利申请的同时，申请人还同步提交了 PCT 申请，公开号为 WO2012/129765A1，在产品主要销售国美国的同族专利（US9173818B2）同样已获授权。

今天的新和成已跻身中国医药工业百强、中国上市公司百强，在国际市场上拥有了话语权，其研究成果推动了产业发展，此次荣获中国专利金奖项目绝非巧合。

科技发展离不开人才储备，获奖专利的两位重要发明人对于技术的改进功不可没。来自北京化工大学的陈建峰院士与来自浙江大学的陈志荣教授都毕业于浙江大学化工系，志同道合，成为了合作的好伙伴。陈志荣与新和成有着长达二十余年的产学研合作经历，是整个团队的领导核心之一，而陈建峰所在的科研团队长期致力于超重力技术领域研究，早在 1994 年就发现了超重力环境下微观分子混合强化百倍特征现象，原创性地提出了超重力强化分子混合与反应结晶过程的技术，开拓了超重力反应强化新方向，并已有相关专利问世（ZL95105344.2 超微颗粒的制备方法、ZL95105343.4 超细碳酸钙的制备方法、ZL95107423.7 错流旋转床超重力场装置）。在应用超重力设备制备微小颗粒方面，其团队积累了丰富的技术经验，同时进行了工业化开发，建立了多条超重力法制备纳米颗粒的工业生产线，并成功设计了专用于本项目的超重力连续乳化、析晶设备，实现了主要营养素产品的连续化生产，取得了显著的经济社会效益，为我国在超重力技术的研究方面处于世界领先地位做出了一定贡献。

目前，北京化工大学已经研制了转子直径3.5m的大型超重力反应器（见图4），为超重力反应强化技术大规模工业应用提供了装备保障。

图4 转子直径3.5m的超重力反应器①

获奖专利作为优秀的产学研相结合的实例，展现了高校资源与企业生产相结合的高效组合。基于这种强强联合的良好合作关系，和获奖专利相关多项技术研究并取得了众多成果。

当然，获奖专利也仅是申请人、发明人相关专利群的冰山一角。围绕维生素A等营养素的相关专利如表1所示。

表1 获奖专利申请人、发明人涉及营养素产品的相关专利

序号	专利号（公告号）	专利名称
1	ZL200910097063.2 US8540908B2 DE112010000006B4	纳米分散的高全反式类胡萝卜素微胶囊的制备方法
2	ZL200710067317.7	一种高全反式β-胡萝卜素制剂的制备方法
3	ZL200510049432.2	水分散性类胡萝卜素粉的制备方法
4	ZL200610053892.7	一种全反式β-胡萝卜素的制备方法
5	ZL201010201551.6	异构体比例可控的类胡萝卜素微胶囊的制备方法
6	ZL201010151522.3	超重力法制备纳米维生素E水分散粉体制剂的方法
7	ZL201110329347.7	提高维生素A或维生素D3微胶囊流散性和堆密度的方法
8	ZL201210267288.X	一种用于着色的β-胡萝卜素微胶囊的制备方法

---

① 初广文，邹海魁，曾晓飞，等. 超重力反应强化技术及工业应用[J]. 北京化工大学学报（自然科学版），2018，45（5）：33-39.

续表

序号	专利号（公告号）	专利名称
9	ZL201210118130.6	一种用于维生素E醋酸酯乳化的复合乳化剂
10	ZL201410316310.4	一种高全反式细分散类胡萝卜素制剂的制备方法

  这些拓展应用产品同样在市场竞争中实力不凡。根据相关材料显示：2017年，虾青素微胶囊产品约占全球市场份额的35%，维生素D_3和斑蝥黄微胶囊则各约占全球市场份额的20%，维生素E微胶囊产品也占了全球市场份额的10%。

  创新驱动发展，小小的维生素A，相信还蕴藏着更多的机遇与挑战。小赢也期待，研发人员能够带给我们更多惊喜，为我们的健康保驾护航。

本文作者：
国家知识产权局专利局
专利审查协作北京中心医药部
田小藕 刘艳芳 杨琳琳

19　来认识一下这位中药"清瘀侠"*

> **小赢说：**
> 最近被一个数据惊到了：每12s即有一个中国人发生脑卒中，每21s就有一个中国人死于脑卒中。这么高的发病率，看得小赢头晕腿软，赶紧摸摸自己的嘴歪不歪。唉，心好慌。还好，在刚刚公布的专利奖获奖名单中，小赢发现了一个专利，让小赢顿感血压和缓、心情平复。

中风，想必大家并不陌生，这是脑卒中通俗点儿的说法。根据《2016年脑卒中流行病学报告》，我国现有脑卒中患者7000万人，每年新发脑卒中200万人，也就是每12s即有一个中国人发生脑卒中。并且脑卒中致死率也很高，每年脑卒中死亡人数为165万人，即每21s就有一个中国人死于脑卒中。在全世界"十大杀手"排行榜中，中风稳坐第二把交椅，致死人数将近600万人（见图1）。

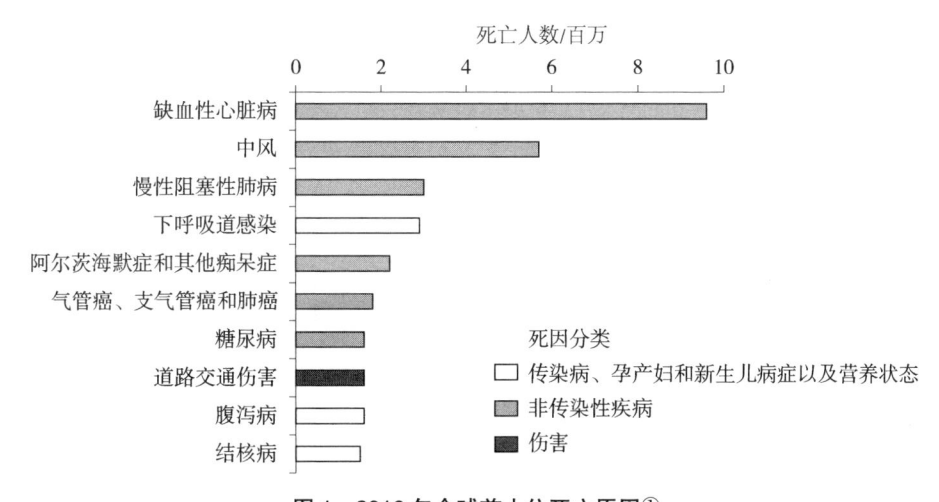

图1　2016年全球前十位死亡原因①

---

* 本文涉及第二十届中国专利银奖项目，专利号为"ZL03140491.X"，专利名称为"治疗中风的药物及其制备方法"，专利权人为"广东华南药业集团有限公司"。

① 图片来源：http://m.chinairn.com。

这家伙向来出手狠辣，它修炼的是"要你命三板斧"这种阴损武功：第一板，放置栓子，堵住血管，饿死一片大脑"良民"细胞（见图2）；再坏点，增加第二板，梗塞的同时，还把好好的血管再戳个洞，水淹脑室，颅压升高，非常危险；即使前两个招式侥幸让你逃脱，还有第三板，半身不遂、说话困难、吞咽困难……真是苦不堪言。

面对这样的强敌，怎能坐以待毙！我们的一代药侠也要横空出世、行侠仗义啦。国家科委将对抗中风的问题列入了国家"八五"科技攻关计划以及国家科技部"火炬"计划项目，由王永炎院士牵头，北京中医药大学与广东华南药业有限公司共同研究这个医学难题。历时13年，依托我国传统中医药，研发团队终于打造出了一位中药"清瘀侠"——脑栓通。获奖专利ZL03140491.X中保护的药物就是本尊。

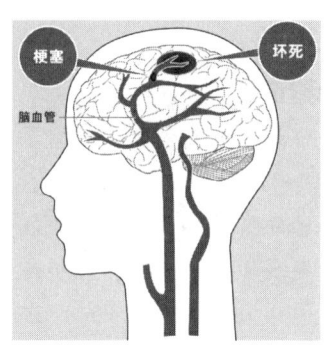

图2　脑梗塞示意①

这位"药侠"武艺高强，但药物组成部分才五种成分，在中成药家族动辄十几二十多味成分的诸多兄弟当中，算是骨骼清奇、天赋异禀的一支清流。

下面重点说说这些成分，这可是咱们"药侠"能降妖除魔的关键所在（见图3）。

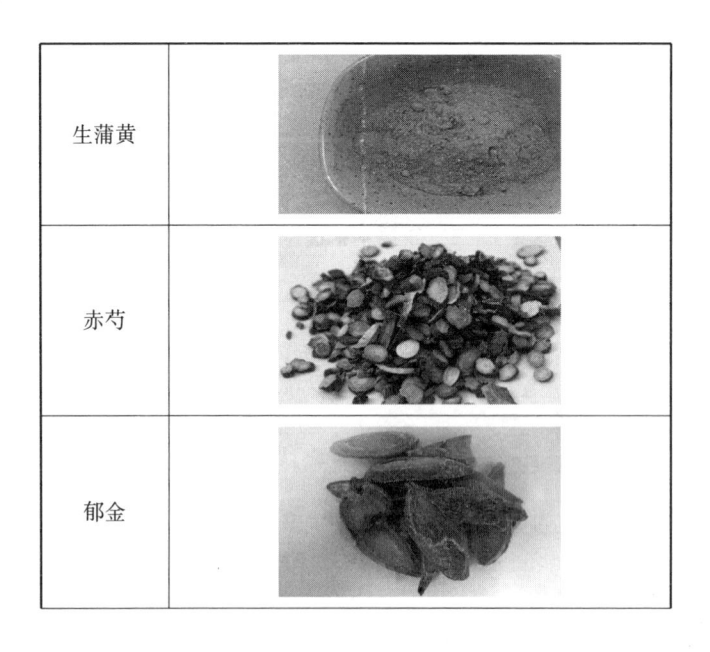

生蒲黄	
赤芍	
郁金	

---

①　图片来源：https://mr.baidu.com。

天麻	
漏芦	

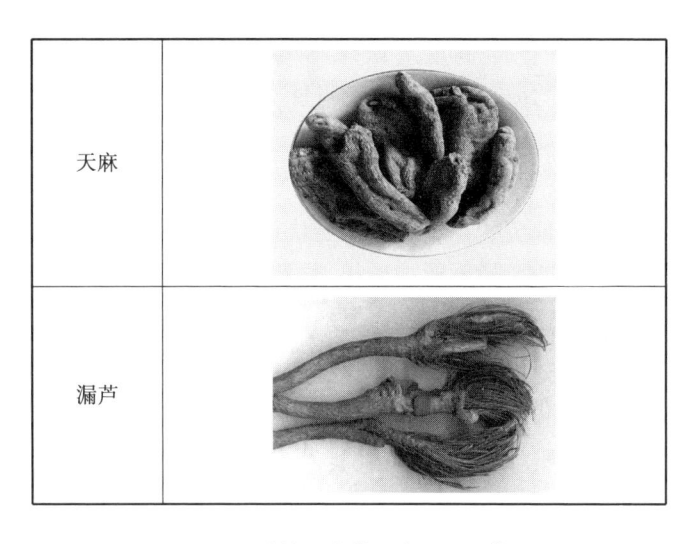

图3 脑栓通中药材成分汇总①

成分1：生蒲黄

蒲黄，是水烛香蒲（见图4）或东方香蒲等同属植物的干燥花粉。这颜值颇高的"台湾烤肠"就是蒲棒，上面满满当当的花粉就是蒲黄啦。

生蒲黄活血化瘀作用突出。在古代，蒲黄可是治疗各种心腹疼痛、跌扑肿伤的常用药呢。现代研究显示，生蒲黄有抗血小板集聚、

图4 水烛香蒲

扩张血管、改善微循环的作用，对心脑缺氧具有保护作用；同时生蒲黄还有降血脂、抗动脉粥样硬化的作用。

成分2：赤芍

赤芍，是毛茛科赤芍或川赤芍的干燥根。只看这些赤芍根的切片，小赢颇感陌生，但看到它的花（见图5），顿时就亲切很多。这不是咱们春季踏青赏花入镜率很高的花嘛。翻翻以前的朋友圈，也许你也曾与赤芍花左搂右抱，人在花中笑呢。

图5 赤芍花

---

① 图3~图5引自 https://m.cnkang.com。

赤芍有凉血、祛瘀、止痛的功效。研究表明，赤芍中含有的赤芍苷具有抑制血小板聚集、扩张血管、增加血流量，改善组织供氧，提高耐缺氧能力等作用。

成分3：郁金

郁金，姜科植物温郁金、姜黄等的干燥块根。虽然和鼎鼎大名的郁金香只有一字之差，但这两种植物科属不同，长相不同，完全不是一回事儿，千万别搞错了哦！郁金反倒是与大家常吃的咖喱饭里的咖喱原料姜黄关系密切，是不是感觉有些小意外？

郁金擅长行气活血止痛，也是目前常用而重要的一种活血化瘀中药。现代研究发现郁金有抗氧化和抗动脉粥样硬化的作用。

成分4：天麻

天麻，兰科天麻的根茎，《神农本草经》中列为上品，仅次于灵芝。清代医家张志聪赞道："天麻功同五芝，力倍五参"。这不，舌尖上的中药就少不了它，这道云南名菜天麻炖鸡（图6）要不要孝敬一下家里长辈？

天麻具有平肝熄风的作用，自古就用来治疗中风眩晕、肢体麻木、半身不遂等症状。现

图6　天麻炖鸡[①]

代研究表明，天麻能降低脑血管阻力，增加脑血流量，还有镇静、镇痛作用。

成分5：漏芦

漏芦是菊科漏芦的根和根茎，具有清热解毒、消肿排脓等功效。现代研究揭示漏芦具有降血脂、抗氧化、抗血栓形成、抗动脉粥样硬化、保护血管内皮等作用。

这五种成分看起来其貌不扬、土里土气。难怪呢，大部分的确是从土里挖出来的！但是组合在一起，相互配合，便会功力大增。可谓是五子连心，其利断金啊！生蒲黄、赤芍、郁金这三种中药主要发挥活血化瘀的作用，祛除凝滞，疏通脑络，恢复血气渗灌，再配合平肝熄风的天麻、清解郁热的漏芦，使得整个组方在活血化瘀的同时，还能涤风痰、清郁热，十分契合王永炎院士提出的"毒损脑络"病机。这些药味合用，气血双调、痰瘀两消，瞬间化身成为对抗中风杀手的一代"武林豪侠"。

---

① 图片来源：https://c.m.163.com。

药物作用到人体后，不仅抑制血栓形成、增加脑血流量、抗自由基脂质过氧化，还能减少梗塞面积，减少后遗症的发生。总结一下，就是把管道中的堵塞垃圾大的化小、小的化了，同时还把管道归置结实点。流量大了，脑细胞们不会缺水断粮，恢复元气，是不是很厉害？

后续研究还发现这位兄弟还跟脑部的一种重要酶——单胺氧化酶有些交情（ZL201210183362.X）。这种酶太多了，会出现抑郁症、阿尔茨海默症、帕金森综合征这些毛病，但有咱这"大侠"罩着，就好办多了。脑栓通可以抑制单胺氧化酶升高，提高脑组织抗氧化性和清除自由基的能力。能治疗的疾病扩展了这么多，啧啧，就是牛气！

为了确保这哥们的稳定战斗力，研究人员还利用了高效液相指纹图谱技术为超人的质量保驾护航（ZL201210562807.5）。打个比方，就相当于给药物中的成分"拍照片"，先拍一套标准版，以后的药品就拿这个标准版做参照进行"拍照"，但凡高矮胖瘦对不上号的，对不起，不能上市哦。这样，咱这脑栓通的作战能力可就有保障啦。

那这样的好产品卖了多少年了？会不会很贵呢？小赢不免担忧起来。放心，我们"清瘀侠"兄弟实力杠杠的！2004年就获得了新药证书（国药证字Z20040085），2005年上市销售，距今十多年了。而且脑栓通胶囊质量标准被收载入2015年版《中国药典》一部。2009年脑栓通胶囊就被纳入国家医保范围，并且仍然在2017版的医保药品目录中。有了国家医保的暖心保障，广大老百姓的经济负担减轻了很多，真不愧是咱们大家的好用不贵的良心好产品！

"大浪淘沙沉者金"。中医药是咱们国家历经千年传承下来的瑰宝，有非常广阔的研发空间。小赢衷心希望未来能涌现出越来越多的中医药优秀发明，研发良药除病痛，造福社会解民忧，大庇天下病患俱欢颜。

本文作者：
国家知识产权局专利局
专利审查协作北京中心医药部
张娜

20　畅销二十年女性保健品背后的专利解析*

> **小赢说：**
> 　　每个人都会经历生老病死。从豆蔻年华到鸡肤鹤发，衰老随着时间不停息地在人们的身体上表达。进入不惑，"大姨妈"不再规律，皮肤粗糙、皱纹明显，体态臃肿；脾气急躁、心情焦虑：这些都在告诉我们更年期来了。如此推不掉、躲不了的境况，有没有办法轻松度过？希望小赢下面介绍的专利技术能帮到你。

　　女性更年期综合征也称为"绝经期综合征"，西医认为这是由雌激素水平下降而引起的一系列症状。更年期妇女因为卵巢功能减退，垂体功能亢进，分泌过多的促性腺激素，引起自主神经紊乱而引发一系列症状，其中以月经紊乱为主要症状，其他症状如图1所示。

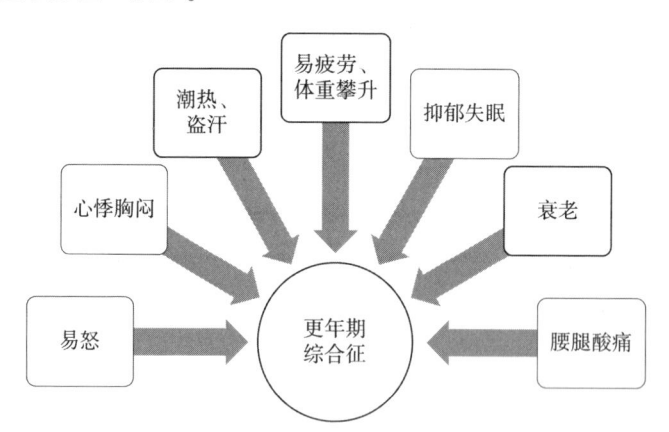

图1　月经紊乱之外女性更年期综合征的其他主要症状

　　人至中年，如果已经开始发现上述症状，请不要惊慌，这是正常的人生阶

---

* 本文涉及第二十届中国专利优秀奖项目，专利号为"ZL01139059.X"，专利名称为"一种治疗妇女更年期综合征的中药制剂"，专利权人为"深圳太太药业有限公司"。

段。图2罗列了目前临床治疗以及日常生活改善更年期综合征的常规办法。

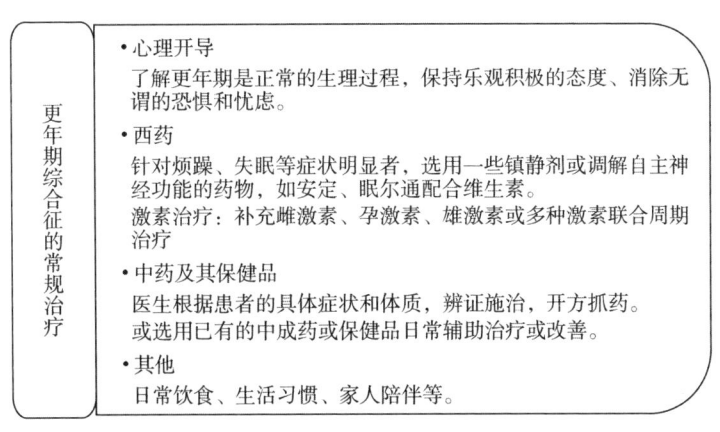

图2 现阶段治疗或改善更年期综合征的常规方法

更年期综合征的常规治疗：
- 心理开导
  了解更年期是正常的生理过程，保持乐观积极的态度、消除无谓的恐惧和忧虑。
- 西药
  针对烦躁、失眠等症状明显者，选用一些镇静剂或调解自主神经功能的药物，如安定、眠尔通配合维生素。
  激素治疗：补充雌激素、孕激素、雄激素或多种激素联合周期治疗
- 中药及其保健品
  医生根据患者的具体症状和体质，辨证施治，开方抓药。
  或选用已有的中成药或保健品日常辅助治疗或改善。
- 其他
  日常饮食、生活习惯、家人陪伴等。

分析图2可知，心理开导是必要的，却解决不了身体的不适；激素治疗虽然效果显著，但副作用太多太重，身体承受不起；食疗、改善生活习惯虽然温和，但起效不明显。有没有更好的办法呐？看看我国的传统医学怎么说。

更年期综合征在中医学被称为"经断前后诸证"，古代书籍并无此名，其论述一般见于"年老血崩""脏燥"等病症中。中医认为女性至45岁左右，肾气渐衰，任脉虚，太冲脉衰，天癸将竭，导致机体阴阳失调，或肾阴不足，阳失潜藏；或肾阳虚衰，经脉失于温养，而出现一系列脏腑功能紊乱。图3对其病因、病机进行了系统梳理。

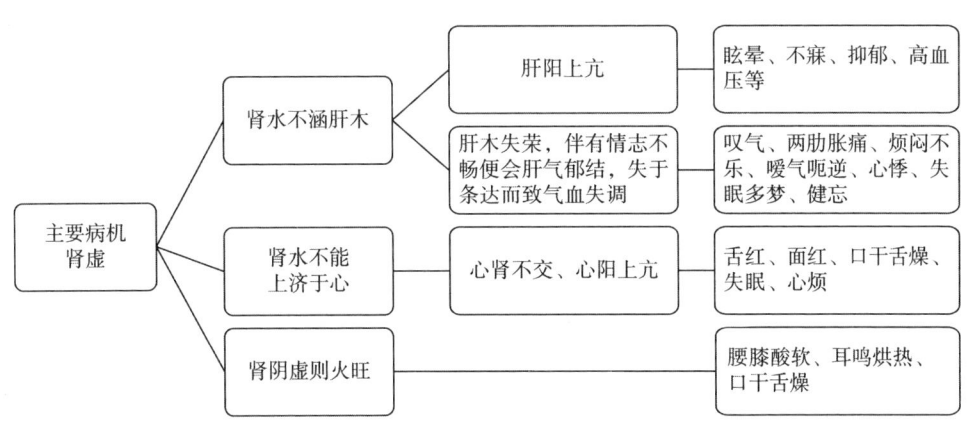

图3 中医学对更年期综合征的机理分析

主要病机 肾虚：
- 肾水不涵肝木
  - 肝阳上亢 → 眩晕、不寐、抑郁、高血压等
  - 肝木失荣，伴有情志不畅便会肝气郁结，失于条达而致气血失调 → 叹气、两肋胀痛、烦闷不乐、嗳气呃逆、心悸、失眠多梦、健忘
- 肾水不能上济于心
  - 心肾不交、心阳上亢 → 舌红、面红、口干舌燥、失眠、心烦
- 肾阴虚则火旺 → 腰膝酸软、耳鸣烘热、口干舌燥

基于中医理论分析，深圳太太药业股份有限公司研发了一款治疗妇女更年期综合征的中药制剂，其活性成分由地黄、白芍、枸杞子、菟丝子、当归、麦冬、黄连、丹参、龙骨、牡蛎、川楝子、北五味子和鸡内金13味药材以特定重量份

配比制成（获奖专利 ZL01139059.X 的权利要求 1），具有中医药背景的同学不难看出上述 13 味药材主要为补益类药材。该获奖专利技术的产品就是静心口服液。这款口服液真有用吗？图 4 将各药材功效进行了简单归类，看看每种药材发挥了什么作用。

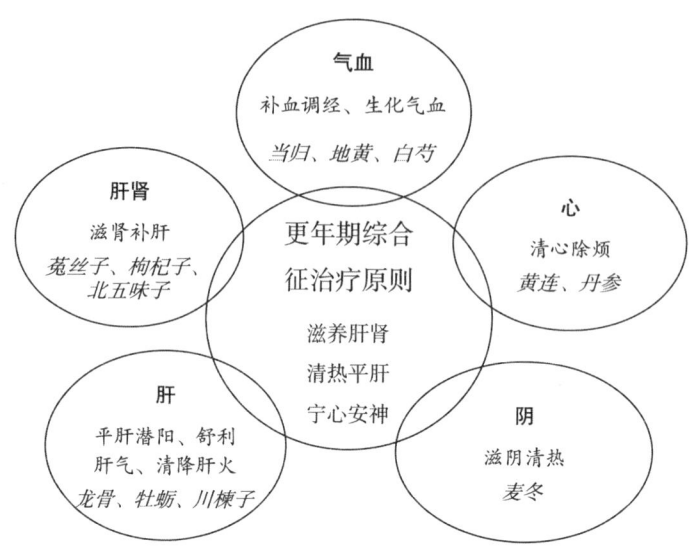

图 4　静心口服液中原料药材的功效分析

静心口服液主要从补养气血、滋肾养肝、清心除烦、疏肝潜阳、滋阴清热 5 个角度选用了 13 味药材改善中年妇女的更年期症状。简单来说：补气养血使气血充盈运行通畅；清心除烦使心静易眠；疏肝降火有益平熄怒火、降低血压；滋补肝肾可消除腰酸膝软、耳鸣；清热滋阴可除虚热滋阴。

处方中每种中药材的功效与症状对应关系可体现为：

- 地黄、白芍、当归——补血药，补血调经止痛、滋补肾阴、柔肝；
- 黄连、丹参——清热、活血凉血药，清心除烦，凉血利湿；
- 川楝子、龙骨、牡蛎——川楝子舒利肝气，又可清降肝火；龙骨与牡蛎可平肝潜阳，用于治疗阴虚阳亢之潮热盗汗、头痛眩晕、烦躁失眠等症；
- 枸杞子、菟丝子、北五味子——滋养肝肾。菟丝子为阴阳双补之品，其补阴之力加强滋养肝肾之功；北五味子滋养肾阴、宁心安神；
- 麦冬——滋阴清阴虚火旺；可治心阴不足之心悸易惊及热伤津液等症；
- 鸡内金——健脾消食，使营养物质在体内能够被正常吸收、运化。

上述诸药相互配伍，共同发挥滋养肝肾、清热平肝、宁心安神等功效。

获奖专利文件中记载了该中药组合物对潮热汗出、失眠、烦躁或抑郁、腰膝酸软等症状疗效更佳。此外，作为功效等同产品，组分中的川楝子、北五味子、牡蛎、鸡内金还可分别被青木香、南五味子、石决明、山楂或麦芽替代，口服液也可改制成片剂或胶囊剂。

静心口服液在2001年鼎盛之期，一年销售额高达3亿元。1999年静心口服液荣获原广东省经委颁发的"广东省优秀新产品二等奖"，同时获得1999年度广东省医药科技进步奖一等奖。2006年静心口服液荣获中国医药商业协会连锁店分会评选的"消费者最喜爱的医药保健品类知名品牌"。2009年静心口服液被评选为广东省自主创新产品。

近几年，国内保健品生产经营大环境混乱无序，保健品进入门槛过低，导致鱼龙混杂。部分企业为了取得消费者信任，夸大功效，甚至蒙骗消费者，致使消费者的信任大大降低，静心口服液也受到消费者的质疑。其实，根据其原料药材的功效可知，静心口服液的确具有一定改善、治疗更年期综合征的功效。但众所周知，保健品不是药品，功效大小、起效时间均不如药品，而且静心口服液为中药复方，其疗程长、起效慢、作用缓和等特点使得消费者们不容易明显体会到它的改善与治疗作用。

作为静心口服液的专利权人，深圳太太药业股份有限公司由于集团内部调整自2003年更名为深圳太太药业有限公司。深圳太太药业股份有限公司1999～2018年共申请70多件专利申请，具体申请趋势如图5所示。

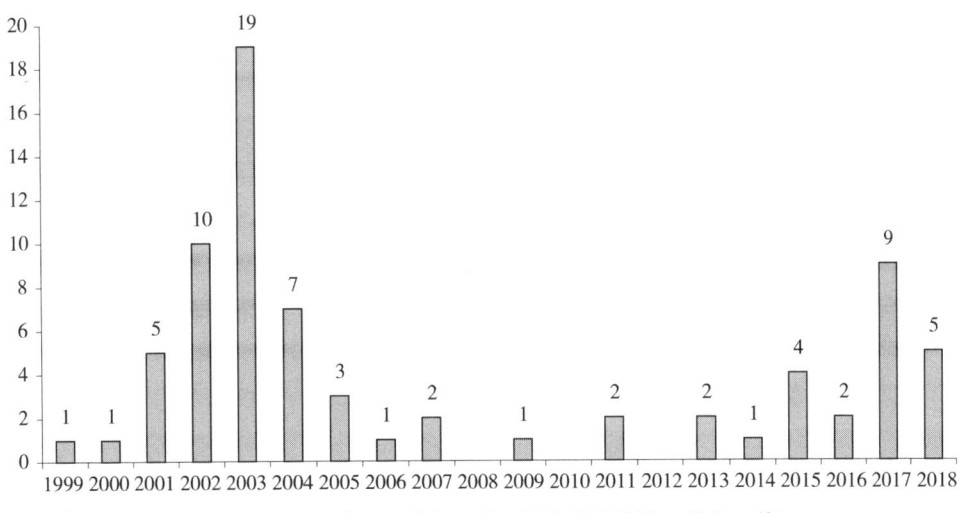

图5 深圳太太药业股份有限公司的专利申请量（单位：件）

这些专利申请中，85%以上申请均属于中药和西药领域。"深圳太太药业"现隶属于健康元药业集团股份有限公司，除深圳太太药业有限公司外，旗下还包括丽珠医药集团股份有限公司、深圳市海滨制药有限公司、健康药业（中国）有限公司、深圳太太生物科技有限公司等十多家企业。"太太"品牌曾多次被评为中国超级品牌、中国 500 最具价值品牌。

最后，截至 2019 年 6 月该专利仍然处于专利权维持状态。必须澄清一下，除静心口服液外，深圳太太药业股份有限公司还推出了静心助眠口服液，二者的组方成分是不同的。静心助眠口服液选用了更多的养心安神药材，如养肝宁心安神的炒枣仁、清心安神的百合和清心除烦的莲子心，因而功效偏重于缓解失眠症状，而静心口服液则偏重于更年期综合征治疗，一定要分清哦。

本文作者：
国家知识产权局专利局
专利审查协作北京中心医药部
左丽

21　生物3D打印人工硬脑膜助力现代医疗*

> **小赢说：**
> 用一张"膏药"一样的膜，贴在大脑脑膜的受损处，令脑细胞自动生长延伸，连接成新生组织。这看似不可思议的事，如今通过生物3D打印具有生物活性的人工硬脑膜变成了现实。

该获奖专利涉及利用生物3D打印技术制造具有生物活性的人工硬脑膜。这张膜轻薄如纸巾，以合成生物高分子材料构成网状结构，内部有千万个与人体自身结构相似的微孔。将它直接贴合在脑部手术患者的脑膜破损处，病人自体细胞会进入这个"新家"，仅两周后，细胞们就连成了片，形成新生组织。完成了任务的材料会"识趣"退出，自行降解成完全无害的水和二氧化碳。

首先，为更方便理解该发明技术，小赢觉得有必要介绍一下什么是硬脑膜。我们的颅骨与脑间有三层膜，由内向外分别为硬脑膜、蛛网膜和软脑膜，这三层膜合称为脑膜。硬脑膜是颅腔和颅骨结合在一起的厚而坚韧的双层膜，主要作用是保护大脑，并通过血管使脑和脊髓得到营养。

颅脑手术中的硬脑膜修补或扩大修补术在神经外科极为常见。脑膜修补材料对于重建硬脑膜完整性、保护脑组织、防止脑脊液漏、颅内感染、脑膨出、癫痫等并发症具有重要作用。缺乏优异的生物材料抑制是困扰组织修复医疗产业的瓶颈，现有人工硬脑膜产品易发生脑粘连、易带病毒、易产生免疫排斥等技术上难以克服的局限性。而该获奖专利产品正是解决了上述技术难题。

相对于传统技术生产的同类产品，生物3D打印生产的硬脑膜补片，因完全模拟自体脑膜的ECM微观结构，不仅能快速促进自体细胞及血管定向、有序地生长爬行，而且无化学残留、无发热及病毒传染的风险，解决病人因硬脑膜缺损所产生的脑脊液渗漏、癫痫等问题，避免现有材料使用带来的异物反应、免疫、病毒传播等诸多风险，满足临床的迫切需求。

---

* 本文涉及第二十届中国专利优秀奖项目，专利号为"ZL200910139481.3"，专利名称为"一种具有生物活性的人工硬脑膜及其制备方法"，专利权人为"广州迈普再生医学科技有限公司"。

百闻不如一见，小赢先带大家一览这款最接近自体的生物 3D 打印硬脑膜（见图 1）。

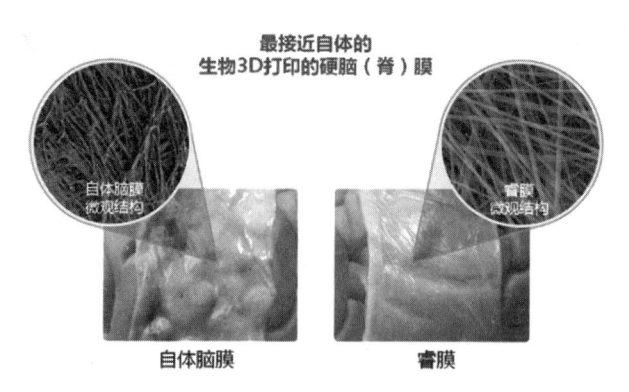

图 1　生物 3D 打印具有生物活性的人工硬脑膜①

依托该获奖专利技术，广州迈普再生医学科技有限公司（以下简称迈普公司）实现世界上第一个生物 3D 打印硬脑膜——睿膜®/ReDura®的产业化，并于 2011 年通过 CE 认证，于 2014 年获 CFDA 注册证。目前已在全球 30 多个国家应用万余例，被认为是最接近自体、修复效果最理想的硬脑膜。

看到这里，您是否对这款神奇的薄膜很感兴趣？接下来，小赢带您再从微观角度一探究竟（见图 2）。

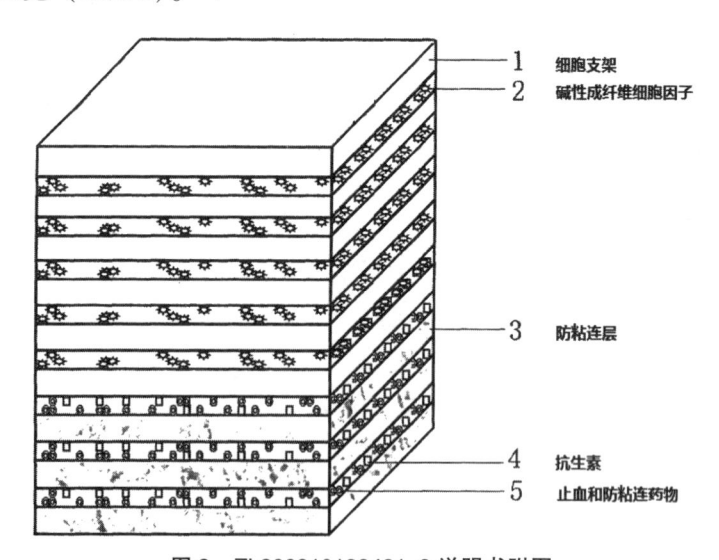

图 2　ZL200910139481.3 说明书附图

---

① 图 1、图 4、图 5 引自 www.medprin.com。

该人工硬脑膜由纳米仿生支架及附着于其上的水溶胶构成,在水溶胶内包覆有细胞因子和/或药物;纳米仿生支架至少包含相连的两层结构,面向大脑的结构层为疏水性的防粘连电纺层,背向大脑的结构层为亲水性的纳米细胞支架层。

其制备正是参照获奖专利第一发明人徐弢于2006年与托马斯·波兰一道获得的首个细胞打印美国专利US7051654B2的方法（见图3），采用型号为HP51626A的墨盒进行生物3D打印而成。同时利用生物3D打印技术和静电纺丝技术制作人工脑膜,细胞因子按浓度和位置要求分布,脑膜化过程快且适当。

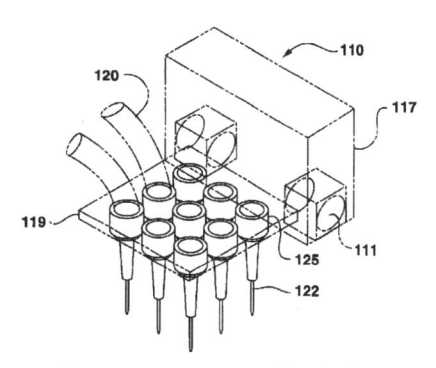

图3 US7051654B2 说明书附图

该获奖专利产品采用临床上可吸收高分子材料为原材料,具有高度的三维结构,利于新生细胞迁移、生长,促进新生脑膜修复生长。随着材料在体内逐步降解,新生脑膜组织逐渐形成,从而实现硬脑膜修复。

在每一件获奖专利背后,都有一个研发团队奋斗拼搏的故事。该获奖专利的专利权人——广州迈普再生医学科技有限公司（Medprin Regenerative Medical Technologies Co. Ltd.）成立于2008年9月,是一家由多名留美博士和国家"千人计划"人才共同创建、专业从事再生医学材料及再生医用植入器械研发、生产、销售的高新技术企业。两位发明人徐弢、袁玉宇在海外师出同门,归国后致力于生物3D打印技术的研发。他们带领的研发团队所致力的再生医学领域正逐渐成为国内前景广阔的新兴行业。公司取名"迈普"蕴意深邃,迈普是"Medprin"的音译,是"Medical"和"Printing"两个单词的组合,意为医学打印。为推行全球化发展战略,迈普还设立了美国、德国、深圳公司。

迈普公司在第一代人工硬脑膜产品的材料、工艺及产品安全性和有效性得到验证的基础上,对产品的柔软性与组织贴附性等力学性能、促进组织再生修复,以及手术方式等多个性能进行突破创新,优化结构设计和工艺参数,制备出了第二代人工硬脑膜产品——睿康™/ReDura™ Onlay。该产品一亮相于美国神经外科年会（AANS）及世界神经外科年会（WFNS）,便受到国外医生和专家的重点关注,一致认为是理想的脑膜修复产品,大有取代现有主流产品的趋势。迈普公司在人工硬脑膜方面的相关技术除获奖专利外,还有ZL200910037736.5、US9271822B2、EP2340785B1、JP5658175B2等。

除人工硬脑膜外,迈普公司还积极开发个性化颅颌面修复系统、女性盆底修复系统、无张力尿道悬吊带、疝修复片、人工皮肤、血管、韧带等十多种人体组织修复产品（见图4）。

图4　迈普公司研发的多种人体组织修复产品

工欲善其事必先利其器。迈普公司同时还开发生物3D打印装备（见图5），所研发的关键技术装备提高了打印精度、速度和效率等性能，具有多喷头，打印过程压力可控，温度多区段可调，平衡成形体结构和功能，打印过程中细胞存活率高，可实现复杂组织器官快速制造。相关专利有：ZL200920057087.0、ZL200920057086.6等。据统计，迈普已进入全球生物3D打印领导者名单，能与皇家飞利浦、惠普、康宁等跨国巨头同台竞技。

图5　迈普公司研发的生物3D打印装备

值得一提的是，在本届专利奖获奖名单中，迈普公司可谓双料赢家。除了该获奖专利外，该公司还有一项发明专利（申请号：ZL201210065460.3；发明名称：一种电纺机）荣获银奖。这让我们看到迈普公司在设备、技术和产品上追求创新并取得丰硕成果。

迈普公司重视知识产权保护，已申请国内外专利200余件，并在美国、欧盟、韩国、日本等国家和地区申请了相关专利并获授权。2009~2018年，迈普公司在我国共申请专利171件（见图6），其中发明专利118件（获发明授权专利30件）、实用新型专利42件、外观设计专利11件（见图7）。

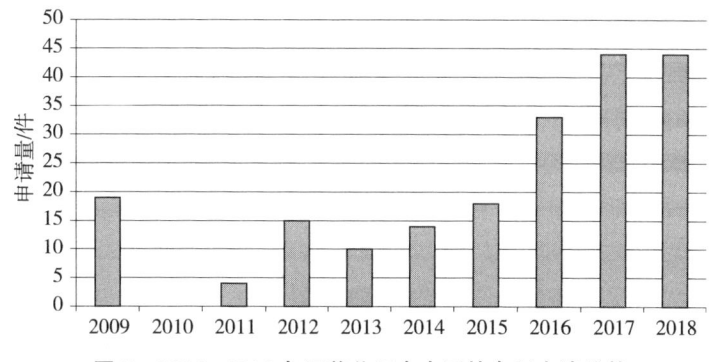

图6 2009~2018年迈普公司在中国的专利申请趋势

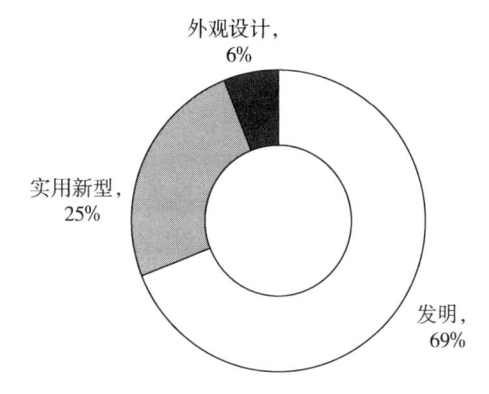

图7 迈普公司在中国的专利申请类型

依托先进的技术，迈普公司已成为全球生物3D打印技术的领导者，让"中国智造"的再生医学产品真正走到了世界前沿。知识产权为迈普公司创新发展保驾护航，可以预期迈普将继续研发更多的"国货"走向世界，助力现代医疗进步，为全人类患者造福。

本文作者：
国家知识产权局专利局
专利审查协作北京中心化学部
杨杰

22　刺五加注射液的提质增效之路*

> **小赢说：**
> 说起人参、西洋参、三七，可谓是家喻户晓、人尽皆知。但对于它们的好兄弟、同为五加科的刺五加，就显得有些默默无闻了。今天，小赢就和大家聊一聊有着"小人参"之称的刺五加。

介绍中药专利之前，先向大家介绍一下今天的主角"刺五加"（见图1）。刺五加为五加科植物刺五加 Acanthopanax senticosus（Rupt. et Maxim.）Harms 的干燥根及根茎或茎，以五叶交加者良，故名五加，又名五花。

20世纪50年代，苏联的医学科研人员在国内人口健康调查时发现，西伯利亚地区的居民人均寿命高于其他地区，尤其男性的寿命特别长，很多八九十岁的老年人仍然精力充沛。进一步研究调查表明，这是因为当地男性有经常服用"西伯利亚人参"的习惯。那么，"西伯利亚人参"到底是一种什么植物，表现得这样神奇呢？后来的研究又证实，它不仅生长在西伯利亚，在我国也有，而且分布很广，质量优于苏联、朝鲜等国。这就是五加科落叶灌木刺五加。

图1　刺五加及其饮片①

其实，在很久以前，我们的老祖宗们就已经发现了刺五加的神奇之处。例如，《神农本草经》最早提及刺五加，称其有"坚筋骨、强意志、久服轻身"的作用，被列为上品；《查石经》称之为金玉之香草；《桂香室杂记》记载"白发童颜叟，山前逐骝骅，问翁何所得，常服五加茶"；《本草纲目》对它做出了"宁得一把五加，不用金玉满车""补力益精，明目下气"，能"补五劳之伤，久

---

* 本文涉及第二十届中国专利优秀奖项目，专利号为"ZL201210049755.1"，专利名称为"一种刺五加组合物，含其制剂及其检测方法"，专利权人为"哈尔滨珍宝制药有限公司"。

① 高学敏，钟赣生，邓家刚. 中国药典　中药材及饮片彩色图鉴 第4卷［M］. 太原：山西科学技术出版社，2015.

服轻身耐老"的评价。现代研究发现，刺五加对于风湿、神经衰弱、失眠、高血压、更年期综合征、癌症、内分泌失调、血脂异常、脑梗、糖尿病、黄褐斑、冠心病、心绞痛、慢性支气管炎等多种疾病或症状均有治疗作用。

作为养生药的后起之秀，最新研究表明，刺五加的作用特点与人参相同，且抗疲劳作用远胜于人参，但价格只有 30 元/kg 左右，可谓是物美价廉。近年来，我国科研人员对刺五加的研发热情不断高涨，并将其制备为多种形式的中药制剂。正如本文开头所说，哈尔滨珍宝制药有限公司（简称哈珍宝）也凭此获得了专利优秀奖。

谈到"中药+注射剂"，我们总会对它的安全性有所顾忌。在药物质量控制标准中，注射剂会绕过排泄有害物质的人体胃肠屏障，直接进入人体血液循环，因此，它的制备要求最为严格，需要成分清晰、药品纯净度高、疗效证据充分、副作用明确。中药材取材天然，不可避免存在细菌污染。受产地、采收季节等因素的影响以及生产工艺的差异，中药自身活性成分的种类和含量无法准确表征，容易引起过敏反应以及一系列的安全问题。由于过去药品不良反应监测体系不够完善，中药注射剂安全事件频频出现，成为药品不良反应的"重灾区"。为此，相关部门相继采取各种措施，从说明书修订、药品审批等环节，严格把控中药注射剂的使用（见表 1）。

表 1　近年来中药注射剂临床应用的相关要求与政策

来源	具体内容
《关于深化评审批制度改革鼓励药品医疗器械创新的意见》	严格药品注射剂审评审批。严格控制口服制剂改注射剂，口服制剂能够满足临床需求的，不批准注射制剂上市
《国家基本医疗保险、工伤保险和生育保险药品目录（2017 年版）》	49 个中药注射剂中有 39 个受到不同程度的限制，26 种注射液限二级及以上医疗机构使用
《2017 年药品审评报告》	启动中药注射剂再评价工作，制定再评价技术指导原则
《关于调整部分基本药物进入基层医疗机构使用的通知》（湖南省医药集中采购平台发布）	对公示无异议的《国家基本药物目录（2018 年版）》中的中标品种，除抗生素和中成药注射剂外，全部纳入基层医疗机构使用范围

由于注射液具有生物利用度高、疗效确切、作用迅速等特点，在急救、危重、局部麻醉、无法口服给药等情况下具有显著的优势，如果能够做好质量把控，避免产生不良反应，保证药效，注射剂仍具有不可替代的作用。为保证注射液产品的安全性、有效性，获奖专利在多方面进行了工艺改进，使产品质量获得了显著改善。

杂质和颜色

"热处理冷藏+活性炭"早已成为中药注射液除杂的标配。其中,热处理冷藏使提取物中的杂质转变为沉淀,活性炭则利用吸附原理去除杂质。中药注射剂受其原料成分的影响,溶液颜色较深,即使利用活性炭处理,脱色处理仍旧不理想。如果增加活性炭用量,又会出现有效成分过多吸附、成分损失大的问题。为此,专利权人将除杂步骤中的热-冷处理更改为热-冷-热-冷二次处理,多次热冷处理,使藏匿于溶液中的黏液质等杂质充分暴露出来,最终转变为沉淀形式去除,制备得到的液体颜色更为澄清,缓解了广大患者的内心焦虑。

有效成分的保留

将煎煮时间 30~60min/次,延长至 2~3h,充足的煎煮时间确保有效成分尤其是刺五加苷 E 可充分溶解于水溶液中,使原料药刺五加得到了更为充分的利用,提取收率较之前提高 15% 左右。"水提醇沉"为中药提取除杂的经典方法,其原理是,中药先用水提取获得含有有效成分的水提液,加入乙醇后,某些成分在醇溶液中溶解度降低析出沉淀,固液分离后使水提液得以精制。然而,因部分有效成分被杂质包裹,在醇沉除杂过程中会被一并去除,因此,这种方法必然存在有效成分被误伤的情况。改进后的方法将醇沉步骤延后进行,尽可能地保留了有效成分。高压灭菌导致溶液 pH 下降,有效成分损失。选择在灭菌前先上调 pH,这就平衡了灭菌后 pH 下降的问题,避免了有效成分的流失。

与以往制备方法相比,应用获奖专利制备方法获得的刺五加提取物有效成分的含量显著提高(见图2)。

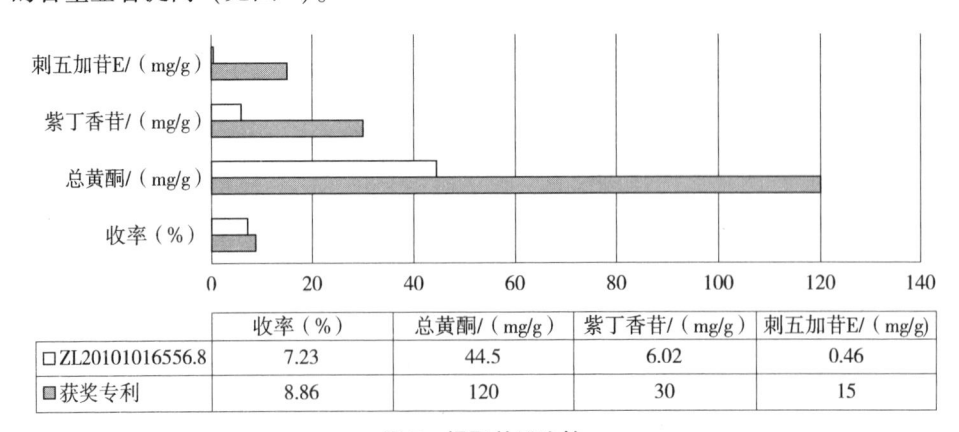

	收率(%)	总黄酮/(mg/g)	紫丁香苷/(mg/g)	刺五加苷E/(mg/g)
ZL201010165568	7.23	44.5	6.02	0.46
获奖专利	8.86	120	30	15

图2 提取效果比较

此外，获奖专利还设计了一套先进的检测方式——超高效液相色谱法，将已有的检测时间从50min缩短到15min，极大地提高了生产效率。同时，通过同时检测总黄酮、刺五加苷E、紫丁香苷三种有效成分的含量，更全面地控制产品质量。

对于依赖获奖专利生产的产品"刺五加注射液"，已获得原国家食品药品监督管理局批文（国药准字Z23020780），现已成为治疗心血管疾病的拳头产品之一，还可用于治疗内分泌系统、神经系统、生殖系统等疾病。

对于已成功上市并取得不俗成绩的刺五加注射剂，珍宝岛药业（哈珍宝母公司）对其进行了多角度的专利布局并获得相应的专利权（见图3）。

工艺	产品	检测
ZL200710117640.0	ZL201210049755.1	ZL201610648412.5
ZL201010165556.8	ZL201410508745.9	ZL201610709805.2
ZL201510834868.6		ZL201610709936.0

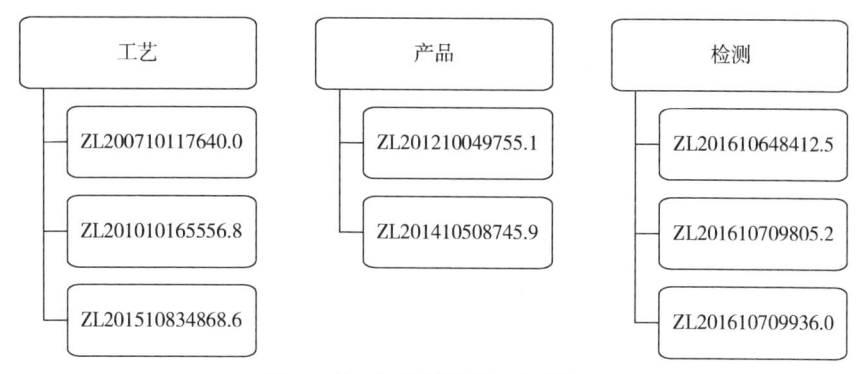

图3 刺五加注射液授权专利情况

例如，ZL201010165556.8在制备刺五加提取物时，先后采用新鲜石灰乳、硫酸调pH值、再次醇沉等步骤处理提取产物。其中，用石硫法处理药液的过程中，通过加入石灰乳调pH至10.0~12.0并静置4h以上，使溶液保持强碱性，绿原酸被完全水解；再次醇沉处理，能够显著减少硫酸、石灰乳等带来的外源性杂质；同时，石灰乳与硫酸的用量也降低至目前常用量的1/5~1/4，减少了钙离子等杂质的带入。经该方法制备获得的刺五加提取物，不含有绿原酸成分，杂质含量少，减少了不良反应的发生，应用更为安全。

ZL201510834868.6选用乙醇逆流提取法制备刺五加提取物，在逆流提取过程中药材和提取溶剂保持一定速率的逆向运动，使药材中的有效成分提取更加充分。相对以往的水加热提取或水回流提取，具有溶剂使用量少，浓缩后处理简单，提取效率高，节省能耗等优势。实验证明，在50℃下，流速为30min/罐，提取1h，提取率最佳。

临床研究表明，静脉滴注含钾离子的药物时，会增加血液中钾离子浓度，能够导致心脏扩张和无力，甚至导致死亡。ZL201410508745.9在制备提取液时，将经大孔树脂处理后的提取液进行二次醇沉处理，在形成杂质的同时吸附溶液中的钾离子一同除去，最终获得一种低钾的刺五加注射液产品。

ZL201610709805.2 涉及一种超高效液相色谱检验方法，能够在一管检测中实现对刺五加注射液中 12 种主要活性成分、4 种糖类成分的同时检测。该方法改变了以往通过对大类成分总量进行定量，或针对不同成分逐个定量的检测模式，具有方便、高效、稳定、准确、适用性强的优点。ZL201610709936.0 同样利用超高效液相色谱法，将分析成分的总量扩展到 35 种，且各个成分峰分离度好，为刺五加注射液的标准化检测分析提供了可靠的参照。同时，在保证分离度的基础上，将现有技术中的采集时间缩短到 60min。

通过上述授权专利可知，珍宝岛药业始终致力于刺五加注射液对于产品质量、检测方法、用药安全等方面的提升，从未停止过研发创新的脚步。

除了前面介绍的刺五加注射剂，珍宝岛药业还开发了多种具有自主知识产权的高品质制剂，如获得中国专利金奖的舒血宁注射液（ZL201110258734.6），获得中国专利优秀奖的注射用血塞通（冻干）（ZL201010003434.9）等。此外，哈珍宝与药明康德全资子公司上海药明康德新药研发有限公司共同研究开发的Ⅰ类创新药物 AKT 激酶抑制剂 HZB0071 片（50mg/10mg）已获得原国家药监局下发的"药物临床试验批件"，由哈珍宝拥有自主知识产权。未来该药物如果成功上市，将使拜耳万元一盒的抗肿瘤药（甲苯磺酸索拉非尼片）迎来新对手。

本文作者：
国家知识产权局专利局
专利审查协作北京中心医药部
赵静雪　齐悦如

23　拯救生命的电流*
——具有充电对位自动提示功能的植入式医疗仪器

> **小赢说：**
>
> 你在我身体里，我却不能为你充电——这曾经是多少植入了心脏起搏器、脑起搏器患者的隐忧。别怕！有我们的国产对位自动提示无线充电系统加持，充电什么的，都不是事儿！且听小赢为你解读具有充电对位自动提示功能的植入式医疗仪器。

2012 年，美国 FDA 曾召回 St. Jude Medical 公司生产的一款植入式脊髓刺激器，理由是其皮下植入部分的脉冲发生器可能在充电时过热，进而烫伤植入部位的皮肤。自此，可体外充电的植入式医疗器械的充电安全性在全社会受到广泛关注。今天小赢要介绍的获奖专利，就可以解决这一棘手问题。

众所周知，植入式医疗器械，如脑起搏器、植入式脊髓刺激器、心脏起搏器等，是通过植入大脑或心脏的电极传导电脉冲，达到治疗诸如心力衰竭、帕金森等疾病的目的。

以脑起搏器为例。通过图 1 我们可以直观地看到脑起搏器在体内的植入方式：电极被植入大脑，脉冲发生器被植入胸部皮下，二者通过皮下导线连接。通过在脑内特定的神经核团植入电极，释放高频电刺激，从而抑制多巴胺能神经元，减少

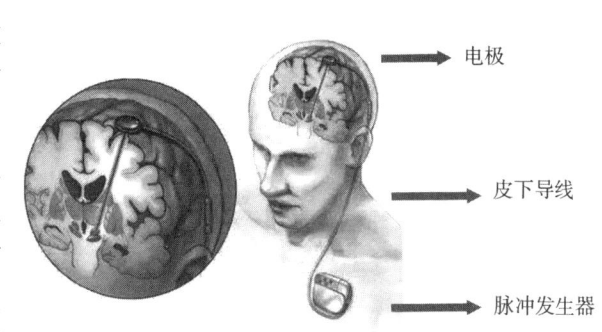

图 1　脑起搏器体内植入方式示意①

---

*　本文涉及第五届北京市发明专利二等奖项目，专利号为"ZL201010580899.0"，专利名称为"植入式医疗仪器用具有对位自动提示功能的无线充电方法"，专利权人为"清华大学、北京品驰医疗设备有限公司"。

①　脑起搏器——中晚期帕金森患者的"福音"[N]. 健康咨询报，2017-2-6 (4).

· 113 ·

过度兴奋，以减轻帕金森症状。

植入式医疗器械的能量源一直是决定其使用寿命的重要因素之一。早期的植入式医疗器械采用的电源是高能量密度电池，这类电池通常仅能在体内维持电量3~5年，一旦电池能量即将耗尽就不得不再次手术，更换植入设备。2017年12月的一则新闻就报道过一位年逾70岁的老人完成了其人生中第22次心脏起搏器植入手术。在过去的46年间，老人共接受过22次心脏起搏器植入术。而被更换下来的第21台起搏器就是因为电池电量即将耗尽。

脑起搏器也同样面临电源寿命问题，一旦电量耗尽，就要通过手术更换被埋于胸大肌下的脉冲发生器。但凡手术就有风险，而且手术为病人带来的痛苦不言而喻。因此，从20世纪末到21世纪初，科研人员一直致力于解决这类植入式医疗器械的体外充电问题。目前应用比较成熟的经皮无线充电方式是采用电磁耦合原理，利用电磁场穿透人体皮肤向植入式医疗仪器传递电能。植入式医疗仪器一般使用生物相容性好的金属钛密封，然而充电时的电磁耦合过程中钛外壳存在涡流效应，极易引发充电过程中体内植入式医疗仪器发热的问题。当病人在充电过程中感觉到发热时，往往已经被烫伤了。因此，便有了开篇提到的St. Jude Medical公司召回事件。

事实上，电磁耦合充电的发热问题早在20世纪末就已经被关注了。为了应对这一问题，各大医疗器械生产厂商都提出过不同的解决方案。如Sulzer Intermedics公司的专利申请（US5991665A），提出通过在体外充电部分安装电风扇实现对体内充电部位降温。图2是风扇26的安装位置以及内部风扇的结构（风扇由56、58构成）。

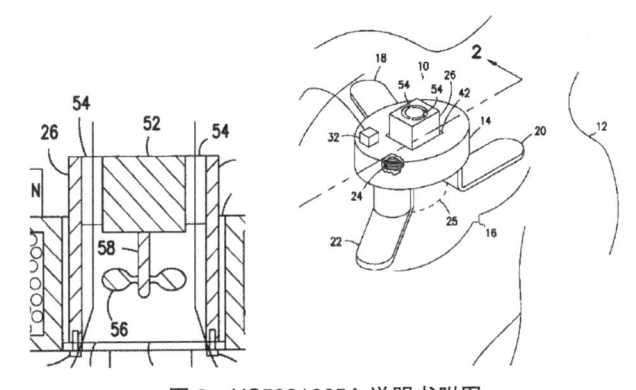

图2 US5991665A说明书附图

Medtronic公司在其发明专利（US8887619B2）中也对植入装置充电发热问题提出了自己的解决方案，其应用了相变材料。如图3所示，在体外充电装置上连接散热装置28，通过散热装置28内的相变材料感应并吸收充电时产生的热量。

这些技术都是在热量产生后才设法散热，属于被动地应对体内植入式装置充电时发热的问题，而不能主动地从根源上减小发热。然而，即使是这样的技术，也都已被国外少数大型医疗器械生产厂商所垄断。

此外，经皮无线充电的另一大难点就是充电对位问题。充电初始阶段，在体外很难对植入体内的钛外壳内部的线圈和电路准确定位。充电初始对位阶段对位时间过长也会引起体内植入式医疗仪器发热增加的问题，并且会导致充电效率降低，甚至无法充电。真可谓"世界上最遥远的距离，就是你在我身体里，我却没法给你充电"。

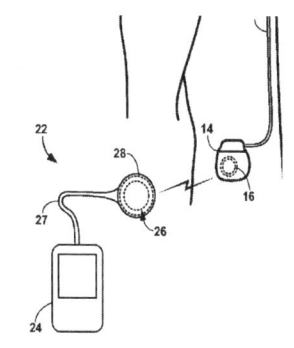

图3 US8887619B2 说明书附图

在这样的背景下，清华大学航天航空学院的研发团队用了近10年的时间填补了国内的这项空白。由该团队研发的应用于植入式医疗器械具有对位自动提示功能的无线充电方法（获奖专利 ZL201010580899.0），同时解决了充电发热和充电对位困难的问题。

与现有技术相比，获奖专利在体外充电器和体内脉冲发生器上各增加了体外控制系统和体内控制系统，内/外控制系统中分别设置第一/二微处理器。在充电过程中，采用类似手机信号强度的表征方法展示耦合状态。通过位于体内的第二微处理器和体内通信线圈向体外充电器反馈体内能量接收情况；通过位于体外控制部分的第一微处理器和体外通信线圈实现自动调整体外发射功率，以保证体内接收能量恒定（见图4）。这样就有效控制体内植入式医疗仪器发热在合理的范围内。除此之外，该充电系统还具有充电过程中对位提示功能（见图5）。

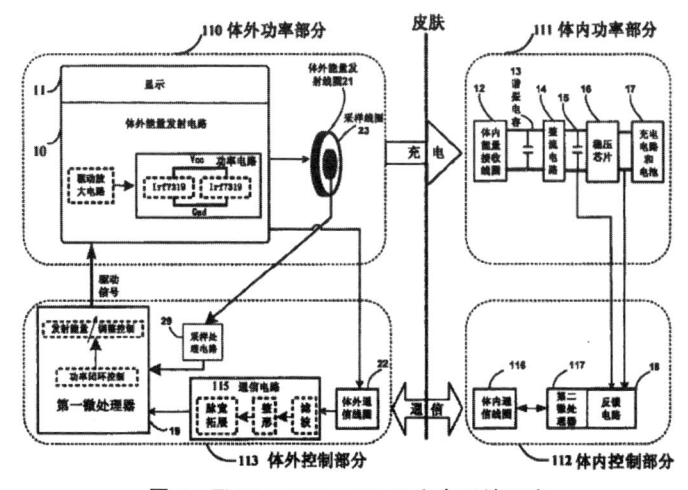

图4 ZL201010580899.0 充电系统示意

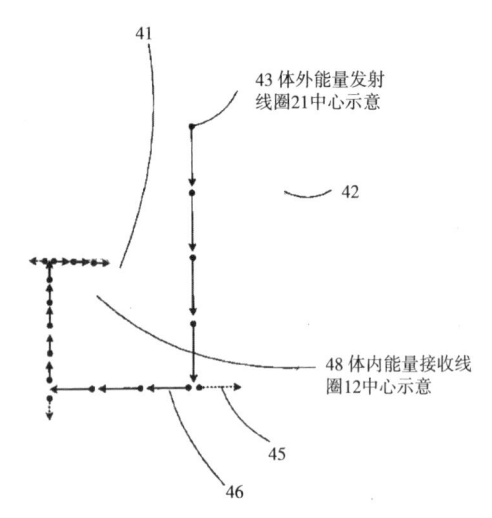

具体而言，第一微处理器通过体外采样线圈采样，借由采样处理电路处理后的输入电压判断是否成功建立充电过程。如果电压低于预定的第一阈值，认为建立起正常充电状态；当电压进一步低于预定的第二阈值时，认为充电的对位过程完成。如果充电过程未成功建立，则第一微处理器在预定的范围内控制增大体外能量发射电路的发射功率；如果发射功率达到最大仍然没有建立起充电过程，则第一微处理器会通过显示界面提示重新对位。

图 5　ZL201010580899.0 充电对位提示示意

当通过上述方式实现充电过程后，第一微处理器便开始提示自动对位。图 5 中的区域 42 代表可正常充电的区域，各个方向上的箭头代表体外充电装置的移动方向。体外充电装置通过第一微处理器对各个位置充电效率变化的计算结果，指导用户按箭头指示方向将体外充电器抵近圆心位置，以达到最佳充电效率。具体而言，当体外充电器位于某一位置时，如果通过第一微处理器计算得到的该位置的充电效率与上一点比有所增加，则提示向相同方向继续移动，直至在该方向上充电效率变低，然后提示向与前一方向成 90°方向移动；如果沿新的方向移动后充电效率降低，则提示向新方向的相反方向移动，否则提示向同方向继续移动。

作为共同专利权人的北京品驰医疗设备有限公司（以下简称"品驰公司"）通过专利许可合同，以这项技术为依托，制造的脑起搏器于 2014 年 7 月开始销售（见图 6）。

凭借安全可靠且高效的性能以及相比于进口产品更低廉的价格，该产品很快占领了国内市场，打破了美国产品在中国市场对脑起搏器领域的垄断。

图 6　品驰公司生产的体外充电器[①]

自此，清华大学的这支脑起搏器研发团队便未停止过创新的脚步。在整个神经调控领域中，可充电技术是一项关键技术。围绕获奖专利技术，清华大学共申请了 10 余件可充电相关专利，并获得了专利权，构建了专利池，进而围绕充电

---

① 图片来源：http://www.pinsmedical.com/index.php?m=content&c=index&a=lists&catid=77。

技术的应用和推广，申请了一系列外围技术专利和应用该专利的系统专利。从图7的授权时间轴，我们可以深切感受到这支研发团队的创新活力。

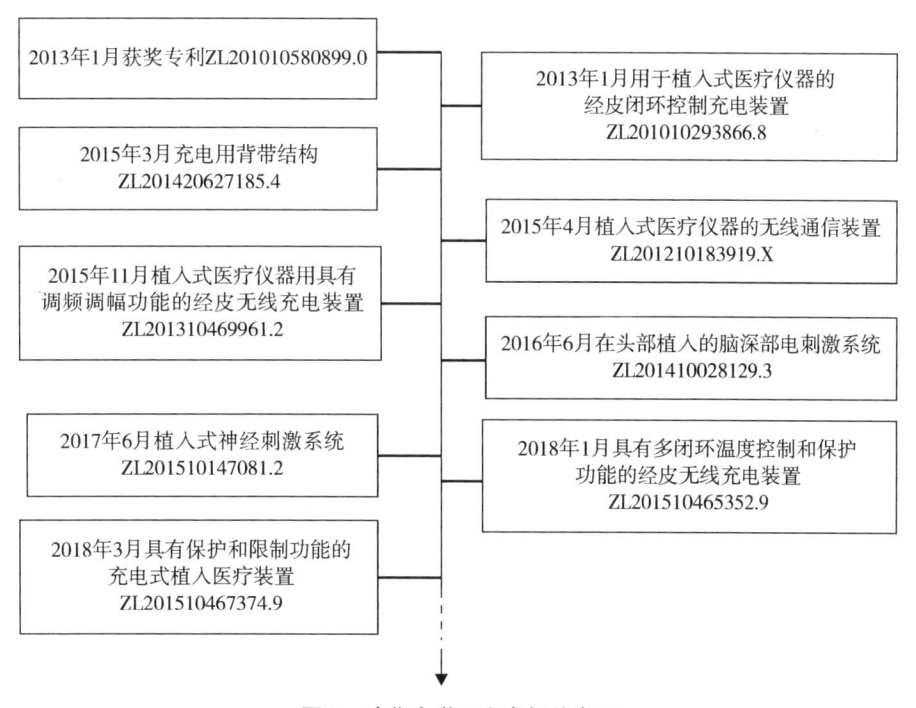

```
┌─────────────────────────────────┐      ┌─────────────────────────────────┐
│ 2013年1月获奖专利ZL201010580899.0 │──┬──│ 2013年1月用于植入式医疗仪器的   │
└─────────────────────────────────┘  │   │      经皮闭环控制充电装置       │
                                     │   │        ZL201010293866.8         │
┌─────────────────────────────────┐  │   └─────────────────────────────────┘
│      2015年3月充电用背带结构     │──┤
│        ZL201420627185.4         │  │   ┌─────────────────────────────────┐
└─────────────────────────────────┘  │   │ 2015年4月植入式医疗仪器的无线通信装置 │
                                     │   │        ZL201210183919.X         │
┌─────────────────────────────────┐  │   └─────────────────────────────────┘
│ 2015年11月植入式医疗仪器用具有   │──┤
│   调频调幅功能的经皮无线充电装置  │  │   ┌─────────────────────────────────┐
│        ZL201310469961.2         │  │   │ 2016年6月在头部植入的脑深部电刺激系统 │
└─────────────────────────────────┘  │   │        ZL201410028129.3         │
                                     │   └─────────────────────────────────┘
┌─────────────────────────────────┐  │
│     2017年6月植入式神经刺激系统   │──┤   ┌─────────────────────────────────┐
│        ZL201510147081.2         │  │   │ 2018年1月具有多闭环温度控制和保护 │
└─────────────────────────────────┘  │   │      功能的经皮无线充电装置      │
                                     │   │        ZL201510465352.9         │
┌─────────────────────────────────┐  │   └─────────────────────────────────┘
│ 2018年3月具有保护和限制功能的    │──┘
│     充电式植入医疗装置           │
│        ZL201510467374.9         │
└─────────────────────────────────┘
```

图7 清华大学可充电相关专利

清华大学航天航空学院脑起搏器研发团队 19 年来励精图治，不但填补了国内脑起搏器相关产品的技术空白，更形成了自身技术特色，极大推动了中国神经调控产业的发展。这种可实现充电对位自动提示功能的技术不但可以应用于脑起搏器，还可应用于心脏起搏器、心脏除颤器、植入式耳蜗等。这股拯救生命的电流，不仅是患者的福音，更彰显了大国创造力。

本文作者：
国家知识产权局专利局
专利审查协作北京中心材料部
乐文清

第四章
chapter 04

先进装备

24 从联合收割机的发展史聊江苏大学的专利金奖*

> **小赢说：**
> 联合收割机一直被认为是农机领域皇冠上的明珠。我国在联合收割机领域的发展和创新，正在见证着我国从农业大国向农业强国的转变。

联合收割机的前世今生

联合收割机最早可以追溯到19世纪初。1828年，一个把收割机和可行走的谷物脱粒机联合在一起的方案被认为是世界上第一件谷物联合收割机专利。1831年，美国农民发明家麦克科密克（McCormik）设计制作出第一台由两匹马牵引的联合收割机，其收割效率超过了30个人工，这是联合收割机早期研制的重大突破。之后有人在麦克科密克的设计基础上进行了改进。1849年，美国印第安纳州的发明人曼恩（Mann）申请了由四轮马车作为动力牵引的收割机专利，其结构更为紧凑，主要采用了齿轮和皮带传动进行动力传递（见图1）。随着粮食种植面积的不断扩大，以及对收割效率的要求越来越高，到1870年，麦克科密克制造的大型联合收割机由40匹马牵引，收割幅宽达30m，收割机上还装有麦秸打包装置。1889年，马开始被机器替代。美国人贝斯特（Best）设计制造出第一台由蒸汽机驱动的自走式联合收割机，一天最多可收割50多公顷农田。此后，又相继诞生了由内燃机驱动的自走式联合收割机。

---

* 本文涉及第二十届中国专利金奖项目，专利号为"ZL201310718391.6"，专利名称为"一种轴向喂入式稻麦脱粒分离一体化装置"，专利权人为"江苏大学"。

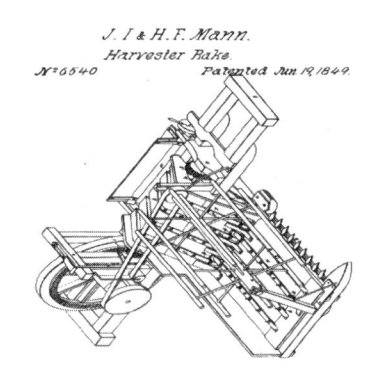

图1 美国1849年申请的收割机专利

20世纪20年代，联合收割机首先在美国的小麦产区大规模使用，随后迅速推广到了苏联、加拿大、澳大利亚和西欧诸国。到60年代中后期，美国生产的自走式谷物联合收割机已占谷物联合收割机总产量的90%~95%，苏联已全部生产自走式谷物联合收割机，并逐步用柴油机取代汽油机作为动力。60年代末，在谷物联合收割机机上开始使用电子监视装置。70年代中期，欧美国家的一些公司开始生产轴流滚筒式谷物联合收割机。

中国于1947年起开始从国外引进谷物联合收割机，在东北和华北的农场使用。1956年开始生产牵引式谷物联合收割机。1965年开始生产自走式谷物联合收割机。改革开放初期，我国的收割机械行业基础非常薄弱。1980年，全国的机收率只有3.1%，机收面积5988万亩；收割机年产量5790台，总产值2.1亿元；全国收割机保有量27045台，主要集中在黑龙江（14081台）和新疆（3335台）的国有农场。至1985年，我国收割机保有量达34573台。

改革开放40多年来，我国的联合收割机从技术、产品到产业链，都取得了巨大的进步和成就。

在改革开放初期，我国生产的联合收割机主要以仿制为主，代表机型有GT-4.9型牵引式联合收割机，北京-2型、丰收-3型、东风-5型自走式联合收割机等。

1985年4月3日，福建省机械科学研究院申请了中国第一件有关联合收割机的专利，并获得授权（见图2）。专利号为CN85102442B，专利名称为"稻麦呈直立的收获输送流程及其机器"。该专利改进了禾秆输送流程，禾秆在割、送、脱、排草输送流程中始终呈直立状态；并仅由一段上下输送链完成割、送、脱、排草输送；割、送、脱三大工作部件紧凑地构成一个整体，可简便地挂接在拖拉机或多用底盘的前方，大大降低了使用成本。

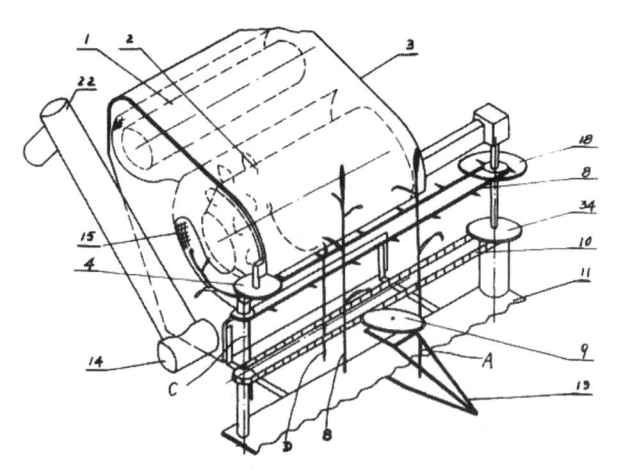

图2 中国第一件联合收割机专利CN85102442B

20世纪90年代，我国收获机械的发展迈出了新的步伐，自主研发了一批自走式切横轴流技术的产品。1993年，具有自主知识产权的新疆-2型联合收割机正式推向市场；与此同时，适合农场大面积收获作业的佳联JL-3060型自走式收割机、以桂林-2为代表的背负式联合收割机成熟并推向市场。

2013年以后，以国产单纵轴流为主的全喂入水稻收割机成为国内水稻收割机械的主力机型。这个时期的产品多元化发展，包括单纵/双横轴流机型（喂入量4~6kg/s）及可以兼收小麦、玉米的履带式谷物收割机等（见图3）。

图3 履带式全喂入联合收割机①

2015年，以玉米籽粒直收技术的突破为标志，玉米收获机也实现了谷物的联合收获。目前，国家正在积极推广高含水籽粒收获的联合收获机，包括履带式机型、轮式机型，还有茎穗兼收等。

目前我国的联合收割机已实现了自主制造。改革开放初期，我国的联合收割

---

① 图片来源：www.sohu.com/a/281219223_175192。

机生产没有专业的配套企业，标准件大多是借用，液压件需要进口。现在，联合收割机基本上全部实现了国产化，形成了年产 20 万台收割机的产能。当然还有少部分大喂入量的产品是国外品牌，这些是智能化程度高、具有国际先进水平的产品，同时也是国产收割机追赶的目标。以 2018 年第 43 届意大利国际农业及园林机械展览会（EIMA International 2018）为例，会上展示的那些大家伙真是让小赢眼花缭乱。

1. 荣获 2017 德国汉诺威农机展创新银奖的芬特 IDEAL 8T

美国爱科集团展出了其旗下的芬特 IDEAL 8T 型联合收割机（见图 4）。该系列收割机是采用全新技术打造的首次使用落地式悬挂技术且运输宽度不超过 3.3m 的顶级联合收割机，曾经荣获 2017 年汉诺威农机展创新银奖。

图 4 美国芬特 IDEAL 8T 型联合收割机①

2. 配备先进的 CEMOS AUTOMATIC 脱粒系统的克拉斯 LEXION 760

克拉斯公司展出了 LEXION 760 型联合收割机（见图 5），该机配备先进的 CEMOS AUTOMATIC 脱粒系统。系统曾经获得 2017 年汉诺威农机展创新金奖，能够根据事先设定好的不同策略，针对作物收获条件自动优化脱粒滚筒转速和脱粒间隙宽度等参数，从而优化联合收割机的工作质量和工作性能。

图 5 德国克拉斯 LEXION 760 型联合收割机

---

① 图 4、图 5 引自 www.sohu.com/a/274509492_175192。

当然，还有在我国仍然占有一定市场份额的美国约翰迪尔公司的产品，由于其稳定优越的性能，形成了比较好的客户黏性。

我国农机创新发展的差距

农机，是大宗粮食和战略性经济作物生产的保障。提高农机装备信息收集、智能决策和精准作业能力，推进形成面向农业生产的信息化整体解决方案，是未来农机的发展方向。

目标是远大的，道路却是崎岖的！经过几十年的发展，我国农业机械工业总产值、利润总额等指标连续多年增幅都在20%以上，拖拉机等设备的产量也是位居世界第一。应该说我国的农业机械发展成绩瞩目。但是，在创新、高端人才培养，以及创新技术方面，我们跟世界发达国家相比，差距还是比较明显。

据统计，近5年来，与美国普渡大学的农业装备学科相比，我国农业装备学科排名前五的高校，人均SCI论文数只有对方的1/4左右，人均科研经费只有对方的1/12左右。农业装备排名前20的高校学科基本都在欧美日。同时，我国在农业机械装备方面的人才缺口还很大。据相关资料统计，到2020年，我国农机装备人才缺口将达到16.9万人，到2025年人才缺口可能高达44万人。

金奖专利详解

传统联合收割机的脱粒分离装置，仅采用脱粒滚筒下的凹板筛对稻麦进行脱粒分离，将联合收割机上的脱粒分离装置分为喂入段、脱粒段和分离段，即籽粒在凹板筛前部先被脱粒，再在凹板筛的后部进行分离，由此造成了联合收割机脱粒滚筒长度较大。

现有专利ZL00137715.9公开的切流与纵轴流组合式脱粒分离装置，采用了切流滚筒对农业物料进行初脱，再采用纵轴流滚筒对脱粒分离后的籽粒进行复脱。该结构采用多个脱粒滚筒进行脱粒分离，导致联合收割机的结构复杂且庞大，对联合收割机的动力需求较高。且由于脱粒分离装置的盖板具有与凹板筛同样大的面积，但至今脱粒分离装置的顶盖只是对脱粒物料进行导流，并未赋予其他功能。

而本次获得第二十届中国专利金奖的专利，采用滚筒和盖板脱粒、导流式凹板分离、螺旋-轴流叶片喂入头技术。专利产品实现了高产水稻的高效能收获。

具体的技术方案，请看小赢的详解。待脱粒水稻或小麦由物料输送机构6喂入纵轴流脱粒分离滚筒的物料喂入头1处，由物料喂入头1上的螺旋喂入叶片

103 和轴流喂入叶片 101 将稻麦输送到纵轴流脱粒分离滚筒 2 处，由脱粒元件与脱粒栅格盖板 3 的作用对稻麦籽粒进行脱粒，再由脱粒元件与分离栅格凹板筛 4 的共同作用对已脱粒籽粒进行分离，被脱粒后的稻麦茎秆由碎草抛撒机构 5 进行粉碎并抛撒还田（见图 6、图 7）。

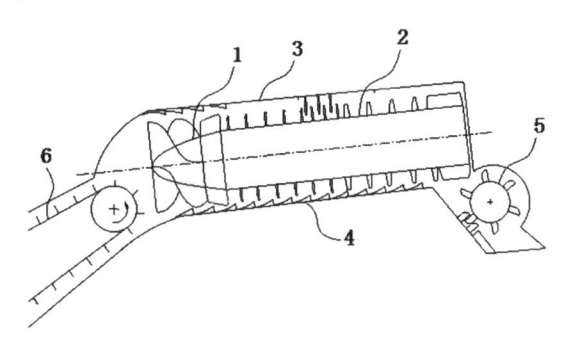

图 6 ZL201310718391.6 说明书附图

金奖专利充分利用脱粒分离装置的盖板空间，将联合收割机脱粒分离装置的盖板设计成农业物料的脱粒结构，再采用凹板筛对脱粒后的籽粒进行分离，从而缩小联合收割机的结构，简化联合收割机的传动系统，减小联合收割机的动力需求。此外金奖专利还可满足稻麦的大喂入量收获要求，具有收获效率高，对籽粒的脱粒分离能力强，经粉碎后的茎秆较碎且抛撒均匀，能直接实现收获后的秸秆还田。真可谓粮食作物收割、脱粒、堆肥一条龙操作。

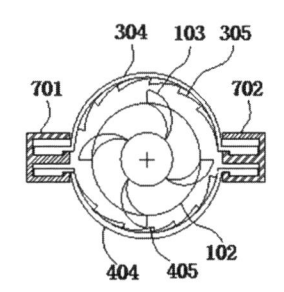

图 7 ZL201310718391.6 的物料喂入头装配截面图

江苏大学在农机领域的研发优势

这个农机领域金奖专利为什么来自一所综合性大学——江苏大学？经过小赢的查证，原来江苏大学作为一所以农机起家的综合性大学，学校始终把服务国家乡村振兴战略作为第一责任和首要任务，近十年学校在农业装备领域共获得 6 项国家技术发明奖和国家科技发明奖，位居全国高校第一。

学校前身为 1960 年建校的镇江农机学院，是国家首个以推动农业机械化为使命的全国重点大学。然而，随着学科目录调整，农业工程学科建设进入低谷，学校也由"国家队"转制成"地方队"，事业发展处于极为不利的局面。凭着一股"自强厚德，实干求真"的精神，学校以国家需求为导向，续写着与"农"

的不解之缘。特别是近年来，学校坚持农业工程学科的核心地位，举综合大学之力，优先发展农业工程学科，凝炼和打造各学科的涉农特色方向。

目前，江苏大学已经成为唯一拥有耕整地、种植、植保、收获、烘干和秸秆处理等农作物机械化生产各环节研究的高校。学校成为农业农村部与江苏省共建高校，成立学术特区农业装备学部，农业工程学科群中拥有的农业科学等4个学科已进入ESI全球排名1%。

截至2019年5月，江苏大学已向国家知识产权局申请专利15000多件，特别是在农机装备方面获得了大量授权发明专利。限于篇幅，小赢只能列出最具代表性的一些，如表1所示。

表1　江苏大学涉及农机装备的相关授权发明专利

序号	专利号	专利名称
1	ZL200910183593.9	联合收割机负荷反馈自动控制装置的控制方法
2	ZL201010585304.0	一种能实现手自动切换的灌溉施肥机电气控制系统
3	ZL201010249880.8	导轨式变量喷洒喷头
4	ZL201110101507.2	横置切流滚筒与纵置双轴流滚筒组合脱粒分离装置
5	ZL201110145990.4	切纵流联合收获机自适应防堵塞控制系统及控制方法
6	ZL201210426274.8	一种360°轴流脱粒分离系统
7	ZL201410362460.9	一种切横流多滚筒联合收割机的传动系统
8	ZL201510454237.1	一种切纵流滚筒对接负压气流喂入装置
9	ZL201510239705.3	一种履带式联合收割机浮动驾驶操纵台
10	ZL201610302488.2	一种双横并联分流低冲击脱粒分离装置

展望

也许正是江苏大学的缘故，"中国首轮农业全过程无人作业试验项目"也在江苏兴化起航——打开手机，输入GPS参数，轻轻一点，无人旱耕机、无人打浆整平机、无人插秧机、无人施药施肥机、无人收割机等纷纷开进农田。

这不是科幻电影，而是2018年6月3日我国在国家粮食生产功能示范区的一次试验（见图8）。本次无人作业试验融合了北斗导航系统、智能方向系统、智能动力系统等智能汽车、车联网和无人战术平台等领域的先进技术，对标国际先进作业模式和技术趋势，以智能感知、决策、执行为基本技术方案，将上述设备按照平原地区、黏土壤土、稻麦两熟等代表性农艺要求，首次全过程、成体系地运用于实际生产。这是我国现阶段投入智能农机种类最齐、数量最多、专业最全、参与最广、过程全覆盖、工农协同、军民融合的创新尝试。

图8　我国无人驾驶联合收获机正在进行作业演示①

未来，大力发展农机大数据和智慧农机装备是我国农业机械化和农机产业转型升级的重要方向。在此，小赢衷心希望江苏大学以本次农机领域专利获得中国专利金奖为契机，在推进农业生产全程机械化的同时，通过信息技术装备实现农业生产经营管理数字化、信息化、智能化，为提高我国农业发展质量效益、建设现代农业做出更大的贡献。

本文作者：
国家知识产权局专利局
专利审查协作北京中心机械部
简斌

---

① 图片来源：http://country.people.com.cn/GB/n1/2018/0604/c419842-30032299.html。

25　速度与安全——解读中国高铁碰撞核心技术*

> **小赢说：**
> 中国高铁产业经历了从无到有、从弱至强、从追随到引领的过程，走出了中国特色自主创新之路。时至今日，中国高铁已成为"中国制造"的国家金名片，向世界诠释着"中国速度"。

从 2008 年中国进入高铁时代到现在，中国高铁发展迅速，被称为中国"新四大发明"之一，不但改变着中国，也震撼了世界，在全球范围内获得了较高的声誉，成为创新型国家建设的标志性成就。2017 年 6 月 26 日，批量生产的时速 350km 的"复兴号"（见图 1）首次在京沪高铁正式载客运营，目前已奔驰在祖国广袤的大地上。"复兴号"的成功研制和批量生产投入运营是我国高速列车发展的里程碑，标志着我国已全面掌握高速铁路核心技术。

图 1　"复兴号"动车组①

---

* 本文涉及第二十届中国专利金奖项目，专利号为"ZL201310488975.9"，专利名称为"一种轨道车辆前端吸能装置"，专利权人为"中车青岛四方机车车辆股份有限公司"。

① 图片来源：http://www.china-railway.com.cn/。

高铁速度与安全的矛盾

高速列车由于运行速度快且质量、体积庞大，一旦发生碰撞事故将造成严重的人员伤亡及经济损失。由于碰撞事故的原因复杂多变，往往是在主动防护系统失灵的情况下发生，因此高速列车的被动安全防护措施就成为保护乘员生命和财产安全的最后一道防线。

同时，随着高速列车运行速度不断提高，其受到的气动阻力也大大增加。为改善高速列车的空气动力学性能，降低运行过程中的空气阻力，各国在高速列车的车头造型设计上均采用了大长细比的流线型造型。可以预见，未来高速列车的速度等级仍将不断提升，车头的长细比还有进一步加大的趋势。然而，采用大长细比的车头造型带来的问题是车头内部空间狭小，碰撞吸能结构的布置安装十分困难，这就使得速度与安全二者之间的矛盾日益凸显。如何在大长细比的车头内合理有效地布置碰撞吸能结构成为了影响高速列车安全、可靠、持续发展的技术瓶颈。

获金奖专利突破高铁碰撞核心技术

在此次第二十届中国专利奖颁奖大会上，中车青岛四方机车车辆股份有限公司（以下简称中车四方）摘得中国专利金奖的"一种轨道车辆前端吸能装置"专利技术正是在此种背景下，为解决高速列车运行中速度与安全的这对矛盾应运而生。

此获金奖专利有何优势和亮点？下面就来解读。

从技术的角度来看，获金奖专利采用车钩吸能、主吸能、防爬吸能三级吸能结构设计（见图2），并将三级吸能结构与底架承载结构进行集成一体化设计，均设置于车体前端底架

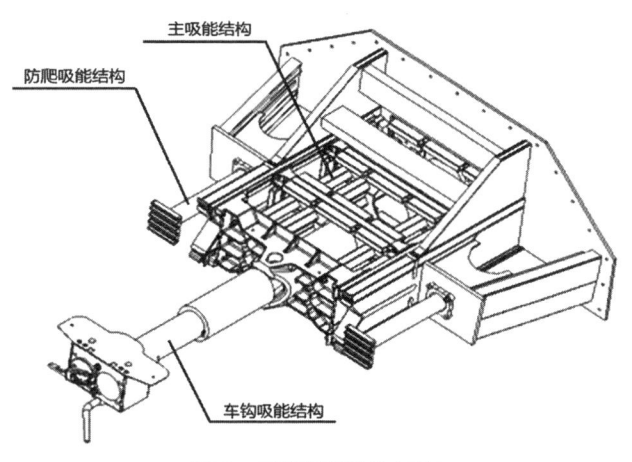

图2 三级吸能结构示意

上，节省了车头内部空间，提升了设计冗余。

主吸能结构的吸能梁采用五孔型材，在吸能梁上固定连接支撑隔板，在支撑

隔板四周设置止挡梁,设置导向结构对主吸能结构和车钩座的后退进行导向(见图3),通过以上结构设计解决了碰撞变形的有序可控、吸能性能不稳定的问题。

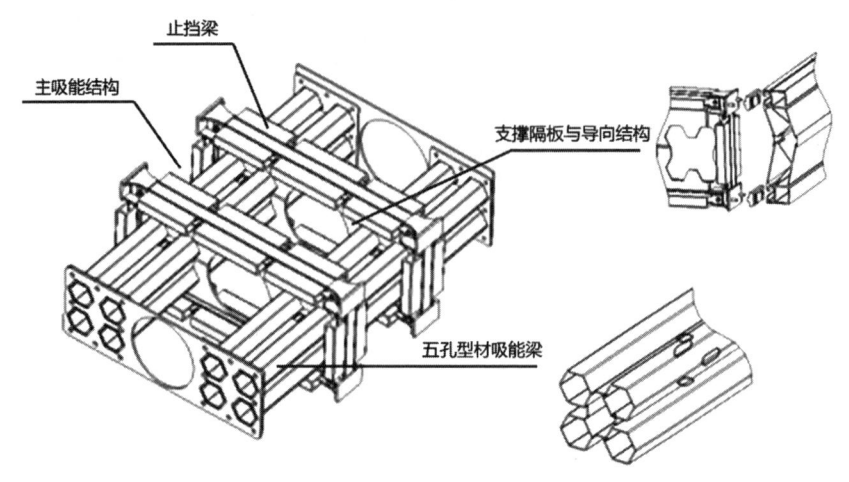

图3 主吸能结构示意

从实施情况来看,获金奖专利已成功转化为系列化产品,在时速350km"复兴号"中国标准动车组上应用,经过实车运用考验,将在后续国内上线运营的时速250km、400km及以上标准动车组,及印尼雅万高铁等出口型动车组产品中大范围推广应用,工业应用成效显著。

该获金奖专利的价值还在于:成功突破了高速列车碰撞核心技术,填补了国内高速列车碰撞吸能技术空白。与国内外先进企业相比,吸能量由2.5MJ提升至4.8MJ,最大碰撞速度由36km/h提高到41.6km/h,在吸能量、吸能行程、最大碰撞安全速度、适用头型长细比等各项性能指标方面,均达到国际领先水平。同时,以该金奖专利为核心,中车四方还构建了碰撞安全防护系统专利组合,共申请专利57件,包括美、日、英、德、澳、印尼等海外专利21件。基于该专利组合,主持编制了行业标准《动车组车体耐撞性要求与验证规范》,填补了中国高速列车耐撞性设计及试验标准的空白,为中国高铁走出去提供有力支撑。

中车四方与中车系的专利成绩单

翻看此次中国专利奖的获奖名单,中车四方另一项名为"轨道车辆侧梁增强活性激光MAG复合焊接方法"的发明专利获得中国专利银奖。通过检索国内已公开或公告的专利数据发现,中车四方从2011年开始申请发明专利,截至2018年12月已累计提交专利申请1500余件,其中发明专利占比66%(见图4)。

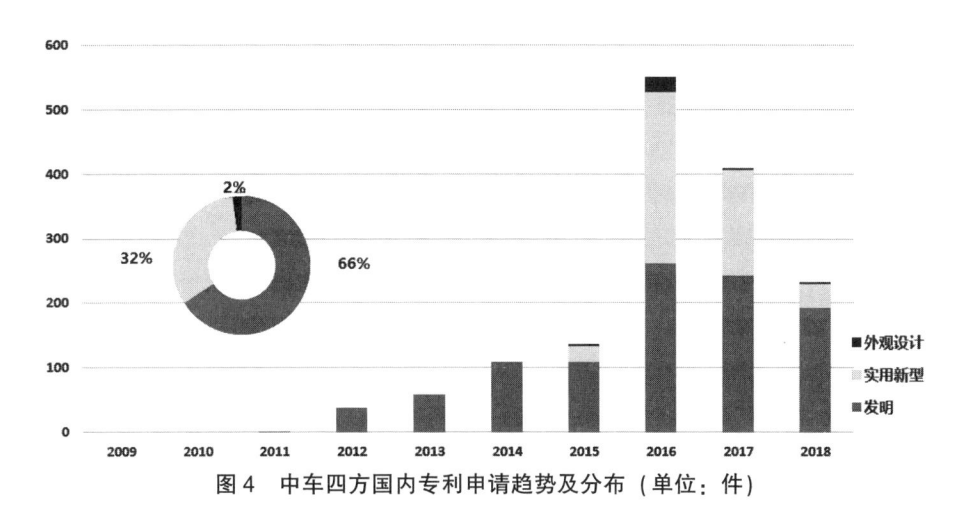

图 4 中车四方国内专利申请趋势及分布（单位：件）

从 2015 年开始，中车四方通过 PCT 条约提交国际专利申请，截至目前已累计提交 80 余件 PCT 专利申请，仅 2015 年就提交近 50 件。其指定国包括了美国、英国、德国等，这也表明了中车四方进行国际专利布局，参与国际竞争的态度。

中国中车作为我国高铁事业发展的核心力量，多年来不仅在技术引进、消化、吸收、自主创新的过程中积累了丰硕的成果，同时还加强以专利为重点的知识产权工作，拥有专利量以每年 26% 的速度快速增长，专利质量持续提升，以专利为重点的知识产权保护体系已经形成。在近三届的中国专利金奖评选中，中国中车同样收获颇丰，成为当之无愧的专利赢家（见表 1）。

表 1 中国中车近三届获金奖专利

年/届	专利号	专利名称	专利权人	奖项
2018/二十届	ZL201310488975.9	一种轨道车辆前端吸能装置	中车青岛四方机车车辆股份有限公司	专利金奖
2017/十九届	ZL201210116432.X	一种三电平双模式空间矢量过调制方法及其系统	中车株洲电力机车研究所有限公司	专利金奖
2017/十九届	ZL201310157526.6	超级电容器的制造方法	宁波中车新能源科技有限公司	专利金奖
2017/十九届	ZL201630068714.6	车头（标准动车组）	长春轨道客车股份有限公司	外观设计金奖
2016/十八届	ZL201110271979.2	轻轨车辆及其铰接式转向架	中车株洲电力机车有限公司	专利金奖
2016/十八届	ZL201310366713.5	一种电机端盖和一种电机	中车株洲电机有限公司	专利金奖

从以上的成绩可以看出,以中国中车为代表的中国高铁企业作为我国高铁事业的创新主体,多年来坚持自主创新、全面提升技术创新能力,推动中国轨道交通装备产业向产业链、价值链高端攀升。几代铁路人锲而不舍、坚韧执着,从未因道路曲折而半途而废,也从未因梦想遥远而放弃追求。如今我们可以这样说,高铁,作为现代工业文明的崭新成果,发端于日本,发展于欧洲,兴盛于中国。

中国高铁未来展望

中国高铁被誉为改革开放以来中国发展出来的可以改变整个 21 世纪国际国内政治经济基本格局的战略产业。高铁不仅成为中国的外交名片,也日益成为新陆权的象征。

当中国高铁由"路权"支撑"陆权"且被赋予"新陆权时代"的象征意义时,人们有理由相信,以海洋、航母为支点的海权时代,必将因中国高铁"走出去"而得以改变。

立足时代,面向未来。从全球视野审视中国高铁,可以洞见诸多战略价值。中国高铁必将以不断进取和创新的姿态有力支撑"一带一路"倡议,承担构建"人类命运共同体"的使命,实现"天下大同"的人类理想。

本文作者:
国家知识产权局专利局
专利审查协作北京中心新型部
梁晨

26　果汁好喝，无菌储存是关键*

小赢说：

作为世界上最大的浓缩苹果汁生产国和出口国，果汁的储运和包装成本直接影响我国果蔬加工行业的国际竞争力。面对传统的无菌桶包装成本高、能耗高、产品品质不易保证等问题，我国的果汁加工企业能否创造性地解决上述难题，在保证产品品质的同时降低储运成本？

随着人们生活水平的提高，人们对果汁饮料的要求也越来越高，更加注重喝得有营养、喝得健康。要说喝得健康，肯定首推鲜榨果汁，但是鲜榨果汁没有经过杀菌处理，很难保存，只能现榨现喝。目前，超市货架上能够买到的都是加工过的果汁，主要分为浓缩果汁和非浓缩果汁，浓缩果汁是现阶段采用最多的果汁加工方式。

那什么是浓缩果汁呢？是指在水果榨成原汁后蒸发掉一部分水分，然后在灌装时或灌装前把那部分的水分补回来，具体制作过程是：

水果榨汁──→浓缩──→冷冻──→运输──→还原──→灭菌──→灌装

我国是世界上最大的浓缩苹果汁生产国和出口国，北美是我国最大的出口市场，其中销往美国的浓缩苹果汁占到全年总出口量的50%以上。从中国到美国，如此遥远的运输距离，如何能保证果汁的品质，同时还能兼顾储存、运输成本？

保证品质首先就要做到无菌，也就是果汁中的菌落总数，大肠菌群、霉菌、酵母菌和致病菌的指标都不能超标，需要符合《食品工业用浓缩果蔬汁（浆）卫生标准》的要求。其次，还要保证果汁中的营养成分和口味在储运过程中不改变——也就是我们常说的保鲜。通常用色值来表示果汁的保鲜程度。苹果汁中的色素物质主要是酚类色素，如花青素、花黄素和鞣质等，性质不稳定，在储存过程中容易发生褐变，使果汁的颜色加深，色值指标下降；因此，色值是果汁品质的重要方面。

---

* 本文涉及第二十届中国专利金奖项目，专利号为"ZL200910229390.9"，专利名称为"一种浓缩苹果清汁大容量罐群低温无菌贮存方法"，专利权人为"烟台北方安德利果汁股份有限公司"。

为了无菌和保鲜，传统的运输方式是先将浓缩果汁灌入无菌袋/保护袋中，然后将无菌袋装入标准的铁桶（275kg）、木箱（1.4t）或铁箱（1.5t）中。铁桶和木箱均为一次性使用产品，仅能满足一次运输的需要，一只铁桶130~140元，一个木箱350~400元。铁箱比较昂贵，虽然可重复使用，但也存在盖子密封不严，容易被腐蚀、老化等问题。总之，传统的运输方式都需要企业投入大量成本，而这种成本通常都需要果汁生产企业来负担。

如今，为节约成本，大容量液包袋已经成为国际新动向。1个液包袋容量约为23t，直接装进一个集装箱里。灌装如此"大肚腩"的一个液包袋，通常需要大容量罐①来配合。

但这又带来了新的问题。大容量罐如果不采用无菌储存方式，则染菌概率会显著提高，引起发酵导致果汁报废。如果采用无菌储存方式，那么就需要在灌装到大容量罐前经过无菌灌装机的杀菌和冷却处理，或者在大容量罐内提前充入液氮或者二氧化碳进行无菌保鲜处理（相关专利技术如ZL200910103888.0）。若加入上述工艺，那么在运输端节省的成本在这里便又花费了。

总结起来，如图1所示：保证品质的同时降低成本似乎成了无法破解的谜题。

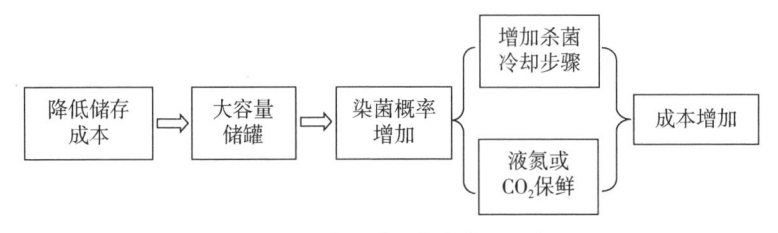

图1 果汁品质和成本关系示意

这个谜题还有解决办法么？答案是肯定的。获奖专利就巧妙地解决了上述问题，在有效降低成本的同时，又实现了果汁的无菌保鲜！具体的技术路线如图2所示。

简单来说，就是在冷库中组建了大容量罐的集群，从整体上统筹管理罐群之间的无菌消毒步骤。具体的技术方案如下。

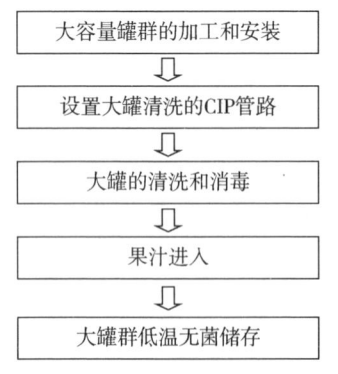

图2 ZL200910229390.9的技术路线

---

① 曾劲松. 无菌罐系统 [J]. 食品与机械, 2004, 20 (2): 43-44。

1）大容量罐群的加工和安装。根据冷库最大使用面积设计大容量罐群，每个罐容量245t浓缩果汁（实现了大容量储存，降低了储存成本）。在大罐群的每个罐顶设果汁进罐口，下面流出果汁，果汁进入每个大罐的管路单独走管（每个大罐可以同步进果汁），果汁进入罐内的管路延伸至大罐底（防止果汁飞溅产生的气泡，影响果汁的色值，同时防止染菌）。在大罐的上锥体一侧开有DN100的呼吸口，直接安装无菌空气过滤器（该过滤器可以采用PTFE滤膜，有效祛除入罐空气中所含的细菌、霉菌、酵母菌等微生物）。

2）设置大罐清洗的CIP管路。CIP管路单独走管，独立运行，独立对每个罐进行清洗消毒，在CIP总站的管路出口处安装过滤网（截留清洗液中可能出现的杂质），CIP喷头采用360°旋转式（防止产生清洗死角，确保清洗消毒效果）。

3）大罐的清洗、消毒。进行CIP清洗，碱液温度为50~60℃，碱液浓度为2%~5%，循环清洗1h，清洗时进罐流速为60m³/h；然后用冷凝水或反渗透水冲洗20min至pH≤7；进行消毒，清洗后的大罐再用反渗透水配制的100ppm的二氧化氯消毒液循环15min后排放，消毒液排放完后立即关闭批次罐出口阀门，CIP管路中的水经排空管道排放后也须及时关闭阀门。

4）果汁进入。批次罐经二氧化氯消毒后，应在30min内进入果汁。

5）大罐群低温无菌储存。果汁经巴杀进入大罐前，将果汁温度降到6~8℃（以保证果汁色值），再打入冷库大罐内进行储存；冷库的温度应控制在0~4℃。

小科普：CIP为Clean-in-Place的缩写，即就地清洗、在线清洗或原位清洗，是指在不拆卸设备、密闭条件下对仪器的表面清洗和杀菌的方法，被广泛用于饮料、乳品、果汁等食品饮料生产中[1]。

总结起来，关键技术如下：

1）大容量罐群：与大容量液包袋配合使用，降低储运成本；

2）果汁进入管路延伸至大罐底：防止细菌污染、保持果汁的色值；

3）无菌空气过滤器：防止细菌污染；

4）CIP清洗消毒：独立清洗，保证清洗消毒的效果，防止细菌污染；

5）"碱液+二氧化氯"消毒液循环清洗：防止细菌污染；

6）低温储存：确保果汁的色值稳定。

也就是说，专利权人采用的是组合拳，即通过第2~6个关键技术的综合作用，实现了果汁在不添加液氮等物质时就能够实现无菌保鲜的效果。

从获奖专利说明书中的实验数据表（见表1）可以看出，使用该方法后随着储存时间的延长，细菌总数和色值均保持在稳定的状态。上述关键技术中，不论

---

[1] 顾宁一. CIP装置 [J]. 饮料工业, 2003, 6 (5): 39-47.

是无菌空气过滤器、果汁进入管道的设置还是消毒液的使用均没有明显增加生产和储存的成本；而且，所述大容量罐本身就设置于冷库中，低温储存方式的选择，也不涉及成本的增加。也就是说在降低成本的同时，有效实现了果汁的无菌保鲜，堪称完美！

通过检索发现，专利权人烟台北方安德利果汁股份有限公司（以下简称安德利）已申请发明专利 23 件，内容涉及浓缩苹果汁、NFC 水果原浆、天然苹果香精等的加工、储存、灌装等方面。可见其在研发上提供的是浓缩苹果汁从生产到储运的全流程解决方案。

表 1　ZL200910229390.9 说明书

样品编号	储存时间/月	检测时间	细菌总数/ (cfu/mL)	霉菌＆酵母菌/ (cfu/mL)	备注
1-0	0	070908	<1	<1	呼吸孔安装无菌空气过滤器
1-1	2	071108	<1	<1	
1-2	4	080108	<1	<1	
1-3	6	080308	<1	<1	
1-4	8	080508	<1	<1	
1-5	10	080708	<1	<1	
2-0	0	070908	<1	<1	呼吸孔未安装无菌空气过滤器
2-1	2	071108	1	3	
2-2	4	080108	9	17	
2-3	6	080308	15	25	
2-4	8	080508	24	36	
2-5	10	080708	32	41	

其中，安德利的另一件专利（ZL200910229389.6）就解决了从大容量罐到液包袋的灌装实现无菌灌装的问题：将大容量罐群的无菌储存与低温无菌灌装技术相结合，实现无菌浓缩苹果清汁直接灌装无菌液袋，比现有的灌装技术少了一道杀菌和冷却工序，降低了加工成本，且染菌概率大大降低。也就是减少了之前的"增加杀菌冷却步骤"，所以看似无解的"保质与成本不可兼得"的难题，通过上面的整体方案迎刃而解。

在对安德利的专利进行检索时，小赢还找到了这样的报道。这家创建于 1996 年的公司，在成立仅 3 年（即 1999 年）时就遭遇到了美国对中国浓缩苹果汁的反倾销指控。该公司牵头联合全国 11 家浓缩苹果汁加工企业进行有效应诉，最终取得了胜诉。这在当时的世界果汁加工行业引起巨大轰动。此后，该公司继续快速发展，2003年成功在香港上市，成为中国浓缩果汁行业首家上市公司。

根据有关报道，安德利每年有数万吨的浓缩苹果汁出口到海外，可以说为全球人民喝上一口物美价廉的中国苹果汁做出了贡献。

本文作者：
国家知识产权局专利局
专利审查协作北京中心材料部
刘浩英

27　乡村振兴战略的重要利器——玉米剥皮机*

> **小赢说：**
>
> 您见过给玉米棒自动剥皮的机器吗？下面给大家介绍的就是一款玉米果穗剥皮机。您别小瞧这机器，在农民伯伯眼里，那可是他们的宝贝，大大减轻了劳动负担。当然，这个机器的发明也是助力国家乡村振兴战略不可或缺的一环。

引言

2018年9月26日，中共中央、国务院印发《乡村振兴战略规划（2018—2022年）》。其中，第十一章提出：推进我国农机装备和农业机械化转型升级，加快高端农机装备的生产研发、推广应用，促进农机农艺融合，积极推进作物品种、栽培技术和机械装备集成配套，加快主要作物生产全程机械化，提高农机装备智能化水平。随后，国务院常务会议部署加快推进农业机械化和农机装备产业升级，助力乡村振兴、"三农"发展。会议指出，按照实施乡村振兴战略部署，加快农业机械化和农机装备升级，是农业现代化和农民增收的重要支撑，也有利于扩大国内市场。看到这里，小赢不禁畅想起来，看来致力于农业机械的发明创造前景一片光明！

"中国人喜欢吃新鲜的土豆，而土豆破一点皮就会变黑，在中国如何采收马铃薯是一个比较难的问题，不同农作物种植和采收需要不同的机械。"在近期举办的"现代农业装备与技术发展国际高层论坛"上，中国工程院院士、华南农业大学教授罗锡文称，虽然我国农业机械化发展迅猛，农业装备总量增加，结构不断优化，农机作业水平大幅提高，但是仍然还有很多需要提升的地方。

截至目前，中国主要农作物耕种收综合机械化水平超过了65%，但与发达国

---

* 本文涉及第二十届中国专利优秀奖获奖项目，专利号为"ZL200810057533.8"，专利名称为"玉米果穗剥皮装置及具有该装置的玉米果穗剥皮机"，专利权人为"中国农业机械化科学研究院"。

家尤其是农业科技最发达的美国相比还有不小的距离。美国已经基本实现了从耕地、播种、灌水、施肥、喷药到收割、脱粒、加工、运输、精选、烘干、储存等几乎所有农作物生产领域的机械化。

罗锡文举例说，我国马铃薯的收割很大程度上还是靠人工，效率低、质量差，而美国的马铃薯种植者从种植到收获储存都是机械化操作。在美国的马铃薯种植基地，由于收获前26天已喷药将薯藤杀死，远处只看见行走的收割机（见图1），收割后直接输入卡车拉到仓库，通过传送带直接将卡车上的马铃薯送入仓库储存，效率非常高，与中国的人挖马运大相径庭。他认为，要实现农业全面和全程机械化，必须补短板、促全面，有针对性地采用适应不同农作物和过程的农机，解决农机发展不平衡的问题。

图1　格立莫公司马铃薯收获机①

小赢就想：土豆采收的机械化都这么困难，那玉米还有叶子和皮包着呢，不是更麻烦吗？首先需要从玉米地里采摘带叶的玉米棒，其次还要将玉米的皮和穗去除，这样才能获得金灿灿的玉米粒。剥皮装置是玉米收获机械的核心部件，是玉米采摘之后、脱粒之前的必要工作装置，采用机械方式快速、精确剥离苞叶，能够显著降低劳动强度、提高综合作业质量。

玉米果穗剥皮机发展概况

1. 国内概况

我国玉米剥皮机研制工作始于20世纪60年代，中国农业机械化科学研究院研制出了我国第一代6YBS-2型玉米剥皮机。该机生产率3t/h，苞叶剥净率80%。80年代进行了关键部件攻关，当时的机械工业部下达了玉米剥皮关键部件

---

① 图片来源：http://www.grimme.com。

的研究课题，以解决剥净率低、破碎率高的问题。同期也诞生了我国第一件玉米剥皮机专利 ZL88201944（见图 2）。90 年代以后，我国的玉米剥皮机研制有了较大的发展，玉米剥皮机型号达到 70 多种，初步形成了系列化，专利申请量也开始大幅增长。

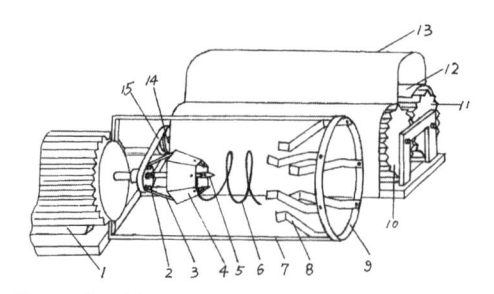

图 2　我国第一件玉米剥皮机专利 ZL88201944

2. 国外概况

1921 年，澳大利亚设计出了世界上第一台玉米联合收获机。20 世纪 50 年代，国外玉米收获机械的发展基本成熟。到 20 世纪 70 年代，德国、法国和美国等机械化程度较高的国家，已经基本实现了玉米收获机械化作业。美国自 1936 年开始推广玉米收获机械化以来，有九大公司生产 42 种型号的玉米摘穗、剥皮联合收割机（见图 3）。苏联从 50 年代开始生产玉米收获机，乌克兰的赫尔松收获机厂生产的 KCKY-6 系列玉米联合收割机 1988~1998 年共销售 1.4 万台。该机可一次完成果穗摘取、剥皮、清选、装车和秸秆粉碎及抛选至拖车作业。以上各国玉米剥皮装置大都沿用传统型铸铁螺旋钉齿和花瓣橡胶组成一对使用，其结构复杂、价格高，籽粒破碎率和落粒率均较高。

图 3　约翰迪尔公司联合收割机[①]

---

①　图片来源：www.deere.com.cn。

综上，目前所使用的玉米果穗剥皮机，虽然能完成对玉米果穗的剥皮作业，但由于对玉米籽粒的严重损伤而不受市场欢迎。而且现有的玉米果穗剥皮机设计的机构不适应果穗或茎叶喂入量的变化，经常发生堵塞，不能与玉米收获机的配套使用。加之无可靠的安全设施，伤害操作者的事故经常发生，这对推广玉米机械化收获也造成一定的阻力。

荣获中国专利优秀奖的玉米剥皮技术详解

中国农业机械化科学研究院（以下简称中国农机院）多年致力于农业机械的研发和推广，特别是在玉米收获方面的技术储备较丰。其授权专利ZL200810057533.8获得了第二十届中国专利优秀奖。该优秀专利提供一种无损伤的玉米果穗剥皮机，可以实现如下技术效果：①解决玉米收获机玉米果穗或茎叶喂入量变化大而使剥皮机故障率高影响收获效率的难题；②既不啃伤玉米果穗又加大了剥皮力度，提高了剥皮质量和生产率；③可靠地保证了操作者的安全（见图4）。

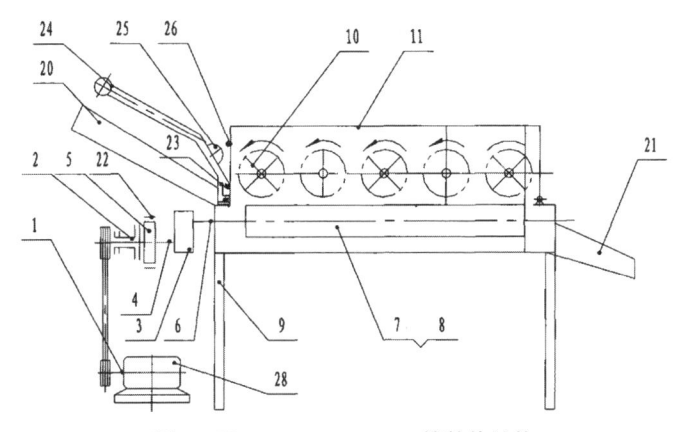

图4 ZL200810057533.8的整体结构

其具体技术方案是：一种玉米果穗剥皮装置，包括设置在机架上且由动力源驱动的果穗压送机构和剥皮机构。所述果穗压送机构设置在所述剥皮机构的上方，所述果穗压送机构为多个果穗压送拨轮10，所述剥皮机构包括至少2个旋转方向相反的压紧辊7、至少2个旋转方向相反的剥皮辊8和防损伤护板16，所述压紧辊分别设置在所述剥皮辊和防损伤护板的两侧，所述防损伤护板设置在相邻两个所述剥皮辊之间的上方并部分覆盖所述剥皮辊，所述剥皮辊的辊体表面上设置有抓取齿82，所述防损伤护板为弧形护板，所述弧形护板包括上弧面17、下弧面171和设置在中间连接所述上弧面、下弧面的加强筋18，所述下弧面还设

· 141 ·

有多个通槽19，所述抓取齿深入至所述通槽内且不超过所述上弧面，所述抓取齿沿所述辊体轴向排列且沿圆周分布。

该技术方案在摩擦学原理基础之上，创新设计玉米果穗与机械部件的接触界面构造（见图5、图6），调控苞叶、籽粒的应力，同步实现增强苞叶抓取力、降低籽粒冲击应力，从而实现高剥净率、低损伤率；在剥皮能耗、喂入量和能量守恒定律基础之上，利用飞轮机构、电磁离合器、电磁制动器，实现剥皮能量的储存与释放，增强作业适应性、可靠性与智能化。

图5　ZL200810057533.8剥皮装置的界面构造

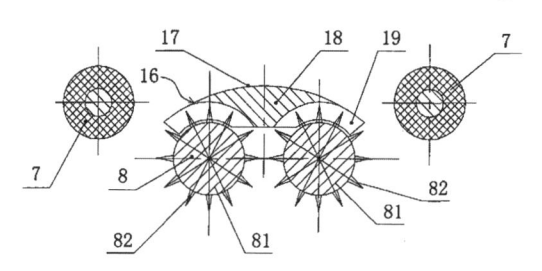

图6　ZL200810057533.8的防损伤护板结构

该专利与传统技术相比，符合我国玉米生产的特殊技术需求，既能适应玉米品种、种植农艺的多样性，又能在不同玉米收获机械中广泛通用，剥净率达到99.8%，籽粒损伤率降低至0.5%以下。技术优势显著，被国内龙头农机整机企业及农机零部件企业100余家广泛应用，在东北、黄淮海等玉米主产区广泛使用。

该获奖专利的专利权人中国农机院是我国规模最大、专业水平最高的农业机械科研单位，并完成了企业化改制。从2008年至今，下属的国家重点实验室对该专利进行了详细的实施，试验效果明显好于传统技术；下属的生产企业对该专利进行了批量化生产，并应用在各类玉米收获机中。

当然，在涉及农产品去皮或去叶的农业机械研发上，中国农机院从来不是一蹴而就的。本次荣获中国专利优秀奖的专利仅仅是其相关专利族的冰山一角（见表1）。相信中国农机院这种聚焦专业优势及全面的研发和保护也是本专利能够入围中国专利优秀奖的重要原因之一吧！

表1 中国农机院涉及农产品处理装置的相关专利

序号	专利号	专利名称
1	ZL95101221.5	一种板栗剥壳去衣的方法和设备
2	ZL200810117946.0	一种自走式玉米联合收获机
3	ZL200810057215.1	自走式棉杆联合收割机
4	ZL200810057511.1	一种玉米收获台及具有该玉米收获台的玉米联合收获机
5	ZL200910080076.9	甘蔗整秆剥叶装置和具有该装置的收获机及其剥叶方法
6	ZL201010127808.8	农业装备在虚拟场景中的运动仿真与控制方法及装置
7	ZL201310687012.1	一种用于田间作业机器人的电动升降底盘
8	ZL201410748860.3	一种甘蔗整秆收获机及其甘蔗切割剥叶装置
9	ZL201610584884.9	一种玉米剥叶设备

通过表1的第7个专利，小赢还发现了一个农机未来发展的趋势，那就是田间作业机器人或农业机器人。小赢不禁又畅想起来：有了机器人给我们人类到田里干活，农民伯伯也就从此真正告别"汗滴禾下土"的日子。不过农民伯伯就需要研究怎么控制机器人了！

展望

随着融合传感、精密导航、人工智能、云计算、大数据等技术的普及，传统农业作业领域的数字化、自动化、网联化正在加速推进。一些工业发达国家已经应用了自动驾驶、变量施药、智能滴灌等智能化新技术。例如，利用无人机实时监测玉米、小麦的长势以及病虫害情况，并及时提醒农民喷药。此外，利用传感器可获取水果最佳收获期，只需在远程端拿起手机，就可以了解到其生长曲线、水分含量和矿物质含量等信息。还可以通过土壤自动取样，实时了解土壤的酸碱性和肥力情况，从而指挥农业机器人进入田间进行滴灌施肥等。而通过遥感卫星，还可将农场的立体全方位信息采集到计算机，包括当地天气、土地使用情况、作物种类、虫害面积、施肥区域等，同时将周围农场的相关信息进行整合和大数据分析，并将大数据信息分享给各用户。

不过，就当前我国农业机器人的发展现状而言，要达到预期的发展前景，需要在技术上取得有效的突破。由于我国地形复杂，土地大块连成片的较少。在这样的背景下，我国的农业机器人研发需要从以下两个方面进行重点突破：一个是研发类似于机械手的农业机器人，这种机器人不需要移动，受地形限制较小，但需要考虑作业对象的基本特征、力学特征、生理特征等因素；另一个是研发更加智能的农业机器人，这种机器人能够自动行走和作业，需要机器人具备独立路径规划、智能避障、精准探测定位和稳定的系统控制。

  不管是不受地形影响的机械手，还是智能行走的农业机器人，都需要我国研发人员积极创新、开拓思路、加快突破，最终攻坚克难，为国家乡村振兴战略贡献力量。小赢真诚地期盼这一天早点到来！

本文作者：
国家知识产权局专利局
专利审查协作北京中心机械部
简斌

28　防飓风幕墙养成记*

> **小赢说：**
> 当飓风来袭，你的房子是否能抗住风压岿然不动？下面这份专利的防飓风单元幕墙让你可以安心坐在室内喝咖啡了。

当幕墙成为城市的礼服，外表貌似脆弱的玻璃幕墙能给身在其中的你带来安全感吗？当恶劣气候来袭，什么样的幕墙能抵御自然的压力？台风过境后，建筑物幕墙被剥落的场景让人触目惊心（见图1）。

图1　台风过境后的万菱汇和珠江新城①

本获奖专利正是适用于飓风和台风高发地区建筑物的防飓风单元幕墙。在引入本获奖专利前先介绍一下幕墙的历史沿革。

幕墙（Curtain Wall），众所周知，是建筑物的外墙围护，不承受主体结构荷载，像幕布一样挂上去，故又称悬挂墙。第一代幕墙以1851年英国伦敦工业博览会水晶宫（Crystal Palace）为代表，这一阶段的幕墙与现在城市中的幕墙外观相差较大。由于当时玻璃生产工艺落后，玻璃幕墙建筑存在保温隔音差、密封胶容易老化的缺陷。直到1921年，德国建筑学家密斯·凡德罗设想把窗与墙合二

---

* 本文涉及第二十届中国专利优秀奖项目，专利号为"ZL201110425370.6"，专利名称为"防飓风单元幕墙"，专利权人为"沈阳远大铝业工程有限公司"。

① 图片来源：http://www.oeeeee.com。

为一，玻璃外墙既是透明的窗，又是坚实的墙。他按照该设想做成了整幢大楼的外墙都是玻璃的模型，称之为"玻璃大楼"，这是关于幕墙最初的成熟设想。这一时期的幕墙克服了第一代幕墙密封胶容易老化的缺陷，开始使用具有良好黏结性和耐老化性的硅酮结构胶。其中，美国宾夕法尼亚阿尔考大楼（Alcoa Building）是代表性的玻璃幕墙建筑，首次采用压力平衡原理成功解决防渗漏的技术问题。这一阶段的幕墙被称为第二代幕墙。

进入20世纪80年代，建筑幕墙的应用领域日益拓宽，建筑幕墙的技术含量不断增加，从摩天大楼到体育场、大剧院，玻璃幕墙组成的建筑群正在逐渐将城市淹没。以大连市体育场为例（见图2），该体育场主体结构为钢筋混凝土框架结构，外表面由钢结构和幕墙系统构成。其中，幕墙结构采用了ETFE（乙烯-四氟乙烯共聚物）膜结构的建筑形式，由大量膜结构气枕构成大型充气膜结构建筑，ETFE膜的斜向划分和蓝白色膜材的穿插处理带来了海浪层叠的动态效果。

图2 大连市体育场[①]

哈尔滨大剧院（见图3）的外壳采用钢结构结合异形双曲面设计，幕墙结构包括椎体玻璃采光顶、清水混凝土及GRC挂板、全玻璃幕墙等多种形式。其中，幕墙外立面用纯白色铝板和纯白色石材的搭配，带来阳光照射在冰雪上的视觉效果。该剧院曾被建筑设计网站Arch Daily评为"2016年世界最美建筑"。

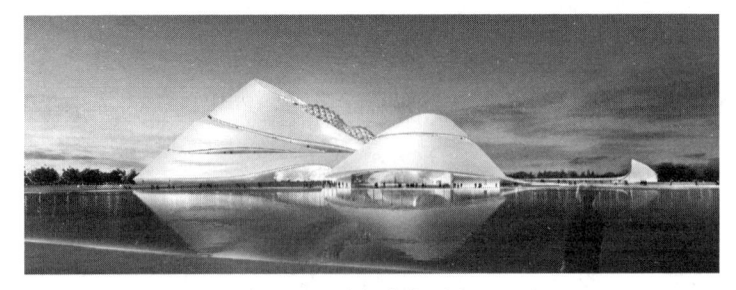

图3 哈尔滨大剧院

---

① 图2、图3引自http://www.yuandacn.com。

上述两项幕墙结构均为远大中国控股有限公司（以下简称远大中国）的全球示范工程，而沈阳远大铝业工程有限公司（以下简称沈阳远大）为远大中国全资子公司。沈阳远大的幕墙工程遍布世界各地，其中，昆明的邦克大厦更是获得 2001 年中国建筑工程鲁班奖。

沈阳远大的业务开展于 1993 年初，该公司从 2001 年起开始申请专利，截至 2018 年 11 月底共申请各类型专利 1054 件，专利申请的范围主要涉及建筑领域的墙体、门窗、楼板、屋顶等（见图 4），其中涉及建筑物墙的相关申请占总专利申请量的 53.68%。

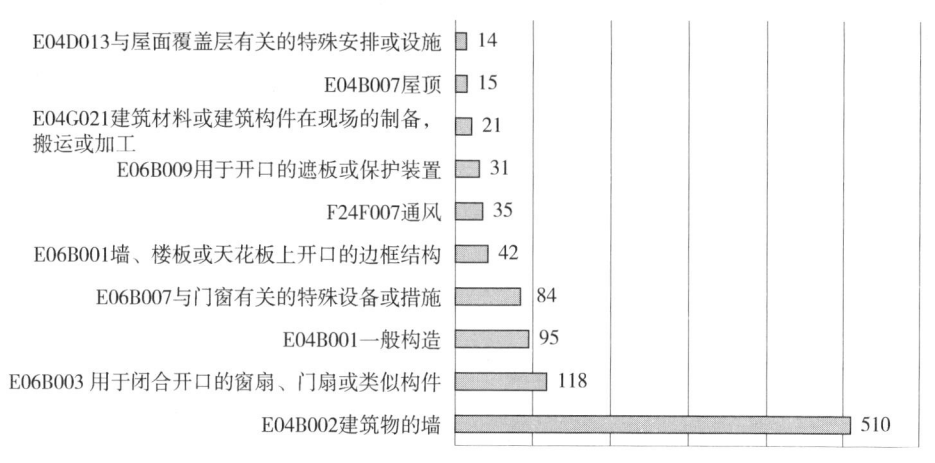

分类	数量
E04D013 与屋面覆盖层有关的特殊安排或设施	14
E04B007 屋顶	15
E04G021 建筑材料或建筑构件在现场的制备，搬运或加工	21
E06B009 用于开口的遮板或保护装置	31
F24F007 通风	35
E06B001 墙、楼板或天花板上开口的边框结构	42
E06B007 与门窗有关的特殊设备或措施	84
E04B001 一般构造	95
E06B003 用于闭合开口的窗扇、门扇或类似构件	118
E04B002 建筑物的墙	510

图 4　沈阳远大专利申请分布（单位：件）

沈阳远大所申请的专利中与幕墙相关的专利申请共有 662 件。其中，2011 年和 2012 年幕墙相关专利申请量较大，2013 年幕墙专利申请量开始回落，2017 年幕墙专利申请量又略有提升，2018 年申请的专利可能因还未公开所以数量为 0（见图 5）。

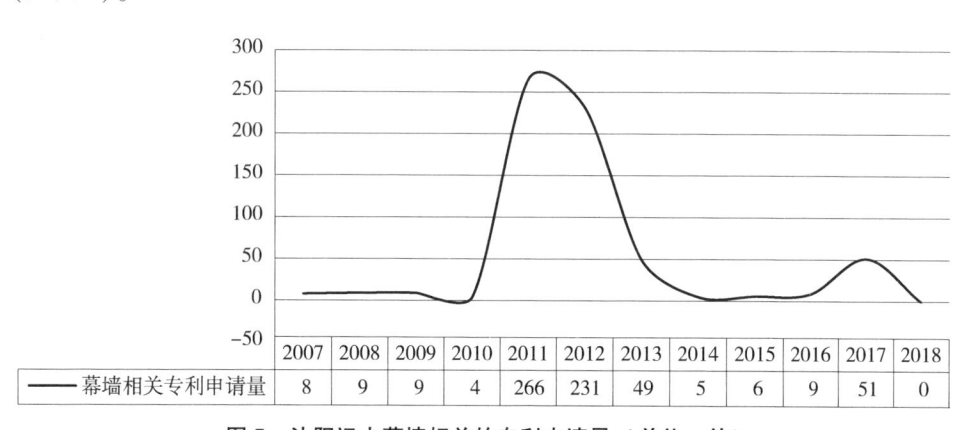

年份	2007	2008	2009	2010	2011	2012	2013	2014	2015	2016	2017	2018
幕墙相关专利申请量	8	9	9	4	266	231	49	5	6	9	51	0

图 5　沈阳远大幕墙相关的专利申请量（单位：件）

上述幕墙专利申请中发明专利申请共 116 件，其中 68 件已经被授予发明专利权。上述已授权专利的类型有一半涉及幕墙的框架及连接结构，8 件涉及幕墙通风结构，7 件涉及幕墙板的结构，7 件涉及幕墙整体结构形式，5 件涉及幕墙的密封及排气结构。获奖专利属于幕墙的整体结构形式，不但对幕墙板的连接结构竖框和横框的插接形式进行了限定，而且设计了玻璃面材的材质。下面就对该专利进行简要的介绍。

申请人沈阳远大于 2011 年 12 月递交了该专利申请，专利申请于 2013 年 7 月被授予发明专利权。申请人于 2012 年以该专利为优先权提交了 PCT 国际申请。在海滨等台风和飓风多发地区，为了承受较大的风压以及树枝、石块等物体的撞击，需要提高幕墙的结构强度。

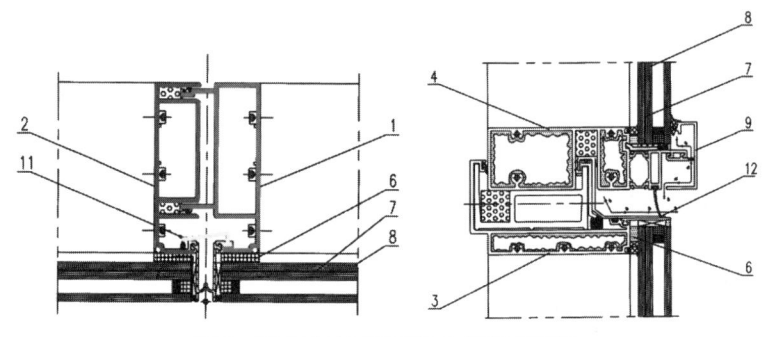

图 6　ZL201110425370.6 说明书附图

首先，该幕墙框架结构中，右侧的公竖框 1 和左侧的母竖框 2 相互插接（见图 6），通过下部的勾板 11 连接固定，在普通的单元幕墙左右限位的基础上再次增加了一处保险，有效防止飓风风压下单元板块间的位置变化。上横框 3 和下横框 4 插接固定，每个单元幕墙板块的上下横框 3、4 之间设置起加固作用的中间横框，横、竖框螺栓连接固定，使整个单元板块更加稳定。

其次，本获奖专利的玻璃面材 2 采用了配置有 SGP 防爆胶片 7 的夹胶钢化玻璃（见图 7）。那么什么是 SGP 呢？配置 SGP 防爆胶片对玻璃性能有何提升？

在介绍 SGP 前，不得不提到目前广泛用于幕墙玻璃中的 PVB 膜。PVB 全名为聚乙烯醇缩丁醛（Poly Vinyl Butyral），PVB 膜本质是一种热塑性树脂膜，是由 PVB 树脂加增塑剂

图 7　夹胶钢化玻璃①

---

① 图片来源：http://china.makepolo.com/product-picture/100488464120_0.html。

生产而成，具有较高的透明性、耐寒性、耐冲击、耐紫外辐射性。由于是塑性树脂生产而成，因而PVB膜具有可回收加工、可重复使用的特点。PVB膜应用于建筑幕墙玻璃已有70年的历史了。

SGP全名为离子性中间膜（Sentry Glas Plus），是杜邦公司研发的高性能夹层材料，其专利及生产线已卖给日本可乐丽公司。SGP夹层玻璃的承载力、SGP夹胶膜的撕裂强度均高于PVB夹层玻璃和PVB夹胶膜；而SGP夹层玻璃的弯曲挠度和SGP膜的泛黄系数又低于PVB夹层玻璃和PVB膜（见图8）。因而SGP夹层玻璃具有较高的强度、剪切模量以及耐候性和透亮度。

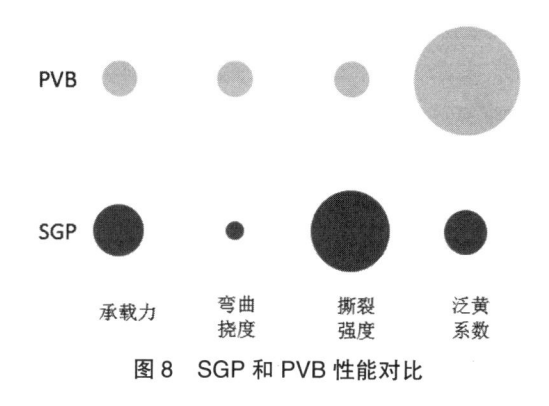

图8 SGP和PVB性能对比

从框架结构到玻璃面板都具有较高强度的本获奖专利目前已应用于巴哈马拿骚国际机场、纽约西28大街公寓、美国纽约河畔中心、林肯广场、美国密歇根北大街200号、美国狼点等工程中，并以其优良的结构性能、美观的外视效果赢得了广泛赞誉。我国的部分台风高发地区以及阿拉山口等存在极端风压的地区，也可以根据需要应用该幕墙专利技术。

伴随建筑设计日趋多样化和复杂化，安全性和美观性的要求为建筑结构带来更多挑战。沈阳远大的这项获奖专利让我们看到自主创新的重要性。只有将创新技术转化为应用，将专利技术应用于生产，才能改变人们居住环境和生活质量，才能为我国成为知识产权强国增添助力。

本文作者：
国家知识产权局专利局
专利审查协作北京中心材料部
吴群

29 降低成本的"点金手"——长丝牵伸卷绕装置*

> **小赢说：**
> 　　如何使服装更美观、耐穿还不贵？如何使车辆轮胎更稳定、耐用还便宜？如何使民用缆绳更均匀、结实还价廉？如何使航天器更轻更快更省？如何提高生活质量，降低生产成本？点金手长丝牵伸卷绕装置，一出手便知有没有！

　　自20世纪40年代合成纤维（以下简称"合纤"）面世以来，它就以优异的性能和广泛的应用受到大众的关注，合纤制得的大量产品也获得了人们的青睐。如20世纪七八十年代的确良衬衫、名震泳界的鲨鱼皮泳衣、能防刺挡弹的防弹衣、用帘子线制得的车辆轮胎、港珠澳大桥中用于吊装近6000t载荷的缆绳、航天器上用于代替合金的高性能合纤材料等。虽然采用合纤的制品越来越多，但是生产合纤的现有设备，尤其是生产合纤预取向丝（POY）和全牵伸丝（FDY）的长丝牵伸卷绕装置，却面临着操作难度大、生产稳定性差、生产成本高以及安全隐患多等诸多问题。北京中丽制机工程技术有限公司（以下简称北京中丽）的获奖专利长丝牵伸卷绕装置，其具有操作简单、生产稳定性好、生产成本低以及安全隐患少等优势，成功地解决了现有的长丝牵伸卷绕装置存在的问题。接下来，小赢将结合现有的长丝牵伸卷绕装置来谈谈获奖专利所具有的优势。

现有的长丝牵伸卷绕装置

　　长丝牵伸卷绕装置主要包括POY牵伸卷绕装置和FDY牵伸卷绕装置两种（见图1）。对于POY和FDY牵伸卷绕装置，它们都包括机架、位于机架上部的牵伸装置和位于机架下部的卷绕装置，其中牵伸装置包括安装面板和分布在面板

---

　　* 本文涉及第五届北京市发明专利二等奖项目，专利号为"ZL201210369407.2"，专利名称为"长丝牵伸卷绕装置"，专利权人为"北京中丽制机工程技术有限公司"。

上的牵伸部件。

图1　POY牵伸卷绕装置（左）和FDY牵伸卷绕装置（右）①

对于现有的牵伸卷绕装置结构，组合型POY长丝牵伸卷绕装置（ZL201120126173.X）和组合型FDY长丝牵伸卷绕装置（ZL201120126170.6）给出了其整体结构示意图（见图2、图3）。对于FDY长丝牵伸卷绕装置，机架上部的牵伸机构沿着丝束运行方向依次分布有：预处理部件（通常包括上油部件1和剪吸丝部件2）→网络器4→导丝部件5→牵伸部件（通常包括至少两个纺丝导盘或者两组纺丝热辊组6、7）→网络部件8。根据图3可以看出，FDY牵伸卷绕装置中，预处理部件进丝口和出丝口的长度方向与牵伸部件6、7的轴线交叉垂直，从预处理部件出来的丝束3通过导丝部件5扭转90°后平行牵伸部件轴线进入。

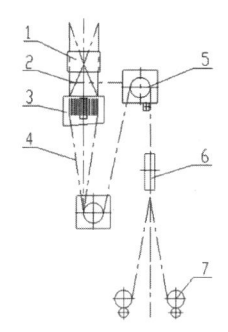

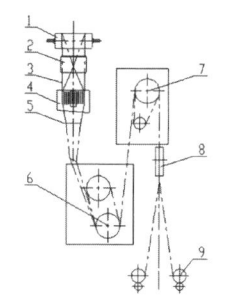

图2　ZL201120126173.X说明书附图　　图3　ZL201120126170.6说明书附图

北京中丽的多异混纤复合长丝牵伸卷绕装置（ZL201120333885.9）公开了一种现有牵伸卷绕装置的结构排布图（见图4），其中部件4为导丝部件。从图4可知，现有的长丝牵伸卷绕装置整体高度偏高，部件数量较多，部件分布松散，占地面积较大，由此衍生了一系列问题：操作难度增加，一个人无法兼顾；纺丝稳定性低，纤维不匀质量差；制造成本、安装成本、厂房基建成本和纺丝成本都

---

① 图片来源：http://www.ctamp.com.cn。

增加，总体成本变高；安全隐患增加。面对上述的诸多问题，如何一站式予以解决？这就要靠获奖专利的长丝牵伸卷绕装置了。接下来小赢将讲一讲获奖专利长丝牵伸卷绕装置的"点金术"！

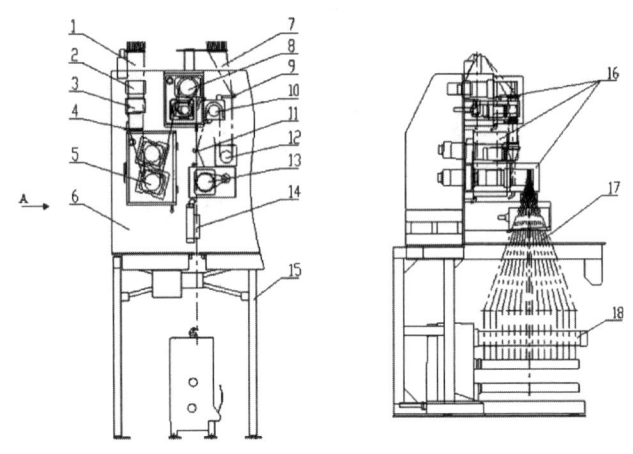

图4 ZL201120333885.9说明书附图

获奖专利的长丝牵伸卷绕装置

获奖专利的长丝牵伸卷绕装置有两种不同结构形式，并给出了其前视示意图和左视示意图（见图5、图6）。根据图5、图6可以看出，它们仍然包括：机架1、位于机架上部的牵伸装置2和位于机架下部的卷绕装置3，其中牵伸装置2包括安装面板21和分布在面板上的牵伸部件。与传统长丝牵伸卷绕装置的结构相比，获奖专利改进点如下：预处理部件进丝口和出丝口的长度方向与牵伸部件231、232的轴线相互平行，由于不须要对丝束进行扭转，所以可省去用于扭转丝束的导丝部件。

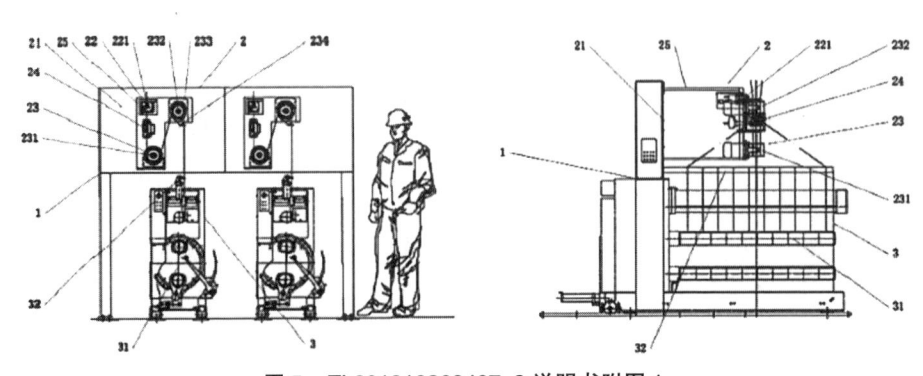

图5 ZL201210369407.2说明书附图1

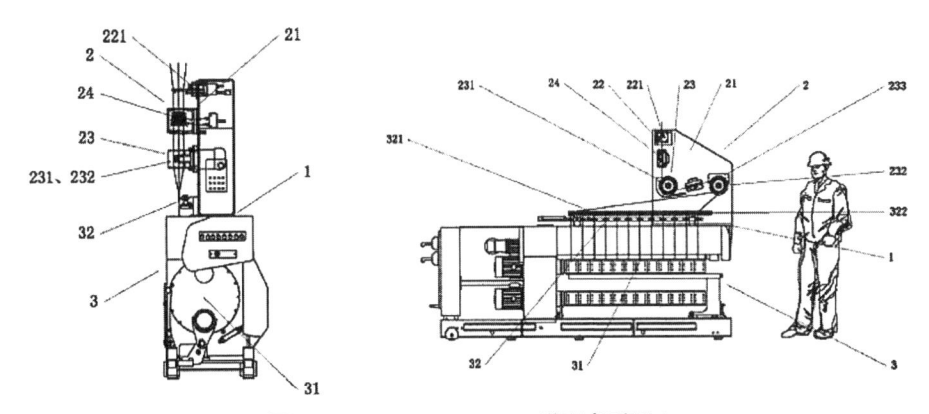

图6 ZL201210369407.2说明书附图2

获奖专利的长丝牵伸卷绕装置还给出了其排布图（见图7）。显然，获奖专利的装置高度降低了，部件数量减少了，结构更紧凑了，占地面积变小了，传统长丝卷绕装置存在的那些问题也不存在了。如，操作难度降低了，一个人也能兼顾操作；纺丝稳定性提高，制得的纤维均匀质量好，采用纤维制得的用品质量也变好；生产成本减少了，制造成本、安装成本、厂房基建成本和纺丝成本都减少，总体成本就降下来了；安全隐患也降低了。可见，采用"点金手"获奖专利长丝牵伸卷绕装置，一站式提高生活品质，降低生产成本！

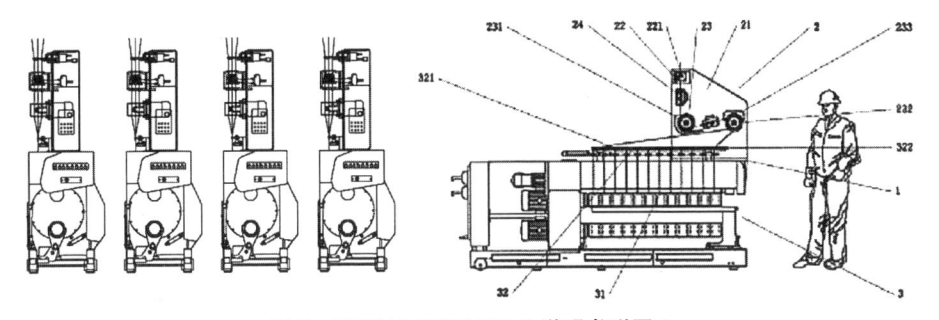

图7 ZL201210369407.2说明书附图3

重磅放送！获奖专利将牵伸装置的部件剪吸丝部件、网络部件、第一纺丝导盘和第二纺丝导盘集成分布在安装面板上，形成预制件，提前调试，即拿即用，安装简单，非常方便。另外，获奖专利还采用高效的开启式网络器，在生头时打开网络器对合的门结构，纺丝时推进闭合，以形成特殊的空气涡流对丝束进行匀油或网络结点。减少生头废丝，缩短生头时间，提高生产效率，起到节能降耗，非常给力。

有了上面的诸多优势，该专利获得第五届北京市发明专利奖妥妥的！那么作为专利权人的北京中丽又是怎样的一家公司呢？它的专利情况又如何？请接着往下看，小赢将聊一聊北京中丽的专利申请情况。

北京中丽的专利申请情况

北京中丽由中国纺织科学研究院控股，具有原建设部颁发的甲级工程设计资质，已有40多年的设备生产经验，为中国最大的化纤机械制造基地之一。拥有多种合纤产品的熔体直接纺、切片纺及非织造布纺丝工艺、工程大型成套技术和装置，以及各种规格的高速卷绕头技术和制造。

不仅如此，它在专利保护方面也有自己独到的眼光。截至2019年6月，北京中丽共申请专利225件，其中有效专利166件，授权的发明专利有39件，实用新型127件（注：2017年、2018年存在部分已申请且尚未公开的情况，2019年存在申请还没有公开的情况，因此为不完全统计）。从专利申请分布图（见图8）来看，北京中丽从2008年开始申请专利，并且申请量逐年递增，至2012年达到了第一个高峰，然后每年都保持一定的专利申请量。可见北京中丽的研发能力稳定且专利保护意识强。从申请领域分布图（见图9）来看，长丝生成的机械方法或设备的申请量独占鳌头，其次是生产人造丝的成套设备。可见北京中丽在这两方面的研发能力强，自主创新热情高，专利保护意识强。在长丝原料处理、集束之前的物理处理、喷丝头组合件、集束方法或设备等与纺丝相关设备也有一定专利延及，这说明它在专利布局上有自己的规划。

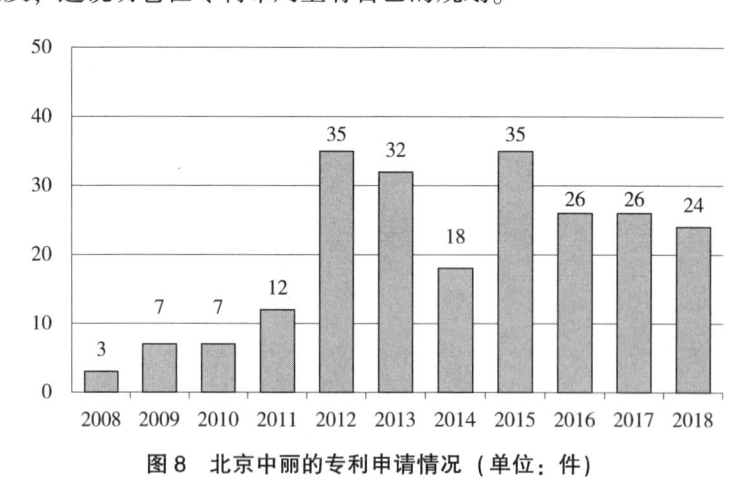

图8 北京中丽的专利申请情况（单位：件）

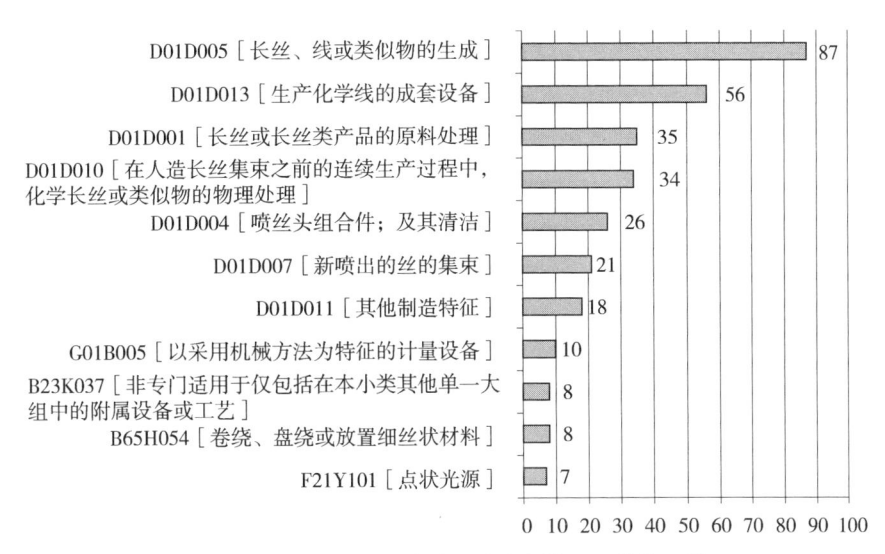

分类号	含义	数量
D01D005	[长丝、线或类似物的生成]	87
D01D013	[生产化学线的成套设备]	56
D01D001	[长丝或长丝类产品的原料处理]	35
D01D010	[在人造长丝集束之前的连续生产过程中,化学长丝或类似物的物理处理]	34
D01D004	[喷丝头组合件;及其清洁]	26
D01D007	[新喷出的丝的集束]	21
D01D011	[其他制造特征]	18
G01B005	[以采用机械方法为特征的计量设备]	10
B23K037	[非专门适用于仅包括在本小类其他单一大组中的附属设备或工艺]	8
B65H054	[卷绕、盘绕或放置细丝状材料]	8
F21Y101	[点状光源]	7

图9 北京中丽的专利申请领域分布情况（单位：件）

北京中丽的发明专利长丝牵伸卷绕装置获得专利奖，一方面在于优秀的研发能力，另一方面也在于国家对专利技术的重视。为了获得优秀的专利技术，激发发明创造热情，国家通过设置发明专利奖，取得了良好的效果，不仅促进了专利技术的发展，也为科技兴国助力。

本文作者：
国家知识产权局专利局
专利审查协作北京中心化学部
钱慧河　杨晓娟

第五章 chapter 05

信息技术

30 如何为杀毒软件提速增效？*

> **小赢说：**
>
> 人生病了要去医院，那计算机和手机生病了怎么办呢？杀毒软件已成为计算机和手机的标配，如何为杀毒软件提速增效，使它具备强大的安全保障性能又不会影响用户体验呢？

随着计算机技术和互联网的飞速发展，计算机病毒已经成为不可忽视的网络问题，为了改善网络环境，增强系统的安全性，在计算机和各种智能终端上安装安全防护软件，为计算机和手机进行定时体检和实时安全防护成为必不可少的需求。

图1 市面上的常见杀毒软件①

---

* 本文涉及第二十届中国专利银奖项目，专利号为"ZL201310119396.7"，专利名称为"一种文件扫描方法、系统及客户端和服务器"，专利权人为"腾讯科技（深圳）有限公司"。

① 图片来源：https://m.baidu.com/tc?from=bd_graph_mm_tc&srd=1&dict=20&src=http%3A%2F%2Fmini.eastday.com%2Fa%2F190529181512190.html&sec=1561620627&di=924b684535b6d0ee。

市面上的安全防护软件产品层出不穷，各个厂家纷纷推出自己的产品，收费的、免费的，以各种策略、各种方式抢夺市场。如腾讯的手机管家、电脑管家，百度的百度卫士、百度杀毒，金山的金山毒霸，瑞星杀毒，360 的 360 杀毒、360 安全卫士，火绒安全，以及国外的小红伞、卡巴斯基、Avast、诺顿等（见图1）。

为了抢占市场，各个厂家使出浑身解数，甚至引发了不少诉讼官司。例如，2014 年，一场在微博上引发的杀毒软件口水战逐渐上升到了对簿公堂的程度，金山软件宣布起诉奇虎 360 董事长周鸿祎，而周鸿祎则继续以微博为战场进行反

图2　3Q 大战①

击——"鉴于金山故意破坏 360 安全卫士，危害用户电脑安全，我们决定正式起诉金山"。奇虎公司 360 软件与腾讯公司也曾发生过系列争端与诉讼，被称为"3Q 大战"（见图 2）。

这些争端的背后，都是对用户的抢夺，因此，提升用户体验是与提升安全性并列的重要需求。那么如何为安全防护软件提速增效，从不同层面提升用户体验呢？

安全防护软件通常会包含一个病毒搜索引擎，由病毒搜索引擎扫描终端中需要检测的文件。扫描方式根据用户的需求有不同的选择。用户可以选择全盘扫描，彻底地对文件进行扫描，这样的查杀效果好，更加彻底。但是由于扫描的文件量大，会增加终端的负载，进而影响病毒搜索引擎扫描文件的速度以及终端处理其他任务的速度，降低终端的性能。

相信大家都碰到过这样的情形：打开杀毒软件对计算机进行体检时，发现进度条进展缓慢，剩余时间以小时计；同时计算机运行速度明显降低，其他程序都跑不起来了。

另一种扫描方式是快速扫描，仅扫描关键目录，如病毒容易潜藏的文件夹或者用户选择的文件夹。这样查杀的速度快，不会占用过多的终端资源，但是查杀不够彻底全面，容易有漏网之鱼。病毒这个狡猾的小东西，到底藏在哪里呢？我们选择哪个文件夹进行扫描可以把它们捉住呢？这确实是一个让人头疼的问题。

因此，在安全性和用户体验方面存在着矛盾，如何调解、中和这种矛盾，是

---

① 图片来源：https://baijiahao.baidu.com/s?id=1605065929907108282&wfr=spider&for=pc&isFailFlag=1。

安全防护软件开发中重要的问题。

在今年的中国专利银奖获奖专利中，腾讯科技（深圳）有限公司的名称为"一种文件扫描方法、系统及客户端和服务器"的专利 ZL201310119396.7 针对上述问题，提出一种可行的解决方案（见图3、图4）。

上述专利提供了一种文件扫描方法，在进行文件实时防护的过程中，由服务器综合多个客户端发送的文件的属性信息，确定该文件为恶意程序的概率，客户端根据这个概率确定扫描策略。也就是说，首先服务器综合了多个客户端发送的文件属性，而非由单一客户端或单一文件属性确定恶意程序的概率，进而将恶意程序概率高的文件进行扫描，从而得到一种快速且更加有效、更有针对性的扫描方式。根据这种扫描策略，客户端可以只扫描恶意程序概率较大的文件，减少了文件防护过程中扫描的文件量，进而使花费的时间变短，减少了对服务器中其他操作的影响。

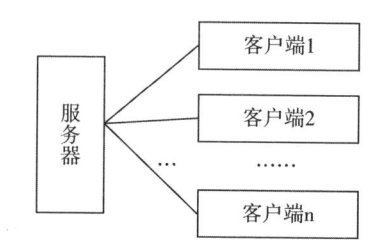

图3　ZL201310119396.7 说明书附图1

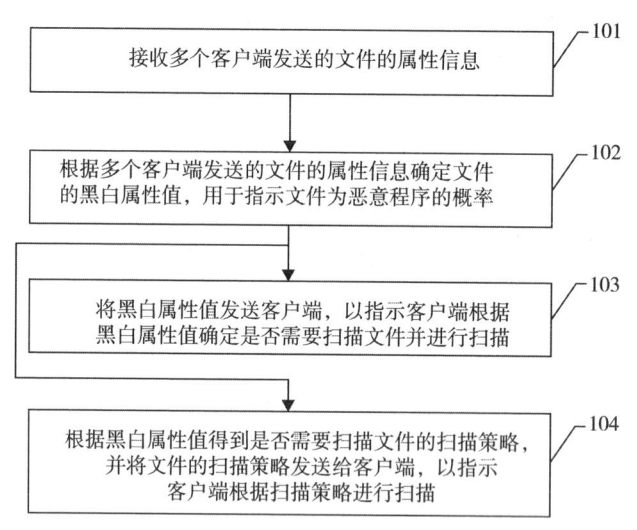

图4　ZL201310119396.7 说明书附图2

在获奖专利的基础上，小赢对申请人进行了追踪，发现近年来围绕为安全防护软件提速增效、提升用户体验，申请人做出了一系列的工作，并形成了一个专利族，在各个方面进行专利布局，从而提升专利的价值。

1. 文件扫描策略

与获奖专利类似的，2016年10月5日授权的专利ZL201310323071.0提出了一种扫描加速的方法，通过文件实时监控确定文件发生改变后，将文件发生改变的信息记录到数据库，在启动扫描后，只对发生改变的文件进行扫描。通过文件变化的监控，可以跳过安全文件的扫描操作，又避免了因使用轻量级的校验给病毒和木马提供绕开的机会，提供了速度更快、安全高效的扫描方式。这是通过监控文件是否发生改变，从而确定文件是否安全，进而跳过安全文件的扫描，中和安全性与流畅性的矛盾，提升用户体验的另一种方式（见图5）。

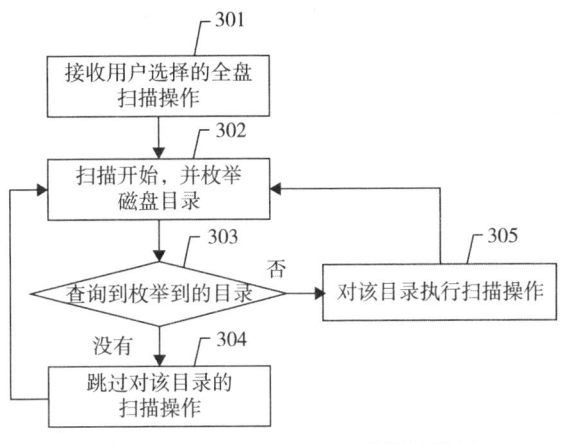

图5 ZL201310323071.0说明书附图

2015年8月12日授权的专利ZL201210321486.X根据待扫描的上传文件的危险度对上传队列中的未知文件进行排序，保证最可疑的文件最先上传，从而在最短时间内收集到最可疑的文件，提高云服务器收集可疑样本的效率。

2. 监控模式选择

2016年2月17日授权的专利ZL201310096441.1提出了一种文件实时防护的方法。在进行文件实时防护的过程中，确定计算机系统的当前环境安全度，选择与当前环境安全度对应的监控模式对计算机系统进行文件实时防护。当前环境安全度越高监控模式防护等级越低，当前环境安全度越低监控模式防护等级越高。通过将计算机系统的多种监控模式匹配不同的环境安全度，保证计算机的安全使用，又能够降低安全软件阻碍计算机系统的流畅性。这是从监控模式的自适应应用上中和安全性与流畅性之间的矛盾，提升用户体验（见图6）。

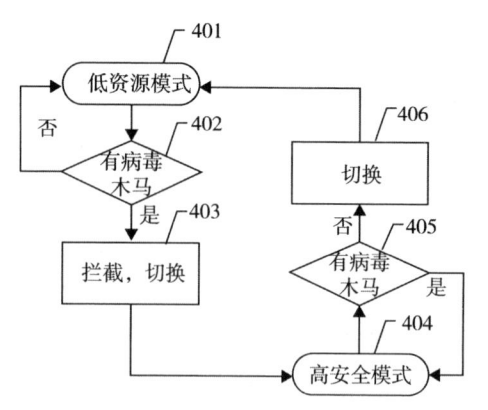

图6 ZL201310096441.1说明书附图

3. 用户提醒设置

2014年6月5日申请的CN105204825A公开了一种终端系统安全监控的方法，实时监测当前运行程序，判断当前运行程序是否存在安全风险，并累加风险分值。当累计风险分值大于或等于风险阈值时，执行风险提示与静态扫描提示。通过风险分值判定，有利于准确地判断出终端系统当前运行环境的安全性，在安全性较差的时候才及时提醒用户，避免了频繁提醒对用户造成的困扰，同时还将实时监测的及时性与静态扫描的强查杀能力有效结合，进一步提高了终端系统安全。这是通过实时监测以及实时累计风险分值，在存在风险较大时才给出提示并进行扫描，从而中和安全性与流畅性之间的矛盾，提升用户体验。

4. 触发条件设置

2018年12月11日授权的ZL201210259697.5公开了一种系统自动清理方法，将系统清理功能和计划任务功能相结合，用户可以自定义系统清理的触发时机、触发条件、运行方式和运行策略，节省用户电脑磁盘空间，提高系统性能和系统清理效率，解决了现有大多数系统只能用户操作触发或开机运行触发的限制（见图7）。2016年11月23日申请的CN106156619A公开了一种应用安全防护方法，在用户启动应用软件时判断是

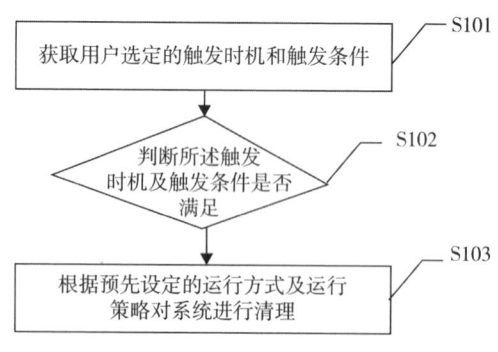

图7 ZL201210259697.5说明书附图

否满足防护触发条件，进而判断应用软件是否为恶意软件并给出信息提示，这样即使用户忽略或错过了杀毒软件的病毒提醒，也会在应用程序启动程序前进行风险提示，提高了终端运行应用程序的安全性。

从上面的专利布局可以看出，针对现有技术中存在的安全防护软件安全性与用户使用的流畅性之间矛盾，以及提升用户体验的需求，申请人从文件扫描策略、监控模式选择、用户提醒设置以及触发条件设置等不同的思路、不同的角度提出了不同的技术方案。上述方案的目的都是在兼顾系统安全性的前提下，尽量少占用系统资源以及耗费用户精力，提升用户体验。这种多角度、多思路的布局方式可以为申请人布设更加牢固的专利壁垒，在专利许可、转让中提升专利价值，在专利诉讼中提升企业的应诉能力。

本文作者：
国家知识产权局专利局
专利审查协作北京中心电学部
马丽莉

31 这里的黎明静悄悄
——致敬维护网络安宁的忠诚哨兵*

小赢说：

即将到来的 5G 时代，网络速度会有几百倍的提升，下载 1GB 的文件仅需 3s。基于网速的提升，生活中的方方面面都将会产生重大的变革，智能家居、无人驾驶、物联网，这些已经渐为人们所熟悉的概念将会成为现实。然而，网络的世界里也并非风平浪静，始终游荡的一个幽灵——计算机病毒，它作恶多端、罄竹难书。在 5G 时代，未来的安全大脑如何与计算机病毒作斗争，请听小赢讲讲中国企业的对策。

2017 年 5 月 12 日，英国、意大利、俄罗斯等全球 150 多个国家暴发"Wannacry"勒索病毒攻击（见图 1），不少教育单位、医疗机构、交通能源部门甚至陷入瘫痪。

图 1 "Wannacry" 勒索蠕虫①

---

* 本文涉及第五届北京市发明专利一等奖项目，专利号为"ZL201110460477.4"，专利名称为"一种样本鉴定方法和系统"，专利权人为"北京奇虎科技有限公司"。

① 图片来源：安全客官网 http://bobao.360.cn/interref/detail/110.html。

2017年6月28日,"Wannacry"勒索病毒事件刚刚平息,"Petya"勒索病毒变种又开始肆虐,乌克兰、俄罗斯等欧洲多国已大面积感染。与5月暴发的"Wannacry"相比,"Petya"勒索病毒变种的传播速度更快。它不仅使用了NSA"永恒之蓝"等黑客武器攻击系统漏洞,还会利用"管理员共享"功能在内网自动渗透。在欧洲国家重灾区,新病毒变种每10min感染5000余台计算机(见图2),多家运营商、石油公司、零售商、机场、ATM等企业和公共设施已大量沦陷,甚至乌克兰副总理的计算机也遭到感染。

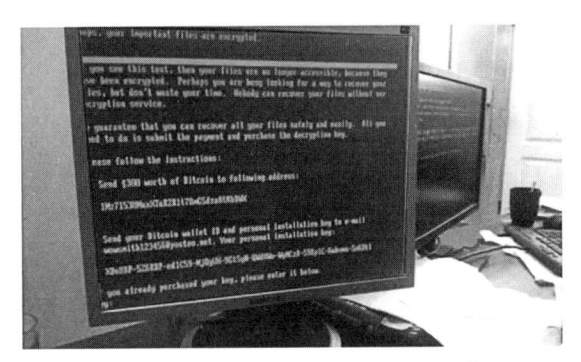

图2 "Petya"勒索病毒变种暴发①

这次的"Wannacry"勒索病毒,是NSA网络军火民用化的全球第一例。病毒暴发前一个月,NSA相关网络攻击工具及文档被黑客组织Shadow Brokers公开,针对Windows的多个网络武器曝光,其中就包括"Wannacry"勒索病毒使用的"永恒之蓝"攻击武器。

"Wannacry"勒索病毒的暴发是全球性的,中国也不能幸免。在国内,生活服务、商业中心、交通运输、医疗行业和一些政府、事业单位、大批高校的计算机也遭遇了勒索病毒的攻击,众多文件被病毒加密,只有支付赎金才能恢复。针对此次病毒暴发事件,作为一家互联网安全公司,奇虎360公司(北京奇虎科技有限公司)为抗击勒索蠕虫,72小时针对"永恒之蓝"推出了一系列举措(见图3)。

① 微信公众号"360安全卫士":"新一轮Petya勒索病毒变种揭秘!为何血洗欧洲各国"。

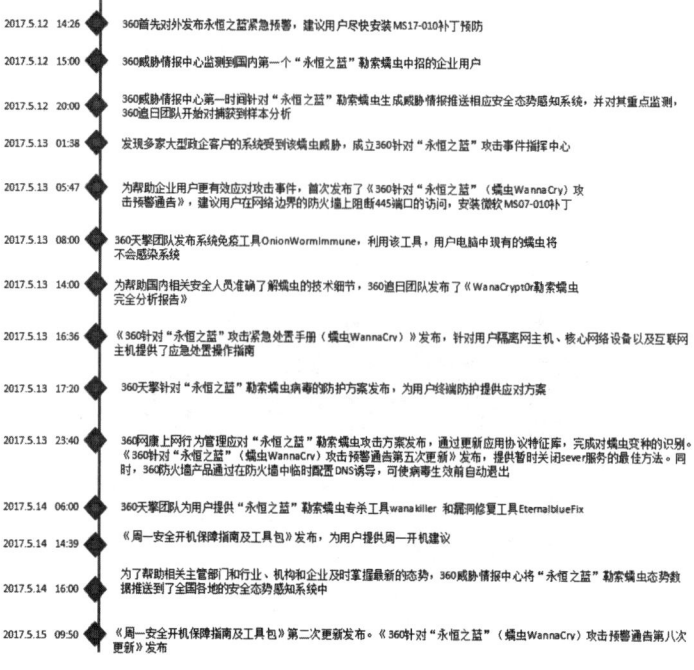

2017.5.12 14:26	360首先对外发布永恒之蓝紧急预警，建议用户尽快安装MS17-010补丁预防
2017.5.12 15:00	360威胁情报中心监测到国内第一个"永恒之蓝"勒索蠕虫中招的企业用户
2017.5.12 20:00	360威胁情报中心第一时间针对"永恒之蓝"勒索蠕虫生成情报推送相应安全态势感知系统，并对其重点监测，360追日团队开始对捕获到样本分析
2017.5.13 01:38	发现多家大型政企客户的系统受到蠕虫威胁，成立360针对"永恒之蓝"攻击事件指挥中心
2017.5.13 05:47	为帮助企业用户更有效应对攻击事件，首次发布了《360针对"永恒之蓝"（蠕虫WannaCry）攻击预警通告》，建议用户在网络边界的防火墙上阻断445端口的访问，安装微软MS07-010补丁
2017.5.13 08:00	360天擎团队发布系统免疫工具OnionWormImmune，利用该工具，用户电脑中现有的蠕虫将不会感染系统
2017.5.13 14:00	为帮助国内相关安全人员准确了解蠕虫的技术细节，360追日团队发布了《WanaCrypt0r勒索蠕虫完全分析报告》
2017.5.13 16:36	《360针对"永恒之蓝"攻击紧急处置手册（蠕虫WannaCry）》发布，针对用户隔离主机、核心网络设备以及互联网主机提供了应急处置操作指南
2017.5.13 17:20	360天擎针对"永恒之蓝"勒索蠕虫病毒的防护方案发布，为用户终端防护提供应对方案
2017.5.13 23:40	360网康上网行为管理应对"永恒之蓝"勒索蠕虫攻击方案发布，通过更新应用协议特征库，完成对蠕虫变种的识别。《360针对"永恒之蓝"（蠕虫WannaCry）攻击预警通告第五次更新》，提供暂时关闭sever服务的最佳方法。同时，360防火墙产品通过在防火墙中临时配置DNS诱导，可使病毒生效自动退出
2017.5.14 06:00	360天擎团队为用户提供"永恒之蓝"勒索蠕虫专杀工具wanakiller 和罷同修復工具EternalblueFix
2017.5.14 14:39	《周一安全开机保障指南及工具包》发布，为用户周一开机建议
2017.5.14 16:00	为了帮助相关主管部门和行业、机构和企业及时掌握最新的态势，360威胁情报中心将"永恒之蓝"勒索蠕虫态势数据推送到了全国各地的安全态势感知系统中
2017.5.15 09:50	《周一安全开机保障指南及工具包》第二次更新发布。《360针对"永恒之蓝"（蠕虫WannaCry）攻击预警通告第八次更新》发布

图3　奇虎360公司针对"永恒之蓝"的举措[1]

将计算机病毒的查杀历史进一步回溯。自从2011年年初，奇虎360公司在全国率先宣布360旗下所有基础信息安全产品均实行免费策略[2]。中国信息安全行业"靠收费赚钱"的方法瞬间失去效果，对于使用各种计算机的普通用户，"付费杀毒软件"退出了日常生活，网络病毒仿佛也成为昨日洪水猛兽。但小赢对于计算机病毒人人谈虎色变的日子，依旧记忆犹新。

熊猫烧香在笔者的记忆中依旧是亦惊亦恐的存在，认识这种病毒的小伙伴都暴露了年龄。而过往的爬行者Creeper、MyDoom、CIH、I Love You（又名爱虫）、冲击波、Melissa（又名辛普森一家）等网络病毒曾肆虐网络，造成过不可估量的损失[3]。

小赢真心想说：网络千万条，安全第一条！

针对网络病毒第一时间的观测、监控乃至瞬时处理，对于依托于网络生活的每一个人都是不容忽视的。它就如同在夏威夷怡人沙滩上的游泳区必须设置的防鲨网。也许每一位在那里享受生活的人都不会意识到它的存在，但哪怕只有万分之一的可能性，任何人都不希望自己成为直面鲨海的游客。

---

① 图片来源：安全客官网 http://bobao.360.cn/interref/detail/110.html。
② 百度知道 https://zhidao.baidu.com/question/160376306.html。
③ 佰佰安全网 https://www.bbaqw.com/cs/167442.htm。

所以，我们的网络生活中需要一位称职且忠诚的哨兵，24小时全天候地警惕新病毒的喷发和扩散。

这次在第五届北京市发明专利奖中荣获一等奖的项目"一种样本鉴定方法和系统"（ZL201110460477.4）为上述问题提供了新的解决方案。这种技术属于海量样本实时鉴定技术，是基于服务器端强大的处理能力对海量的样本进行收集并实时给出精准鉴定结果的一种云鉴定技术。海量样本实时鉴定系统主要包含四大部分：样本收集、样本鉴定、样本存储、鉴定结果发布（这里的样本可以理解为病毒的DNA序列）。

这项专利正是面向互联网时代，由最初个人在PC上升级病毒库（单机杀毒），转变为互联网杀毒。即基于服务器端强大的处理能力，能够在全球任何一处联网的终端机上发现病毒样本，并将其发送至服务器，经不同功能的服务器查询、单鉴定、多鉴定，再经由服务器发表鉴定结果（见图4、图5），最终实现全球所有联网终端的自我免疫。

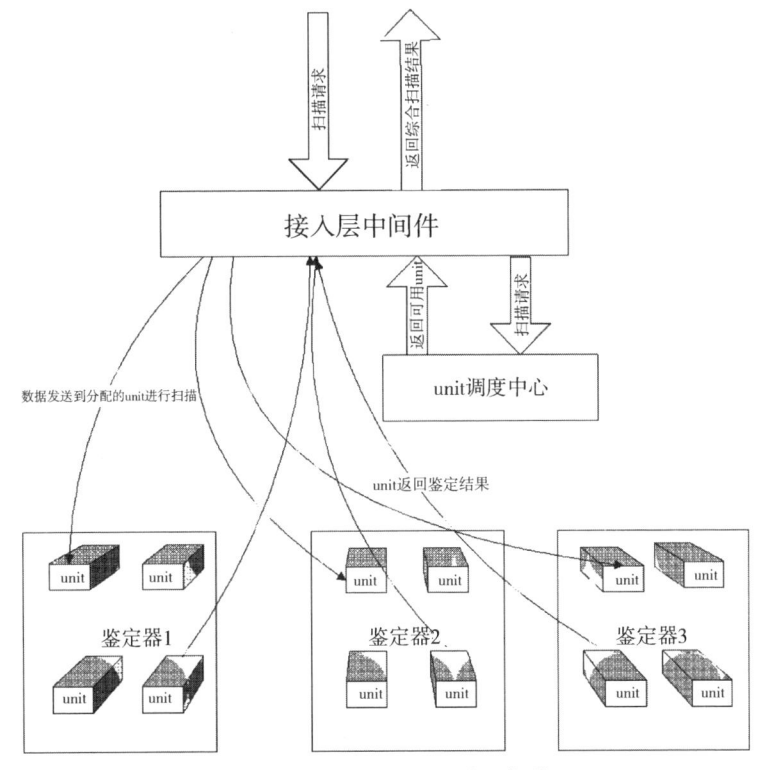

图4 ZL201110460477.4说明书附图1

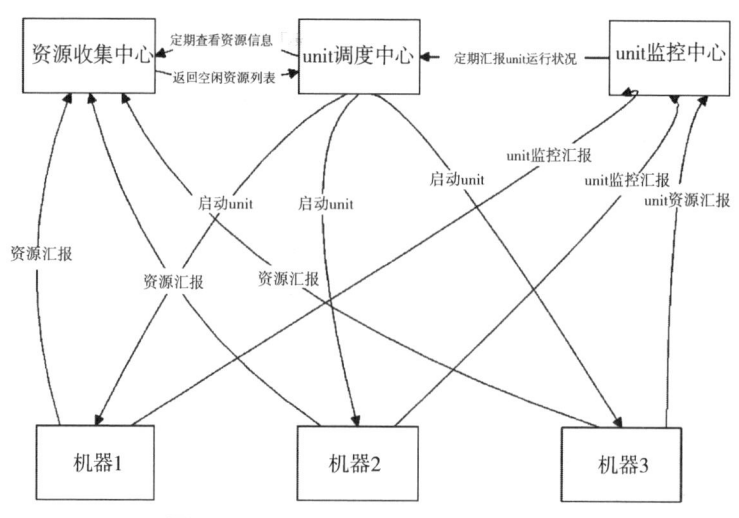

图5　ZL201110460477.4 说明书附图2

这时，全球的计算机都能通过一个样本库去查毒、杀毒。在查杀病毒领域中，计算机病毒同样存在很多变种，可以把它们理解为生物所具备的 DNA，每个病毒都有自己的 DNA 序列。通过这一专利能在样品库的所有现存样本中快速查找，进一步保持样本特质、鉴定、发布结果，从而提高整体查杀效率（见图6）。

图6　被甄别到的病毒[①]

我们可以把这种实时鉴定技术理解为登机前的安检系统。每一台联网的终端，就像一位需要登机旅客，在其登机过程中经由安检这一步骤，无论其衣着、发型、所携带行李或者同行人员怎么千变万化，都逃不过对其核心的扫描和甄

[①]　微信公众号"360安全卫士"："新一轮 Petya 勒索病毒变种揭秘！为何血洗欧洲各国"。

别。就像在计算机病毒领域中，将一系列出现的病毒都定义为"永恒之蓝"，因为它的根本基因序列没有变。

同时，计算机病毒分为已知病毒、未知病毒，对于已知病毒可以采用上述方式对其查杀。而某些未知病毒可能表象会类似已知病毒。例如多年前的非典，当其在个体身上暴发时表象类似感冒病毒，大量病例出现后，经详细检测各项指标方才鉴定出其与感冒病毒的根本不同。而这项技术会先让其感染一台预先准备的模拟机器，功能类似小白鼠，通过收集提取模拟机器上因感染这类样本所呈现的所有特征，在可控条件下尽早了解其全部危害，最终形成样本库的一种新样本，并将鉴定结果传出。

因此，它能够让每一个联网终端成为病毒的发现者、上传者，将病毒的危害消灭在其源头，最大程度降低一种新型病毒的传播和破坏力，最终提高海量样本鉴定系统的准确性、时效性、可扩展性以及灵活性。

同时，这一专利技术也为下一代防火墙——主动防御安全体系之重甲安全大脑建立奠定基石。5G时代，同时也是一个毋庸置疑的大数据时代，大数据本身就是一把双刃剑，需要将每个人的个人信息进行提取、收集、加工，将其用到需要的领域。作为大数据时代的普通人，既依赖于大数据的便利，又无奈于个人信息存在被曝光的可能性，可能伤害自身利益。未来网络世界中最重要、且最难解决的问题也许就是个人信息的安全性。

衷心期待这位高效忠诚的网络哨兵能够促使与每个人生活工作息息相关的计算机网络更安全，让使用计算机或移动终端的网络居民们能够更惬意地享受未来无限链接时代的便利和快捷。

本文作者：
国家知识产权局专利局
专利审查协作北京中心化学部
杜田　李姮

32　聊聊人脸识别技术中的"分与合"*

小赢说：

如今"人脸识别"技术已经是无人不知、无人不晓，刷脸解锁手机、刷脸支付、手机银行认证、门禁、人脸闸机、美颜相机……但是你知道众所周知的人脸识别到底是怎么实现的吗？今天，小赢就同你一起揭秘人脸识别技术中的"分与合"。

在介绍这件专利之前，小赢先问个问题：请用文字来描述一下你的脸。答案会是：鹅蛋脸、柳叶眉、丹凤眼、玲珑鼻、樱桃小嘴……

那么计算机是怎么识别你的脸呢？计算机可是不晓得何为丹凤眼、啥是樱桃小嘴，计算机认识的只有数字、数字、数字。要用一堆数字来完全代表一张脸（见图1），听起来就不是一件简单的事儿。那么人脸识别到底是怎么实现的呢？

图1　人脸识别①

人脸识别就是将待识别的人脸图像和存储在商家数据库中的人脸图像做对

---

* 本文涉及第五届北京市发明专利二等奖项目，专利号为"ZL200510089006.1"，专利名称为"一种基于特征分组的分类器组合人脸识别方法"，专利权人为"中国科学院计算技术研究所"。

① 图片来源：https://pixabay.com/illustrations/binary-code-man-display-dummy-face-1327512/。

比，计算出一个值（也叫相似度），根据相似度来判断这两张脸是不是一个人，也就是根据这个相似度来证明"我就是我"。

一般的人脸识别流程包括：获取图像、图像预处理、提取特征、分类器匹配识别（见图2）。那么小赢就有疑问了。特征是什么？提取特征又是怎么操作的呢？最直观地讲，特征提取就是把待识别的人脸图像用一串数字表示出来的过程，而这一串数字就是可以代表这幅人脸图像的特征。

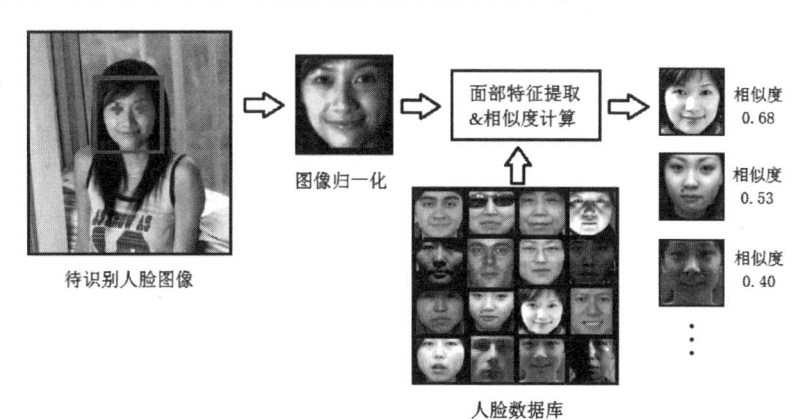

图2 人脸识别一般流程[1]

为了便于理解人脸图像的特征提取过程，这里简单举个例子，我们简单定义脸包括脸的长度、脸的宽度等特征。当我们拿到一张照片时，我们就可以提取照片中人脸的这些特征向量（见表1）。

表1 人脸特征向量

脸的长度/cm	脸的宽度/cm	平均肤色 RGB	嘴唇宽度/cm	鼻子长度/cm
23.0	15.7	(255, 224.189)	5.3	4.5

如此一来，待识别的人脸图像就可以被一串数字（23.0，15.7，255，224，189，5.3，4.5）代为表达，然后就可以让计算机去辨别。当我们使用同一个人的两幅面部图像时，提取的特征会非常相似。当然，这里我们只是简单列举了5个特征，很明显这5个特征远远不够。事实上，在人脸识别算法中，提取的特征维数很大，多达十万百万都是正常的。

人脸识别流程中另一个重要概念是分类器，其主要作用是进行两幅图像的匹配识别。简单地讲，可以把分类器看做一个黑盒子，黑盒子的输入是两张图像，一张是等待识别的人脸图像，另一张是保存在商家数据库中的人脸图像。

---

[1] 苏煜. 融合全局和局部特征的人脸识别 [D]. 哈尔滨：哈尔滨工业大学，2009.

黑盒子输出是一个值，这个值表明这两幅图像的相似程度。将待识别的人脸图像与商家数据库中的人脸图像循环比对计算相似度值，直到找到一张与当前待识别的图像相似度足够大的目标人脸图像，输出数据库中目标人像的相关信息，即当前的人脸图像识别成功。而黑盒子内部的复杂结构就是机器学习算法领域的专家们致力于研究的内容，本文就不展开介绍了。

一张人脸图像提取的特征维数如此之多，如果全部都靠一台设备计算，计算量大、计算速度慢不说，计算机也极容易出现罢工的情况。既然这个问题的关键在于特征维数太多，很显然，最简单的解决方式就是将特征维数降低。但是好不容易提取出来的特征，每个特征都包含了有助于人脸识别的信息，手心手背都是肉，丢掉哪个都不好。既然都不舍得丢掉，那就都留着吧。本文涉及的专利"一种基于特征分组的分类器组合人脸识别方法"就提出了一种解决方案：将这些特征进行分组，每一组的特征维数控制在可接受的范围内，并设计多个分量分类器，然后将这些分量分类器组合起来，让他们合作完成识别工作。

基于特征分组的多分类器组合人脸识别方法的主要流程包括对图像预处理、提取人脸特征、特征分组、设计分量分类器以及对分量分类器的识别结果做组合（见图3）。

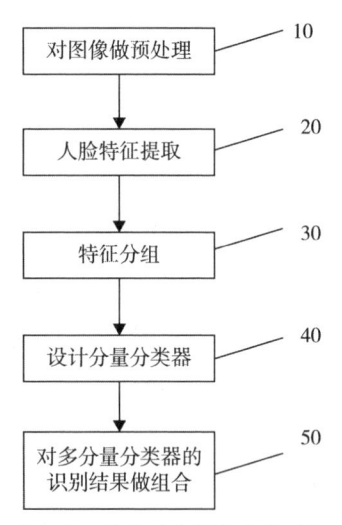

图3 基于特征分组的多分类器组合人脸识别方法流程

·对图像域做预处理。目的是为提取人脸图像特征做准备。常见的预处理操作包括提取人脸区域、直方图均衡化、滤波去噪、图像归一化等。本领域技术人员在实际操作中可以根据图像的具体情况有针对性地选择图像预处理算法，本专利采用的是归一化的预处理方式。

- 人脸特征提取。这里提取的特征就不仅仅是脸的长度、宽度等简单特征了，毕竟具有相同脸长、脸宽的人大有人在。这里提取的特征是形状特征、纹理特征、Gabor 小波变换特征，如此提取出来的特征维度为 20W+。然后将这些特征分组，可以将相近的放到一起，也可以随机组合；特征之间可以互不干扰，也可以有重叠。
- 设计分量分类器。为分好组的每组特征设计一个分量分类器，这些分类器可以是模板匹配分类器、几何分类器、贝叶斯分类器、神经网络分类器、SVM 分类器等。
- 对多分量分类器的识别结果做组合，在比较两张脸是否相似时，将原始高维特征分为 L 组，采用 L 个分类器（分别为 $C_1 \sim C_L$）对每组特征计算相似度，得到 L 个相似度（分别为 $S_1 \sim S_L$）。将这 L 个相似度进行简单的加权求和，得到两张脸的相似度 S（见图 4），然后根据相似度 S 来判断"我是不是我"。

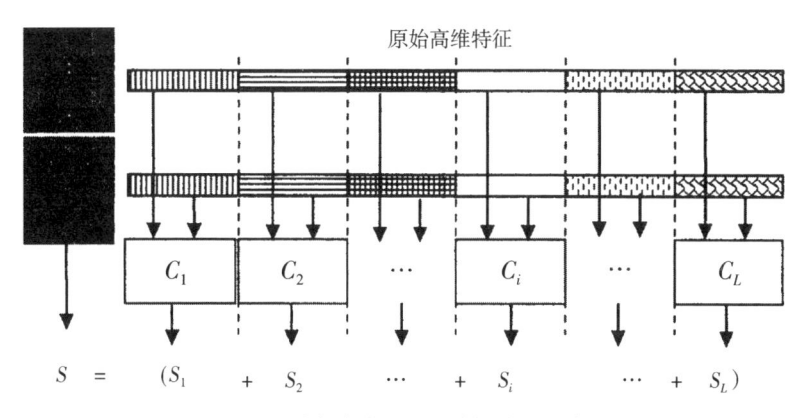

图 4 对人脸特征进行特征分组示意

三个臭皮匠顶个诸葛亮，这就是分类器之间的分工合作！既然只采用一个分类器无法承受如此高的计算量，那就多用几个分类器，每个分类器负责一组特征，然后把多个分类器的智慧结晶组合到一起，共同完成人脸识别的工作！空口无凭，优秀的算法要用数据来说话！获奖专利提出的算法与直接采样方法、特征选择方法（Adaboost）在 FERET 人脸数据库的四个数据集上做了测试，结果已经很明显了，基于特征分组的分类器组合人脸识别方法取得四连冠的好成绩（见图 5）。

从获奖专利的申请时间可以看出，申请人中国科学院计算技术研究所提出并实现上述人脸识别方法是在 2005 年。能够在 14 年前开创性提出这种思想并付诸实践，不仅证明了申请人勇立潮头的探索精神，而且及时申请专利将成果进行保护，体现了申请人高瞻远瞩的格局和视野。

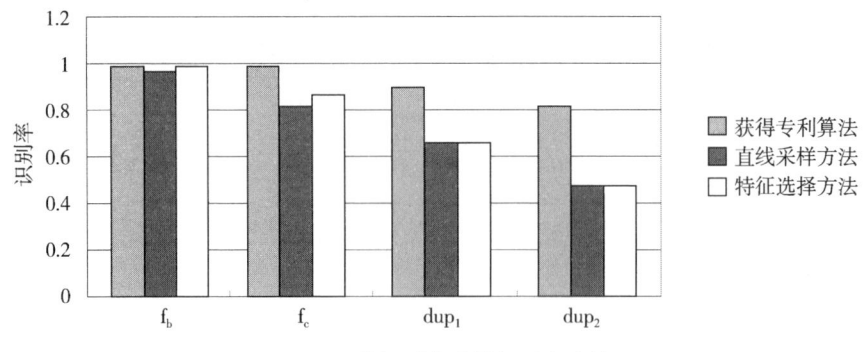

图 5 三种识别方法的识别率比较

人脸识别已经成为现阶段最友好的生物识别方法。要将人脸识别技术商业化，尽管隐私泄露、安全性以及伦理等问题是必需考虑的因素，但是不断地提高算法性能才是硬道理。算法性能没有提升，其他的问题都无从谈起。人脸识别是大势所趋，也必将给我们的生活带来更多的便利与美好。

本文作者：
国家知识产权局专利局
专利审查协作北京中心电学部
丁蓬莉

33 把美丽地球搬回家——激光测绘技术的前世今生*

> **小赢说：**
>
> 彩云惊岁晚，缭绕孤山头。散作五般色，凝为一段愁。
> 影虽沉涧底，形在天际游。风动必飞去，不应长此留。
> ——［唐］李邕《咏云·彩云惊岁晚》
>
> 如此诗句，读来是否感觉很美？今天，小赢带你去感受另一种云——激光云图之美。

早期发展

说起云图，人们往往会想到美丽的卫星云图，那么卫星云图是如何绘制的呢？那就不得不提到激光测绘技术。

激光测绘技术的发展是从使用激光进行测距开始的。自 20 世纪 60 年代起，科学家们就开始使用激光进行测距，测出了月球与地球的平均距离为 38.4 万公里，约为地球赤道周长的 10 倍。月球距地球近地点 36.3 万公里，距远地点 40.6 万公里。这是激光测距技术早期的典型应用（见图 1）。

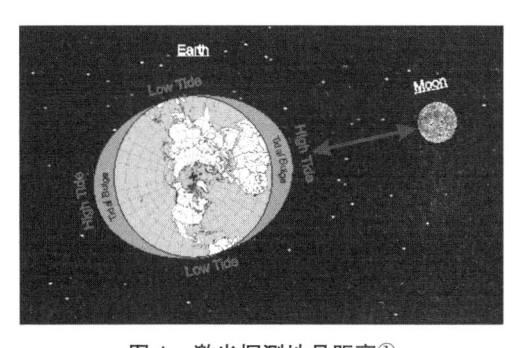

图 1 激光探测地月距离①

---

* 本文涉及第五届北京市发明专利三等奖项目，专利号为"ZL201010237265.5"，专利名称为"一种生成激光彩色云图的方法"，专利权人为"首都师范大学"。

① 图片来源：https://qiwen.ykit.cn/nr-4-2882-0.html。

现代应用

激光测绘技术发展到今天，运用该技术的激光雷达已经成为自动驾驶技术的最核心部件。

早在 2004 年，Velodyne 公司首先把激光雷达应用到汽车领域。当时市场上的雷达产品相当原始，最受欢迎的激光雷达是 SICK LMS-291，这是一套 2D 激光雷达系统，其"视力"不足 2.0，只能"看清"世界的一部分，仅能探测而不能识别面前的是行人还是路标。Velodyne 公司的创始人 David Hall 兄弟后来开发了新型的激光雷达 HDL-64-LiDAR，将一台 64 线激光发射器安装在可以 360°旋转的万向节上，从而使整套系统能够采集到真正的 3D 图像。

图 2 Velodyne Elodyne HDL-64-LiDAR 获取的点云图①

图 2 是由 Velodyne Elodyne HDL-64-LiDAR 获取的点云图，相比于 SICK LMS-291 激光雷达，Velodyne Elodyne HDL-64-LiDAR 获取的点云图更清晰。Velodyne 的 64 线激光雷达为自动驾驶汽车带来了曙光。从此，Velodyne 公司成了激光雷达的主要供应商，其市场占有率超过 80%，一举奠定了 Velodyne 公司在车载激光雷达技术的领军地位。

现有的激光雷达技术主要分为四种。

第一种：旋转式激光雷达（见图 3）

激光雷达在诞生之初采用的是机械旋转式，即通过旋转激光束来进行水平 360°的扫描。每一束激光扫描一个平面，纵向叠加后呈现出三维立体图形。多线束激光雷达可分为 16 线、32 线、64 线，线束越高，可扫描的平面越多，获取目标的信息也就越详细。线束低的激光雷达由于点云密度较低，容易带来分辨率不高的问题。

---

① 图片来源：http://www.ecoweb.info/2842_3728_flash-optical-sensor-terrain-relative-robotic- navigation。

图3 旋转式激光雷达①

第二种：MEMS 激光雷达（见图4）

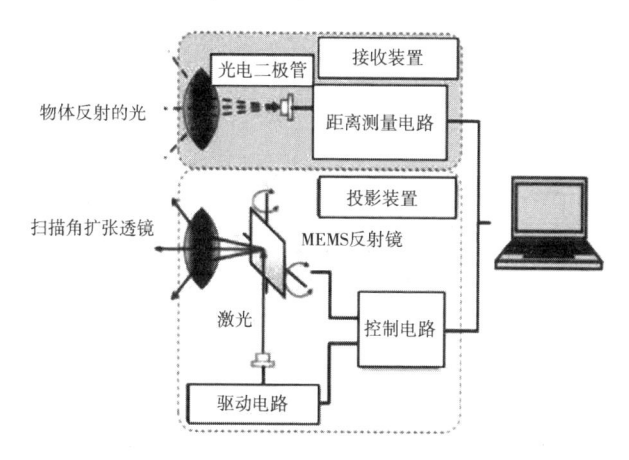

图4 MEMS 激光雷达②

MEMS 激光雷达中的主要部件是 MEMS 微镜。MEMS 微镜是指采用光学 MEMS 技术制造的，把微光反射镜与 MEMS 驱动器集成在一起的光学 MEMS 器件。MEMS 微镜的运动方式包括平动和扭转两种机械运动。根据扫描镜运动方式，MEMS 扫描镜可以分为谐振式和准静态式两种。谐振式 MEMS 扫描镜工作在机械谐振状态，其扫描角度大、驱动功耗低、扫描电压低，图像化激光扫描、激光成像是其主要的应用市场。准静态 MEMS 扫描镜工作在非谐振状态，扫描镜可以在扫描范围内的任意扫描角度暂停，主要应用于激光指向、激光矢量化图形扫描，其扫描角度范围相对较小。

第三种：相控阵激光雷达（见图5）

相控阵激光雷达的工作原理是利用大量个别控制的小型天线单元排列成天线

---

① 图片来源：http://www.sohu.com/a/208301629_115706。

② 图片来源：http://www.sohu.com/a/142638118_617678。

阵面，通过控制各天线单元发射的相位合成不同相位波束。目前这一技术依然处于实验室阶段，有待未来发展应用。

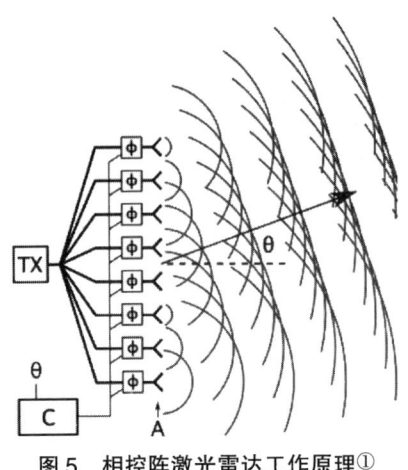

图5　相控阵激光雷达工作原理①

第四种：Flash 激光雷达（见图6）

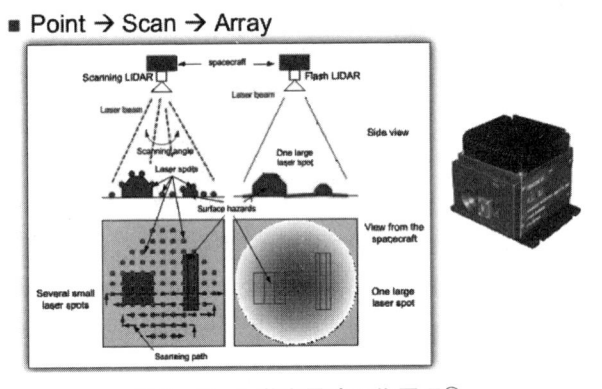

图6　Flash 激光雷达工作原理②

Flash 激光雷达的工作原理是利用激光束直接向各个方向漫射，只需一次快闪就能照亮整个场景。随后，系统会利用微型传感器阵列采集不同方向反射回来的激光束。Flash 激光雷达能快速记录整个场景，避免了扫描过程中目标或雷达移动带来的各种麻烦。但这种雷达也有缺陷：像素越大，要处理的信号就越多，光电探测器需要识别海量像素，必然会带来各种干扰和识别精度的下降。

目前，第一、第二种雷达的应用依然处于统治地位。

---

① 图片来源：https://baijiahao.baidu.com/s?id=1588792717334332849。
② 图片来源：http://www.ecoweb.info/2842_3728_flash-optical-sensor-terrain-relative-robotic-navigation。

我国测绘技术的发展

过去很多年，国内使用的先进的测绘仪器大部分依赖进口，不仅价格昂贵，质量也无法保障。经过我国大批优秀的科研人员的不懈努力，我国的测绘事业跨入了新纪元。说起我国的测绘事业，不得不提到"网红院士"——刘先林。

刘先林院士在测绘科研道路上不断前进，永远站在科研第一线披荆斩棘，凭着创新和实干精神，十多年来为国家节省资金2亿多元，改变了我国先进测绘仪器依赖进口的历史。

1958年，19岁的刘先林正式踏入测绘行业，爬山涉水、风餐露宿。看到国家花大价钱从国外引进设备，他暗暗发誓一定要研制出高质量的测绘仪器。

20世纪60年代，刘先林主动请缨提高原有图解式平面加密方法的精度，研发出了"坐标法解析辐射三角测量"方法，把加密精度提高了一倍以上，该方法成为我国航空测量规范中第一个由中国人创立的方法。

1984年，刘先林的课题组成功研制了正射投影仪，这是我国首次成功研制的大型航空测量仪器，中国一跃成为世界上第三个有能力生产这类仪器的国家。刘先林开始令世界瞩目。

3年后，由刘先林主持研制的JX-1解析测图仪横空出世，大举收复解析测图仪国内市场。不到一年时间，JX-3解析测图仪问世，性能比国外更好，价格却是国外的1/5。1992年，这台"功勋测图仪"获得了"国家科技进步一等奖"。

1998年，世界再次瞩目中国。刘先林团队研制的JX-4A全数字摄影测量工作站（见图7）问世，我国测绘技术开始了由模拟向数字的跨越，它的价格只有国外同类产品的1/10。3年后，刘先林再获"国家科技进步一等奖"。

数字航摄仪是我国测绘发展的瓶颈问题，过去进口一套要花1600多万元。刘先林不能忍受国外对我国的技术封锁，带领科研团队于2014年研制成功了我国首台四拼镜头数字航摄仪（SWDC-4型），打破了数字航摄仪由国外公司垄断我国长期依赖进口的局面。

图7 JX-4A全数字摄影测量工作站①

---

① 图片来源：http://www.hushing.net/cn/cpyfw/dksy/85.html。

获奖专利中的激光测绘技术

获得第五届北京市发明专利奖的"一种生成激光彩色云图的方法"（专利号：ZL201010237265.5）是由首都师范大学北京成像理论与技术高精尖创新中心遥感成像分中心钟若飞教授团队研发完成的。该专利针对激光遥感成像领域的实际问题，创新性地提出了线扫描CCD相机与激光扫描仪同步提取物体纹理和坐标信息，快捷建立点云和像元之间的映射关系，并基于激光获取的实测位置信息实现快速、精准的"真三维"城市建模，解决了现有技术中三维重建过程中精度不高、建模速度慢和数据量大的问题。

更具体而言，这项发明旨在提供一种基于激光扫描和CCD成像相结合的三维重建方法，以能够在图像的三维位置信息和色彩信息之间建立快速准确的对应，从而减少纹理匹配的计算量。

简单来说，该方法为解决一般算法上不易实现的问题，从数据采集硬件源头提出了改进，能把真实美丽的地球数字化，将楼宇、街道装进硬盘。若再结合VR和AR技术，即可实现家中畅游世界各地的梦想。

该获奖专利的技术转化产品——SSW移动测绘系列设备（见图8），综合应用空间信息技术的激光3D建模系统，提供从平面到立体的多角度三维地形地物信息，快速完成三维建模，由此延伸了测绘技术在行业上的应用。这一专利相关产品在很多方面均处于国际领先地位，成为国内市场的主打产品，并先后两次获得了"国家测绘科技进步一等奖"。

图8　最新升级的SSW-IV设备①

技术团队围绕激光3D建模核心技术，从精准激光扫描建模与校验角度开展

---

① 图片来源：http://www.3snews.net/domestic/244000041886.html。

专利技术组合布局保护，形成了从激光扫描标定系统方法及产品，到车载或移动激光测量的制备，再到校验分析方法和产品的全技术方位多层次专利布局，申请发明专利11项，其中10项已获得国家授权（见表1）。

表1 获奖专利相关专利/专利申请列表

名称	专利号/公开号	发明人
基于激光扫描仪标定线阵相机的系统及方法	ZL201010236249.4	王留召、宫辉力、钟若飞、刘先林
一种激光扫描仪的检校系统	ZL201020270900.5	宫辉力、钟若飞、王留召、刘先林
三维测量系统及其三维扫描装置	ZL201020270253.8	宫辉力、钟若飞、王留召、刘先林
结合定位定姿系统的三维旋转扫描测量系统	ZL201020270254.2	宫辉力、钟若飞、王留召、刘先林
一种激光扫描仪的检校方法及检校系统	ZL201010237272.5	宫辉力、钟若飞、王留召、刘先林
仪器固定装置	ZL201420175033.5	钟若飞、宫辉力、李家俊
一体化移动测量系统	ZL201420207927.8	钟若飞、宫辉力、李家俊
三维测量系统	ZL201010236272.3	王留召、宫辉力、钟若飞、刘先林
封闭环境移动测量方法	CN103968828A	王留召、宫辉力、钟若飞、刘先林
基于三维激光点云的全景相机标定方法	ZL201410228805.1	钟若飞、宫辉力、曾凡洋、刘先林
一种视觉里程计	ZL201620269242.5	钟若飞、黄小川、宫辉力

这项技术填补了国产测量型惯导技术应用于测绘领域和国内高端测绘仪器的空白，打破了国外公司的技术封锁，极大地推动了国内测绘技术的发展，改变了我国先进测绘仪器长期依赖进口的局面，推动了测绘科技水平和生产力水平的提高，实现了向数字化测绘体系的转变。

如今，"中国制造"已经占据国内95%以上的数字化摄影测量仪器市场份额，并成为国际市场上的抢手货。

刘先林院士曾说："科研工作是百起百落，像是在地狱里爬行。走出地狱就是一片光明，那种成功的欣喜是不可比拟的。"就如同我国的测绘事业，虽曾经历过仰赖国外产品的漫长岁月，然而，努力过后迎接成功的欣喜却更加值得期待！

本文作者：
国家知识产权局专利局
专利审查协作北京中心电学部
白露霜

34　妈妈再也不用担心我的手机，安全防盗 SO EASY~*

小赢说：

手机已经不仅仅是一个用来通信的工具。对于现代人来说，手机代表着我们每天在朋友圈晒的心情，每次出门旅游拍的靓照、在各种 App 上注册的个人信息，因此手机的丢失对于我们而言已是"生命中不可承受之重"。今天小赢就给大家隆重介绍一款具有防盗功能的手机。有了这款手机，安全防盗 so easy~

在本文开始，小赢先发自肺腑地问大家一句：有没有丢过手机的经历?！比如，刚从早高峰的地铁里出来，一摸口袋，"啊，我的手机呢?！"看到这里大家是不是由衷地感到熟悉，以及悲伤?！

随着移动科技的进步和发展，像手机这样的移动终端已经极大地提升了我们的生活质量，成为了居家旅行的必备良药。我们总是习惯性地将手机往口袋或者包包里一扔，虽然携带方便，但很有可能被小偷顺手牵羊。

如何避免手机的丢失呢？聪明而又机智的人类已经想到的各种各样的招数，比如给手机安个锁，挂腰里（见图1）；再如，用 C-Safe 这样的磁力锁扣，将盖子和锁扣分别固定在口袋的内外侧，将猫固定在手机的背面（见图2）。

图1　手机安装锁扣①

---

* 本文涉及第五届北京市发明专利三等奖项目，专利号为"ZL201410664905.9"，专利名称为"移动终端的防盗方法及具有防盗功能的移动终端"，专利权人为"北京元心科技有限公司"。

① 图片来源：https://xiudou.net/index/normal/id/22413.html。

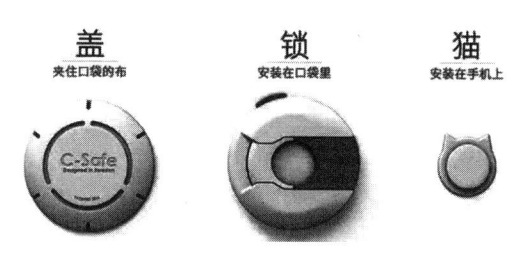

图2　磁力锁扣的构件①

把贴了猫的手机放入口袋时，强磁力就会自动把手机和固定器扣在一起。这样，其他人想从你的口袋中偷走你的手机时，就会出现图3的场景。

小赢上面介绍的两种神操作，是从手机外置配件的角度来解决防盗问题。假如手机已经丢失了，又该怎么办呢？

图3　带磁力锁扣手机的使用场景②

手机的防盗功能已经被各个手机公司所青睐，目前市面上的许多手机都声称有防盗功能，但是其防盗功能往往都是整合在云服务里。例如国产手机大品牌OPPO的系列手机，用户可以登录OPPO官方网站上的云服务账户，点击"找到手机"，通过"锁定手机"操作来开启对手机的搜索和定位。

此外，被众多"果粉"所喜爱的iPhone系列也具有类似的功能。在手机被窃后，如果要定位手机的位置，需要借助其他终端登录iCloud账号进入"丢失模式"。在"丢失模式"的界面中输入联系电话及信息之后，丢失的iPhone手机就会收到刚刚设置的号码和短信。如果是好心人捡到的话，就会给我们回拨电话。如果被人捡到后关机了，那么下一次开机时，系统就会立刻定位并通过iCloud显示手机位置。

无论是手机系统自带防盗功能，还是通过第三方软件，其主要实现的步骤就是：手机定位、锁定手机、抹除数据等操作，这些操作对于用户而言烦琐、不够智能，并且还有一个致命的弱点：需要手机在开机的状态下才能使用，特别是手机助手类的第三方软件。如果手机被盗窃之后直接刷机重装系统，那么防盗软件商设置的任何操作将形同虚设。

① 图片来源：http://wwwbuild.net/chuangribao/767835.html。
② 图片来源：http://mobile.163.com/17/0307/07/CETKPMO900118024.html。

看到这里，大家不免抱怨：小赢你在这儿说了半天，还是没有一个万无一失的手机防盗机制嘛！

别急别急，接下来我们今天的主角就要闪亮登场了！

北京元心科技有限公司于 2016 年 9 月 28 日获得授权的一件发明专利（专利号为 ZL2014106649053.9，发明名称为"移动终端的防盗方法以及具有防盗功能的移动终端"）。该发明所涉及的防盗方法并不是像传统方法一样安装在操作系统之内，而是在手机 WiFi 芯片的固件内设置了防盗模块，该防盗模块中预先存储网络地址；防盗模块会自发地判断移动终端当前运行的操作系统是否合法，如果判断结果为否，该防盗模块就会获取移动终端相关的运行数据（例如 WiFi 芯片的硬件 ID、连接的热点 IP 地址、摄像头所获取的视频或者图像、以及移动终端生成的定位信息）并通过 WiFi 芯片发送至网络地址对应的服务器（见图 4）。

有同学可能会提出疑问，防盗模块不还是需要判断操作系统是否合法吗？如果刷机换了操作系统，防盗模块还怎么判断呢？

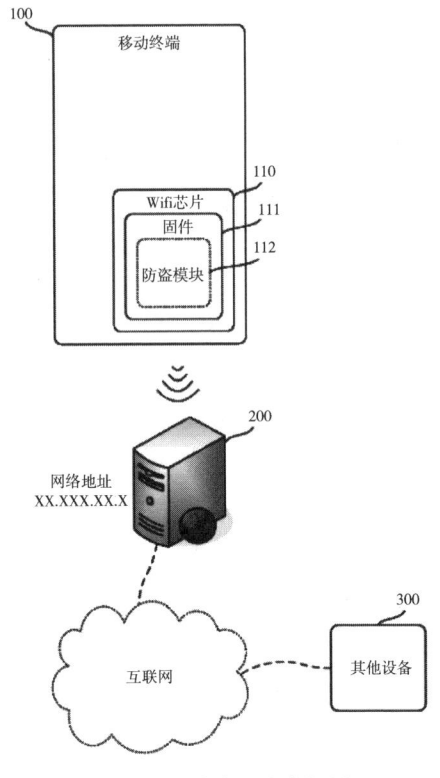

图 4 移动终端防盗机制

在本发明中，运行在移动终端上的合法的操作系统会被配置成能够与 WiFi 芯片进行通信并且可以向芯片的固件发送密码，刷机之后安装的非法操作系统则并不会有上述配置，因此防盗模块可以通过判断是否接收到密码、或者接收到的密码是否是预先设置的合法密码来进一步判断出移动终端上当前运行的操作系统是否合法。

上述方案通过在 WiFi 芯片的固件内设置防盗模块来实现移动终端的防盗，有效地避免了通过更换移动终端的操作系统而导致防盗功能失效的问题，大大提升了移动终端的防盗保护力。

与此同时，在该发明专利中也提出了一种具有上述防盗功能的移动终端。根据小赢对北京元心科技有限公司的了解，其推出的超过 70% 搭载了 SyberOS 的手机产品都已经采用了该项专利技术。其中包括广受好评的在售手机"元心双系统

S1手机""元心W302安全单系统手机"、与联想和展讯合作生产的"元心青龙手机"以及专门面向军工企业的"元心D1安全三防手机"等。

很多同学可能会问，SyberOS又是什么？

SyberOS的官方名称为元心智能移动操作系统，该操作系统由北京元心科技有限公司自主研发，立足于网络安全和信息安全，是国内目前唯一通过EAL（国家信息技术产品安全测评）4级安全测评的移动操作系统。围绕该操作系统以及移动安全技术，元心科技有限公司从安全内核、服务框架到上层产品的设计，全方位研发和推出了"元心安全终端系列产品"（见图5）。

图5 元心安全终端系列产品①

在看到有这么好的防盗功能手机之后，小赢也忍不住想入手一台，去网上搜了一下，结果并没有搜索到相关的在售产品。真心希望这么好的一台防盗手机能够早日投入市场，让广大消费者再也不用担心手机丢失的问题。

本文作者：
国家知识产权局专利局
专利审查协作北京中心电学部
刘梦瑶

---

① 图片来源：元心科技官网 http://www.syberos.com/。

35　诞生于中国的人脸考勤机业界标准[*]

> **小赢说：**
>
> 作为当前热门的人脸识别技术的应用之一，人脸考勤机如今已经是很多公司的考勤工具了。在各种品牌的人脸考勤机上不知道你注意到他们在外形上大多有一个共同点没有？小赢这次要聊一个获得业界一致认可的获奖专利技术，就是这个技术成为的人脸识别设备行业的通用标准。

一提到人脸识别技术的应用，你是不是马上想起2017年开始在各大智能手机上应用的人脸识别屏幕解锁技术？其实，包括人脸识别在内的生物信息识别技术早在20世纪80年代就提出了。基于人脸识别技术的身份验证系统，主要分为基于图像的人脸识别和基于3D结构的人脸识别。iPhone X上使用的就是基于后者的技术，这种技术有较高的安全性和高硬件要求，因此在最近几年才得以商用。而我们这次要说的是基于前者的人脸识别系统。

基于图像的人脸识别技术已经提出了多年。在中文专利库中，2003年之前申请的人脸识别相关专利非常少，仅有几十件，其中几乎一半的申请人是外国公司，且主要集中在美国、日本，最早的申请日在1996年；而国内申请人多来自研究所和高校，申请人为国内公司的屈指可数。可见最早的基于图像的人脸识别相关专利技术基本掌握在国外公司手里。

早期的人脸识别系统是什么样的呢？让我们看一个2002年申请的专利（ZL02224701.7），该专利名称为"带有内置人像取景定位标尺的计算机人像识别装置"，可用于门禁、考勤等领域。其中提出了一个计算机人像识别装置，具有摄像头，安装在显示屏的正上方。当用户面对本装置时，摄像头和显示屏刚好正对被测人头的脸部，使被测人能像照镜子一样看到自己的脸部成像（见图1）。

---

[*] 本文涉及第五届北京市发明专利三等奖项目，专利号为"ZL200810115547.0"，专利名称为"一种斜坡式图像获取装置及人脸识别系统"，专利权人为"汉王科技股份有限公司（以下简称'汉王'）"。

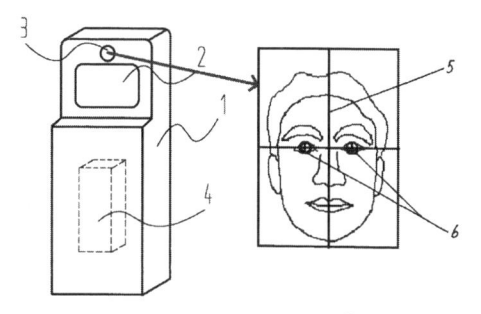

图1　ZL02224701.7说明书附图

不过从结构上明显可以看到，这种机器的摄像头高度是固定的，脸不仅要对准摄像头，还要求用户移动自己的头部，使屏幕中显示的人脸的两只眼球与装置上绘制的十字标尺的中心两边的人眼位置标记相互重合，这样系统才能获取准确的人脸数据。如果用户和摄像头高度差不多，还比较容易接受这种面部识别方式。但是如果你太高了怎么办？那只好蹲矮点好让脸对上摄像头了；那个子矮的话？只好踮脚、搬砖了。

根据相关报道，汉王从2003年开始便开展了人脸识别算法的前沿研究，经过多年的打磨后，终于在2008年成功研制出汉王人脸通相关的产品，并开发出了全球第一款嵌入式人脸识别机。产品研制成功之后，汉王首先想到了申请专利，保护自己的研究成果。这次的获奖专利，便是由汉王于2008年6月提出的发明专利申请。

随后该嵌入式人脸识别机的产品在2009年于深圳举办的"中国国际高新技术成果交易会"上正式亮相。该产品作为全球首款嵌入式人脸识别门禁系统产品，以英文品牌"Face ID"自2009年第4季度推向国际市场，成为第一款进入国际市场的嵌入式人脸识别认证终端、门禁、考勤终端产品。所谓的嵌入式是内置的设备，一般的扫描机器都需要经过外置的电脑处理，而该系统的处理设备安装在扫描设备里面。人只要进入扫描区域，系统就会自动扫描处理并记录人脸信息[1]。凭借产品的创新性、技术的领先性，迅速得到了国际市场的认可，销售额实现快速增长。

到底是什么样的技术给汉王带来了如此显著的效益呢？让我们看看获奖专利到底是怎样的一个方案。该专利创造性地提出了一种新的人脸考勤机形态——斜坡式，摄像头设置在考勤界面屏幕所在的斜坡上，位于系统显示界面的下方，拍摄方向垂直倾斜的屏幕界面，斜向上进行人脸读取（见图2）。

---

[1]　汉王人脸识别嵌入式门禁系统亮相高交会[J]. 安防科技：安防系统设计，2009，(11)：45.

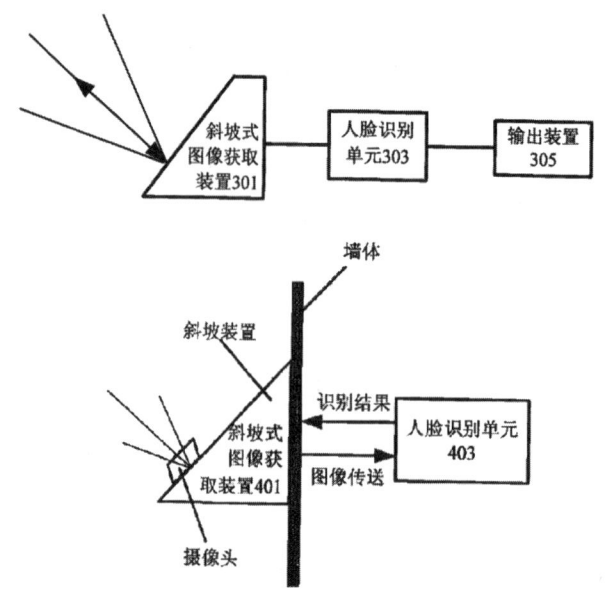

图 2 ZL200810115547.0 说明书附图

要了解该结构的优势,首先我们看看日本东芝株式会社于 1999 年在日本申请的一种人脸识别装置(JP 特开 2000-259814A)。该装置通过将门框边上用于人脸识别的摄像头的拍摄方向倾斜向上布置,从而可以从相同的角度拍摄到不同身高的用户经过时的面部(见图 3)。而相同角度的面部图像,也便于采用同样的算法和数据库中已经存储了的人脸数据进行比较。可见这种拍摄方式可以兼容经过门框的不同身高的人脸图像获取。再具体图像识别算法中,该装置借助向上拍摄人脸图像中鼻孔的位置来定位人脸,加强了人脸定位的准确度,更便于进行人脸识别。

图 3 JP 特开 2000-259814A 说明书附图

但是获得上述多种优势的同时,由于该装置专门针对向上倾斜的摄像头读取到的特殊角度的面部图像设计了一种特殊的人脸识别算法,借助了鼻孔位置来进行倾斜的人脸图像的识别,装置中的算法仅能在同一类型的装置中使用。

我们再来看看汉王的斜坡式人脸识别考勤机（见图4）。

汉王的考勤机的图像显示界面和摄像头一起固定安装在了斜坡平面上，摄像头设置在所述斜坡装置的下部，有效利用斜坡装置本身在竖直方向上的高度，将摄像头的视角范围的下边缘设置得尽可能靠下，从而保证了身高偏矮用户的人脸识别。在此情况下，可将人脸识别装置尽可能安装得高一些，从而

图4　汉王的人脸考勤机①

有利于获得更为清晰的身高偏高的用户的人脸图像，用户也更容易看清显示界面。装置将斜坡角度限定在45°~60°，符合生物学角度人体自然低头的姿态角度。用户考勤时，会自然低头看界面，以确认考勤情况，此时，摄像头正好获取到人脸的正面图像。该方案不仅对不同身高的人都能稳定地获取到人脸图像，由于获取到的是正面人脸图像，任何通用的人脸识别算法都可以轻易地应用在这种结构的人脸识别装置上。

将摄像头机械固定安装在斜坡装置上，可以保证登记模板数据和人脸识别采集数据时斜坡装置角度的一致性。比如，在一台斜坡装置上登记的模板数据，可能会在联网的其他斜坡装置上采集人脸数据。基于这样的需求，通过将摄像头固定在斜坡装置上，既有效地增加了摄像头拍摄人脸图像所能适应的不同人员之间的身高差范围，又进一步提高人脸识别的准确性。

所有与人脸识别相关的识别算法、克服光线、姿态、表情等问题的技术突破、全天候的红外人脸识别技术和受限条件下的自然光人脸识别技术均需要在该专利中的产品的结构上运行实现。该专利所限定的人脸识别机的结构特征也已成为嵌入式人脸识别设备无法规避的技术门槛。

这一便利、高效、通用的优势使得该人脸考勤机结构一经推出，就迅速被业界推广，逐渐成为了人脸考勤机行业标准的产品形态，成为了嵌入式人脸识别设备无法规避的技术门槛。现在市面上的人脸考勤机，几乎都采用这种斜坡结构的产品。

能够对业界产品的形态产生如此大影响的专利技术，自然要好好地发挥其作用。此后，汉王围绕上述核心专利构建了人脸识别产品的专利池，截至2016年年底，汉王已经在中国累计申请专利122件，其中发明专利申请91件（已获中

---

① 图片来源：汉王官方网站 http://wistek.hanwang.com.cn/list-24-1-3370.html。

国授权32件）。同时将核心专利进行海外布局，目前已完成PCT国际申请2件，分别进入美国、欧洲、印度、巴西、印度尼西亚、越南、墨西哥7个国家/地区启动申请。

该获奖专利直接加快了汉王人脸识别产品的上市速度，开拓了国内品牌自主研发人脸识别产品的先河，实现了国内企业在人脸识别市场从无到有的突破。

汉王人脸通"Face ID"产品在全球大卖的同时，在专利的运用方面也值得称道。目前，汉王对多家国内外知名公司进行了专利许可，启动了多项专利侵权诉讼，通过法律手段实现自己的创新价值。专利武器的成功运用，又促进了汉王对产品的研发的进一步投入，推动了技术的进步和发展。目前，汉王已经将上述人脸识别技术进一步拓展应用于售票、幼儿接送、安防等多个领域，并进行了相应的专利布局（见表1）。

表1 汉王"Face ID"的主要成果

2008年	创造第一台工业化的嵌入式的实用人脸识别系统
2010年	实际量产超过53000台
2011年	创造第一台工业化的实用人脸2锁系统
2012年	授权软件开发套件给联想、LG、海尔、海信、长虹
2013年	授权移动应用给因特尔、华硕
2015年	量产数量超过45万台，终端用户超过5000万人，获得73件专利

值得注意的是，汉王获奖的核心专利的公开日为2009年12年30日，授权日是2016年3月23日。为维护专利权不受侵犯，汉王分别于2013年、2017年发起专利侵权诉讼，以保护自己的专利权，维护正常的市场竞争环境。面对市场上现有的与本专利相同或等同的多家跟进型产品，多次发出律师函予以警告，并于2017年在北京知识产权法院发起诉讼，以维护合法权益（在这里小赢科普一下专利知识，根据我国《专利法》第十三条规定：发明专利申请公布后，申请人可以要求实施其发明的单位或者个人支付适当费用）。面对他人的恶意诉讼，充分运用专利的无效手段，成功无效恶意诉讼专利的全部权利要求。

本文作者：
国家知识产权局专利局
专利审查协作北京中心通信部
胡雅琴

第六章 | chapter 06

高新材料

36　是薄膜？是国之重器！*

> **小赢说：**
> 说到薄膜，你最直接的反应是不是家用的塑料保鲜膜？但今天小赢要讲的一片小薄膜，却是高精尖技术的产物。它在未来的应用，甚至可能开启人类新时代！

要走近这件金奖专利，小赢首先带大家了解一个问题：什么是激光薄膜？激光薄膜是高功率激光器中的关键元件！

那什么又是高功率激光器呢？这解释起来有点复杂，举个形象的例子。还记得《星球大战》吗？里面那些炫酷的、能发射激光的武器就是高功率激光器。高功率激光器是非常复杂的高精尖设备①。通常，一件高功率激光器中仅激光薄膜元件就有数万件之多。如果把高功率激光器比作人体的话，那么，薄膜元件就像人类的血管一样，引导着激光在装置里传输，最终使激光汇聚到靶点，输出能量光束。可以说，激光薄膜的性能直接影响激光汇聚到靶点的精度和能量损失，最终决定了激光器的性能。

当然，像《星球大战》里那样的激光器可能目前还无法做到，但现实中的高功率激光器已经有不小的威力（见图1、图2）。

图1　激光器点火柴②　　　图2　德国产激光脱毛设备③

---

* 本文涉及第二十届中国专利金奖项目，专利号为"ZL201210480267.6"，专利名称为"一种激光薄膜的制备方法"，专利权人为"润坤（上海）光学科技有限公司"。
① 图片来源：http://www.zhuoku.com/zhuomianbizhi/game-gamewall/20090418113111(26).htm#turn。
② 图片来源：http://bbs.fblife.com/thread_3192290.html。
③ 图片来源：https://baike.so.com/gallery/list?ghid=first&pic_idx=3&eid=4128670&sid=4328150。

近年来，武器级的高功率激光器也已经出现（见图3、图4）。

图3 美国激光武器3s摧毁火箭弹①

图4 我国的"死光a"重型激光武器，主要用于战时摧毁敌方卫星②

除了在武器上的应用外，高功率激光器的另一个应用是利用大能量脉冲的原理，实现可控热核聚变。如果这项技术成熟，将有可能解决人类的能源问题。

高功率激光器更长远的应用设想是，用激光束实现远距离的无线动力传输，利用激光推进火箭和发射卫星等（见图5）。

目前，高功率激光器的上述应用之所以还停留在理论阶段，主要原因就是激光的威力还不够。影响激光威力的主要因素之一是激光器的功率，而实现大功率必须依赖高品质的激光薄膜。所以，又回到了最初的问题，高品质的激光薄膜是各国都争先恐后想要突破的技术难点。

图5 激光推进卫星示意③

目前激光薄膜仍是高功率激光器的薄弱环节，改进激光薄膜的性能、提高激光薄膜的损伤阈值一直是激光和薄膜领域内的重要内容。

激光薄膜的损伤阈值（即介质在单位面积上所能承受的最大激光功率）代表着激光薄膜元件"控制指挥"激光的能力，其数值大小决定着能不能把激光能量完整地护送到靶点。激光薄膜损伤阈值的高低是众多因素共同作用的结果，但相比较而言，杂质缺陷吸收是比较关键的因素之一。在激光薄膜制作的整个过程中都有可能引入缺陷。但是现有的研究多是割裂了各个工艺步骤之间的联系，只是单独优化某一特定工艺。单一工艺步骤的优化对薄膜损伤阈值的提高是非常

---

① 图片来源：https://m.baidu.com/。
② 图片来源：https://bbs.tiexue.net/post_4371406_1.html。
③ 图片来源：http://www.ck365.cn/。

有限的，即使某一个步骤缺陷控制得很好，但其他任何一个流程环节引入了额外的缺陷都会导致激光薄膜损伤阈值的下降。

同济大学王占山教授团队的这件金奖专利基于对激光薄膜缺陷的产生来源、损伤机制和控制方法进行系统、深入的研究，提出了激光薄膜的6步制备法（见图6）。通过这样的全流程工艺，激光薄膜的缺陷密度下降一个数量级，整体损伤阈值提高3倍。

图6 激光薄膜制备工艺流程

图7为薄膜中缺陷的弱吸收测试结果。（a）为未采用全流程工艺控制时的缺陷密度以及缺陷吸收的强度，（b）为采用全流程工艺控制后的缺陷密度以及缺陷吸收的强度。可以看出采用全流程工艺控制显著降低了缺陷密度以及缺陷吸收强度，缺陷点的密度从40个/mm^{2}下降到1.5个/mm^2，缺陷点的吸收峰值从6000ppm左右降低至10ppm以下。

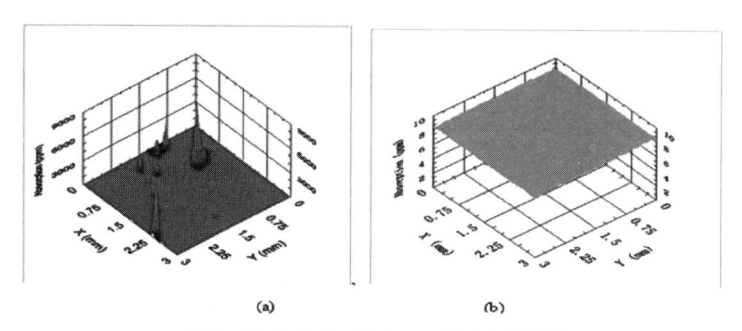

图7 ZL201210480267.6说明书附图

图8为薄膜损伤阈值的测试结果。（a）为未采用全流程工艺控制时损伤阈值测试结果；（b）为采用全流程工艺控制后损伤阈值测试结果。可以看出采用全流程工艺控制显著提升了薄膜的损伤阈值，使损伤阈值从20J/cm^2（1064nm 3ns）上升到64J/cm^2（1064nm 3ns）。

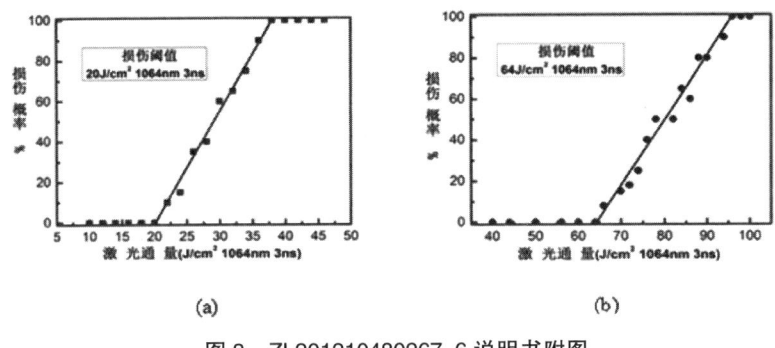

图 8　ZL201210480267.6 说明书附图

为了更好地了解激光薄膜这一领域，小赢统计了一下近年来激光薄膜领域专利申请的情况。从图 9 可以看出，对于激光薄膜这种起到关键作用的高新材料，无论国内国外都有较高的研究热情，国内外申请量均相对稳定。

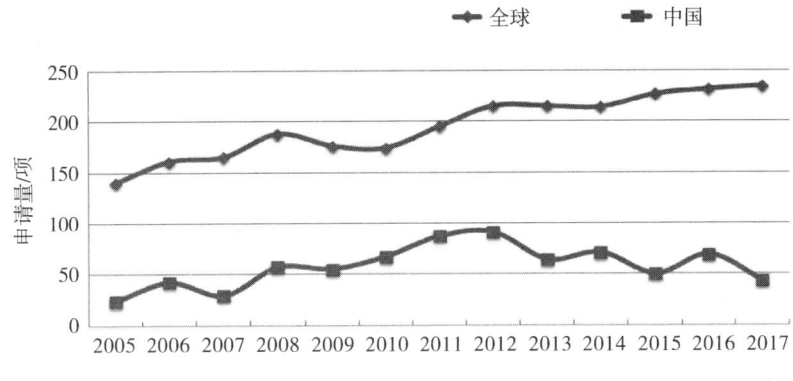

图 9　全球和中国激光薄膜领域专利申请量对比

高功率/高能激光技术及装置被很多国家认为是国防战略和新兴产业的制高点之一。在我国自主研发高端激光薄膜的进程中，长期面临着核心技术、关键工艺和高端器件受到国外封锁和禁运的局面，甚至国外一流的相关实验室几乎不接纳中国的留学生。在这种困难的背景下，同济大学王占山教授团队经过多年的研发努力，终于攻克了这一"工艺环节复杂、多学科交叉、难度极大"的研发难题，并取得了令人瞩目的成就。在 2018 年高功率激光反射薄膜元件损伤阈值国际竞赛上，由该团队研制的中科院上海光机所的参赛样品，以领先第二名 20% 的优势夺魁（见图 10）！

最后，非常值得一提的是，2017 年 5 月 18 日，同济大学王占山教授团队将自主研发的包括本金奖专利在内的 6 项涉及高性能激光薄膜器件及装置的发明专利转让给了润坤（上海）光学科技有限公司（见表 1），合同金额共计 3800 万元，创下了同济大学历史上最大额度的技术转移金额。以本专利为核心的激光薄膜制备技术获技术转移总投资1.56亿元！可以说，这次技术转让是"企业+高校+独立的技术转移服务机构""三位一体"专业化、规范化模式的一个成功案例。

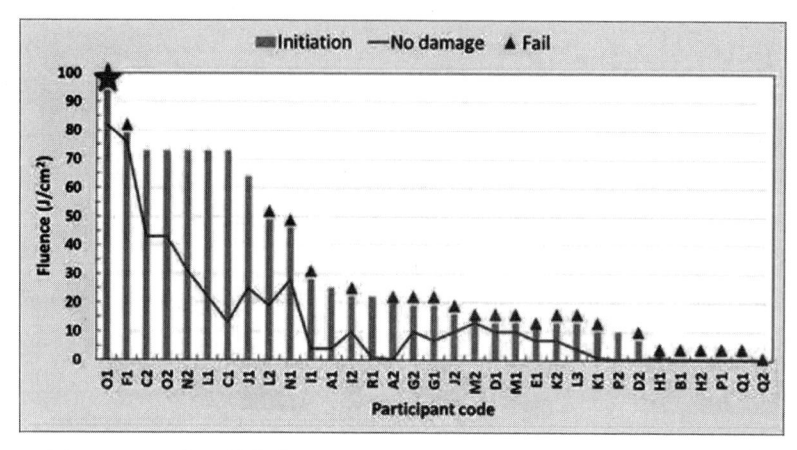

图10 2018年反射落膜元件损伤阈值国际竞赛评比结果，标五角星的为中科院上海光机所的参赛样品①

表1 王占山教授团队转让润坤（上海）光学科技有限公司专利列表

序号	专利号	专利名称
1	ZL201210480267.6	一种激光薄膜的制备方法
2	ZL201310090224.1	一种光学基板亚表面中纳米吸收中心深度分布的检测方法
3	ZL201310093167.2	一种防水性激光薄膜的制备方法
4	ZL201410050340.5	一种提高氧化物薄膜抗激光损伤阈值的蒸镀方法
5	ZL201410050115.1	一种校准光学表面轮廓仪有效空间分辨率的方法
6	ZL201410050122.1	利用白噪声PSD校准光学表面轮廓仪有效空间分辨率的方法

从世界第一到专利金奖，小赢在向研发人员致敬的同时衷心希望：中国的激光薄膜技术及其应用能够继续阔步前行、勇立潮头。

本文作者：
国家知识产权局专利局
专利审查协作北京中心材料部
赵同音

---

① 图片来源：http://www.siom.cas.cn/xwzx/kydt/201810/t20181012_5141521.html。

37　新一代隔热材料气凝胶*

小赢说：

气凝胶被誉为 21 世纪改变世界的"神奇材料"之一。它是如何突破种种阻碍被应用在航天领域？又将以怎样的方式"飞入寻常百姓家"，改变我们的生活？本文告诉你答案。

气凝胶是目前世界上密度最小、热导率最低的高度多孔固体材料，目前世界上最轻的硅气凝胶密度仅有 0.16mg/cm³。一块气凝胶材料除了很小质量的骨架，其余的全是空气，可见光经过它时散射较小。所以气凝胶有着和天空一样的蓝色，所以也被称为"凝固的烟"或"蓝烟"（见图 1）。

世界上第一块二氧化硅气凝胶，是在 1931 年由美国斯坦福大学的 Kistler 教授利用水玻璃制备得到的。但气凝胶研发的快速发展是从近半个世纪开始的：20 世纪 60 年代，Teichner 用溶胶-凝胶法制备出气凝胶；1974 年，Cantin 等首次将二氧化硅气凝胶用于探测器；1985 年在维兹堡举行了首届气凝

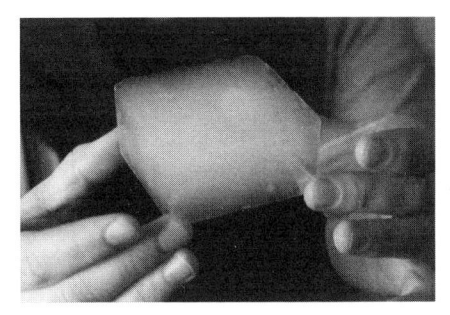

图 1　二氧化硅气凝胶块①

胶国际研讨会。进入 20 世纪 90 年代，气凝胶的研发更加注重与应用相结合，气凝胶材料先后被应用在航天、船舶、能源、冶金等领域。近年来，我国的浙江大学、东华大学等高校和科研院所也先后研发出利用无模板冷冻干燥法制备气凝胶和利用普通纤维膜材料制备纤维气凝胶。

经过近半个世纪的发展，气凝胶材料的优异性能逐渐被发掘。气凝胶中有大量纳米级细小气孔，赋予了气凝胶低密度、低折射率、小孔径、高比表面积、高

---

* 本文涉及第二十届中国专利金奖项目，专利号为"ZL201010294784.5"，专利名称为"一种高性能隔热材料及其制备方法"，专利权人为"航天特种材料及工艺技术研究所"。

① 图 1、图 2 引自创意族网站 www.innoclan.com。

孔隙率等特性，使气凝胶具有良好的透光性、环保性、隔音性等性能。因为气凝胶的孔隙率最高可以达到99.8%，所以其热传导主要以气态传导为主，使固态热传导率仅为气凝胶均质材料的0.2%左右，隔热性能优异。例如用950℃的火焰喷枪对15mm厚的气凝胶毡板加热，毡板上的鲜花丝毫无损（见图2）。

纳米级的多孔网络结构限制了空气分子在气凝胶材料内部的对流，抑制了对流热，并对覆盖热源体的热辐射进行了有效高遮挡。上述优异的性能，使得气凝胶材料作为超级隔热材料，从20年前便在航空航天及光声电学器件领域广泛应用。

1999年，美国国家航空航天局利用气凝胶为"星尘"号太空探测器制作搜集装置。俄罗斯"和平"号空间站和美国"勇气"号火星探测车（见图3）都用它作为隔热材料，进行热绝缘以保护探测机体。

图2 气凝胶毡板材料的隔热性能

图3 火星探测器效果图①

气凝胶按照组成不同可以分为碳系、硅系、硫系、金属系、金属氧化物系等。目前世界上制备技术相对成熟的是二氧化硅气凝胶（见图4）和金属氧化物系气凝胶。然而氧化铝、氧化锆等金属氧化物气凝胶，高温下晶型转变问题没有根本解决，且制备工艺复杂。

二氧化硅气凝胶耐温性公认不超过

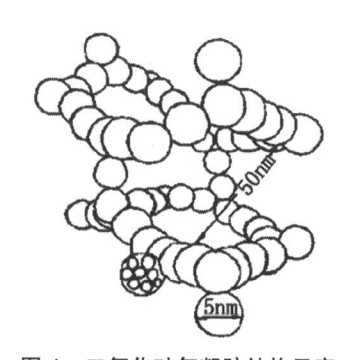

图4 二氧化硅气凝胶结构示意

---

① 图片来源：美国国家航空航天局官网：www.nasa.gov。

650℃，在650℃以上发生烧结，多孔结构塌陷，外形尺寸明显收缩，导致隔热性能下降。随着航空航天飞行器向超声速、高超声速方向发展，飞行器舱体温度可达1000℃以上，必须在有限的空间、重量约束条件下对飞行器进行有效的热防护，防止严酷的气动加热对飞行器造成毁灭性影响。因此，高性能隔热材料成为新型飞行器发展的瓶颈之一。

为了满足我国对高性能隔热复合材料的需要，航天特种材料及工艺技术研究所（即中国航天科工三院三零六所）长期开展气凝胶材料的研究。通过研究发现，传统有机前驱体制备的二氧化硅气凝胶纳米粒子粒径较小，骨架纤细，表面能较高，因此耐温性低。航天特种材料及工艺技术研究所获得第二十届中国专利金奖的专利（一种高性能隔热材料及其制备方法），根据材料微观结构与宏观性能的相互作用规律，从控制微观结构、降低表面能的角度出发，创新地采用二氧化硅水溶胶为前驱体，增大气凝胶纳米颗粒的粒径，并通过老化处理提高气凝胶纳米骨架结构的稳定性，得到骨架强化的二氧化硅气凝胶。由于气凝胶纳米颗粒及骨架的强化，表面能显著降低，气凝胶的耐温性从传统的650℃提升至1000~1200℃，使更高温度、更高效率的隔热应用成为可能。

其主要工艺步骤包括：

1）溶液制备：向二氧化硅溶胶中加入催化剂；

2）浸胶和胶凝：将纤维材料浸入溶胶；

3）老化处理：在室温或加热8~168小时；

4）溶剂置换：将老化后的材料放入醇溶剂或酮溶剂中；

5）疏水化处理：放入含有疏水剂的无水乙醇中静置1~24h，取出后再放在无水乙醇中置换。

6）超临界干燥：对经疏水化的纤维增强湿凝胶进行超临界干燥处理，制得样件。

该方法制备的气凝胶产品（见图5）具有耐高温、高效隔热、成本低廉、绿色环保及工艺性好等特点，该轻质气凝胶复合隔热材料在1000~1200℃的高温下具有优良的隔热性能，已经在长征五号运载火箭、天舟一号货运飞船、嫦娥四号探测器上获得成功应用，有效解决了飞行器在

图5　航天特种材料及工艺技术研究所产品图[①]

① 中国航天科工集团有限公司官网：http://www.casic.com.cn。

轨、深空服役环境中的热防护难题，为我国空间技术的发展提供了重要的技术保障。

近年来航天特种材料及工艺技术研究所取得的科技成果，在专利申请量上可见一斑。截至2018年底，该所共申请专利330余件，其中发明专利305件，已授权的发明专利72件（注2017年、2018年存在已申请且尚未公开的情况，因此为不完全统计）。从图6可见，近三年该所的专利申请量一直保持在高位。

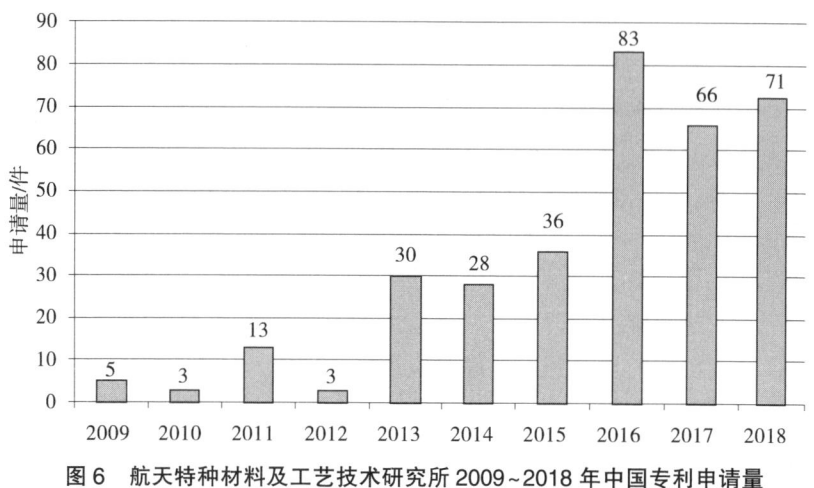

图6　航天特种材料及工艺技术研究所2009~2018年中国专利申请量

根据相关报道，获奖专利制得的气凝胶材料有望应用到宇航服领域。美国国家航空航天局下属的喷气推进实验室的材料科学家斯蒂芬·琼斯博士多年致力于新型气凝胶的研制和航空应用。在其接受采访时提出过气凝胶材料在宇航服上的应用："根据理论，只要在宇航服中加入一个18mm厚的气凝胶层，那么它就能帮助宇航员扛住1300℃的高温和-130℃的超低温"。

看到这样的报道，笔者随即陷入了思考：随着气凝胶技术的不断成熟和生产成本的不断下降，这种用在宇航服上的超轻保温材料能否进入民用服装领域？这种应用在专利上是否已经有所布局？

带着这样的问题，笔者进行了专利检索，发现有人早在2015年便申请了名为"一种多功能衣服"的中国实用新型专利（ZL201520535322.6）。根据该专利的说明书中记载，该多功能衣服的布料中含有"气凝胶保温层"。

同时，笔者发现了在某中国电商平台发起的一个众筹项目，以气凝胶服装为主要创新点。根据该平台显示，从2018年10月开始，在一个月的项目众筹时间内，该气凝胶相关服饰得到了7741名用户的支持（购买预订），众筹金额近1100万元人民币，超募比例达到了惊人的21826%（见图7）。

图 7　众筹平台募集情况①

在笔者看来，该项目能成功打动众筹支持者的原因在于，众筹发起方成功地宣传了在同样的保暖效果前提下，将大幅度提高衣服的舒适度和美感，冬天再也不用穿得那么臃肿（见图 8）。

根据其在众筹平台的宣传，普通夹克类外套的重量仅为 0.4kg，却拥有与羽绒服外套相同的保暖效果；抗寒服的厚度仅为 1cm，同等保暖的羽绒服则为 6cm，衣服的整体厚度相比羽绒服大大降低（见图 9）。

但是，根据笔者对气凝胶特性的了解，气凝胶在力学性能上具有很好的抗压能力，其抗压还原能力

图 8　着装对比图

图 9　厚度对比图

甚至能达到自重的一千倍。但由于气凝胶超低密度、高孔隙率的网络结构，致使其模量小、抗剪性能低、脆性大。而防寒服在实际穿着中，人体运动会挤压、撕拉面料，如果不解决气凝胶材料的抗剪力性能问题，那么薄薄的气凝胶层在衣服中很容易被撕坏，甚至用不了多久该层就会变成粉末。

根据众筹平台网站的页面信息，笔者检索到了该众筹项目的发起人——疏博（上海）纳米科技有限公司在 2018 年 8 月 30 日提交的中国发明专利申请 CN109130405A。根据该专利申请的公开文本记载，衣物中的气凝胶层是一种气

---

① 图 7~图 10 引自京东众筹网 https://z.jd.com/project/details/105122.html。

凝胶和发泡材料组成的复合材料，是气凝胶颗粒被发泡材料（如聚酰亚胺）包裹而形成的（见图10）。

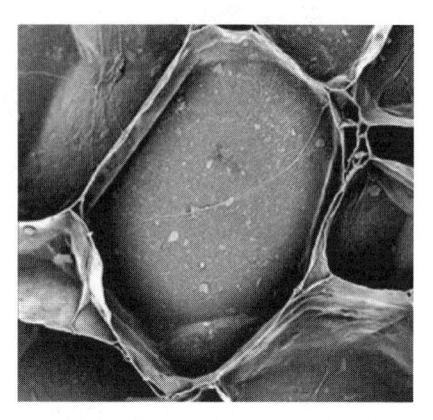

图10 气凝胶复合材料颗粒示意

可见，上述众筹产品中的气凝胶材料层并非连续的一层，而是由无数个被包裹住的气凝胶微小颗粒组成的。虽然从隔热性能上包含了发泡材料骨架的复合材料比起单纯的气凝胶会使热传导率升高，但却增加了材料的弹性和耐久性，让衣服穿起来贴身柔软又能有持久的保暖效果。

从众筹价格上来看，一件包含了上述复合材料的衣服价格不菲，从普通的夹克到保暖性能最好的抗寒服，价格从999~30000元不等。在笔者看来，如此昂贵的价格应该是复合气凝胶材料的工艺难度大、制造成本高的原因吧。

根据美国联合市场研究公司发布的消息称，全球气凝胶市场价值在2020年将达到近19亿美元，该行业未来两年的复合增长率超过30%。气凝胶及其相关产品的生产成本的降低将导致市场需求和产品销量的大幅提升，市场增值空间大，有望革命性地取代传统隔热材料，在纺织服装领域成为新一代的服装面料。

最后，笔者衷心地希望：在气凝胶产品不断规模化、轻量化、复合化和柔性化发展的今天，像航天特种材料及工艺技术研究所这样的企业，将对气凝胶及其相关产品的研发更加快速、深入，让这个可以与石墨烯媲美的"神奇材料"把我们的生活变得更加绿色、便捷、美好。

本文作者：
国家知识产权局专利局
专利审查协作北京中心材料部
扈春鹤

38　高能才是高科技——锂离子电池那点事*

小赢说：

随着高科技智能设备对锂离子电池待机容量的要求不断提高，人们对锂离子电池能量密度提升的期望越来越迫不及待。特别是智能手机、平板电脑、笔记本电脑等便携式设备，对体积小、待机时间长的锂离子电池提出了更高的要求。同样，其他高科技智能设备如储能设备、电动交通工具等也要求不断开发出质量更轻、体积更小、输出电压和功率密度更高的锂离子电池。因而，发展高能量密度的锂离子电池是未来行业发展的重要方向。

提升锂离子电池的工作电压是增大电池能量密度的重要途径之一。在锂离子电池的截止电压由第二代的4.2V逐步过渡到4.35V、4.45V、4.5V和5V，其中5V镍锰锂离子电池具有高能量密度、高功率等优异性能，将是未来新能源汽车及储能领域发展的重要方向之一。

通常说的高电压锂离子电池是指充电截止电压高于4.2V的电池。目前，4.35V和4.4V的锂离子电池已在市场上成熟使用。正极材料是提高锂离子电池高电压的关键性材料，常见的有三种：具有二维 $\alpha-NaFeO_2$ 型层状结构的高电压钴酸锂（理论容量274mAh/g，工作电压4.35V）、具有层状结构的高电压三元材料（$LiNi_xCo_yMn_{1-x-y}O_2$ 或 $LiNi_xCo_yAl_{1-x-y}O_2$，以镍钴锰比例为5:2:3为最常见）、具有尖晶石结构的锰酸锂（理论容量148mAh/g）。

目前，具有层状结构的高电压三元材料是未来动力交通工具商业化最具有前途的一种高电压正极材料，其主要问题集中在高电压循环问题：4.4V循环时的容量衰减很快；高温存储问题：由于Ni对电解液有很强的氧化性，软包电池在高温存储时产气较大；与电解液的兼容性差：随着镍含量的提高，材料的碱性变

---

* 本文涉及第二十届中国专利金奖项目，专利号为"ZL201210354020.X"，专利名称为"一种高电压锂离子电池复合正极材料及锂离子电池"，专利权人为"东莞新能源科技有限公司、宁德新能源科技有限公司"。

强，对电池制作工艺和环境的要求越来越高；同时材料的热稳定性低，在循环过程中会释放氧气，导致材料的结构稳定性变差；在充电状态下，镍具有较强的氧化性，对电解液的匹配性也提出了更高的要求。

今天，让我们来学习一下东莞新能源科技有限公司与宁德新能源科技有限公司共同申请的获奖专利：ZL201210354020.X"一种高电压锂离子电池复合正极材料及锂离子电池"。其提供了一种表面设置有包覆层的正极材料，使得正极材料能够在较高的充电截止电压下使用，即相对于锂的充电截止电压为4.3~4.6V，既提高了锂离子电池的体积能量密度，又能使得包覆后的正极材料在高电压下循环寿命优异、高温存储好。是目前商业化研究中锂离子电池用性能较优的具有层状结构的改良高电压三元材料。

让我们先来了解一下本申请产品具有何种与众不同的结构和特点。首先，该复合正极材料具有核壳结构。核层材料为三元 $Li_{1+n}A_wNi_{0.5+x}Co_{0.2+y}Mn_{0.3+z}O_2$，壳层材料为 $Li_{1+a}Co_{1-b}M_bO_2$，壳层材料占该复合正极材料的质量百分数为0.1%~20%。

为什么选择了核层材料为层状结构的 $Li_{1+n}A_wNi_{0.5+x}Co_{0.2+y}Mn_{0.3+z}O_2$，首先，本申请核层主要以 $Li_{1+n}A_wNi_{0.5+x}Co_{0.2+y}Mn_{0.3+z}O_2$ 为主体，研究其Li的用量、掺杂金属元素和用量的选择；其中$-0.05<n<0.1$，$0 \leq w \leq 0.1$，$-0.05 \leq x<0.05$，$-0.05 \leq y<0.05$，$-0.05 \leq z<0.05$，且$w+x+y+z=1$，其中作为掺杂改性的组分金属A的选择Al、Mg、Ti、Zr中的至少一种。

其次，本研究采用的核壳结构其实是目前比较新的包覆改性方式之一，包覆层即相当于所述的壳层，壳层材料的作用是使得正极材料能够在较高的充电截止电压下使用。最重要的是包覆后正极材料的容量不能损失太重。本申请的包覆改性的正极材料在循环充电的过程中容量还增加不少，且能满足工作电压范围稍大的用电设备。作为壳层材料的 $Li_{1+x}Co_{1-y}A_yO_2$ 具有优良的锂离子传导性能，在高电压下发挥有效的克容量，并能提高放电电压平台，从而在一定程度上提高电池的能量密度。本申请研究了包覆壳层主要采用层状结构的 $Li_{1+a}Co_{1-b}M_bO_2$ 材料中掺杂元素M的选择，还研究了包覆层的用量，所述的壳层材料为 $Li_{1+a}Co_{1-b}M_bO_2$，其中$-0.05 \leq a<0.1$，$0<b<0.1$，M为Al、Zr、Sr、B、Mo、La的至少一种元素；壳层材料占所述复合正极材料的质量百分数为0.1%~20%。优先选择的质量百分数为0.1%~10%；超过20%可能会影响正极材料的压实密度，从而影响电池的能量密度。XRD研究发现：从3.0V到4.5V，$LiNi_{0.5}Co_{0.2}Mn_{0.3}O_2$ 的晶胞体积逐渐收缩，高电压循环时，晶胞体积变化加剧，而形成核壳结构 $LiNi_{0.5}Co_{0.2}Mn_{0.3}O_2/Li_{1+x}Co_{1-y}A_yO_2$ 的复合正极材料能够有效抑制 $LiNi_{0.5}Co_{0.2}Mn_{0.3}O_2$ 中Mn的溶出，抑制了晶胞体积的变化，并能减少正极与电解液之间副反应，改善高电压下正极材料的循环寿命；高温存储时，能有效地抑制正极对电解液的氧

化，减少电池产气，改善高温存储。

相对于现有技术，本发明由于包覆层在高电压下能发挥有效的克容量和放电电压平台，提高了电池的能量密度，且包覆层增强基体材料的结构稳定性，有效抑制循环过程中材料中 Mn 溶出；降低正极材料氧化电解液。

最后，该产品制备工艺上如何改进，如何均匀地包覆于核层结构上？本领域常见的制备方法有高温固相法、溶胶凝胶法、共沉淀法、水热法、喷雾干燥法等。该公司如何在传统制备方法上进行创新改进的呢？先看一下其制备方法，包括以下步骤：第一步，将可溶性锂盐、钴盐、络合剂、无机盐溶解于溶剂中，形成混合溶液；第二步，调节第一步中混合溶液至 pH 为 6~9，形成溶胶状的壳层材料溶液，再将核层材料，加入上述溶胶状溶液中，搅拌混合，使壳层材料均匀包覆在核层材料的表面；第三步，将第二步得到的被壳层材料包覆的核层材料烘干、焙烧，形成核壳结构的锂离子电池复合正极材料。

该制备方法充分结合了液相法和固相法的优点，使锂离子电池正极材料的表面被 $LiCoO_2$ 均匀包覆，形成核壳结构的高电压锂离子电池复合正极材料；此外，该制备方法工艺简单，易于产业化生产。

掺杂改性本领域有很多方式，如阴离子掺杂、阳离子掺杂、富锂改性、共混掺杂、表面包覆。以往的效果是改善其表面结构稳定性、高电压循环稳定性、降低了正极材料对电解液的氧化，但同时也存在包覆的金属氧化物为非电化学活性材料、传导锂离子性很差、牺牲比容量和放电电压平台等负面效果，一定程度上降低了正极材料的能量密度。本专利能获奖，究其原因还在于其从方法上着手改进了包覆层材料的活性以及内部材料的性能发挥，采用核壳结构也保证了材料的最终优异循环性能、高电压下有高的放电容量、高温存储性能。

本发明锂离子电池由于使用了本发明涉及的正极材料，在 3.0~4.35V 内循环 400 次的容量保持率由 61% 提高至 85%~89%，4.35V 高温存储胀气率由 60% 降低至 9%~16%。而且由于充电截止电压的提高，使得该电池具有较高的体积能量密度，能够满足人们对锂电池薄型化的需求。

第一申请人东莞新能源科技有限公司（ATL）是一家怎样研究规模的公司呢？其高能电池在国内的专利申请量一共有 932 件，其中有关正极材料方面的涉及 57 件。让我们来看一下 ATL 公司现在商业化产品的锂离子电池（见图 1~图 3）。

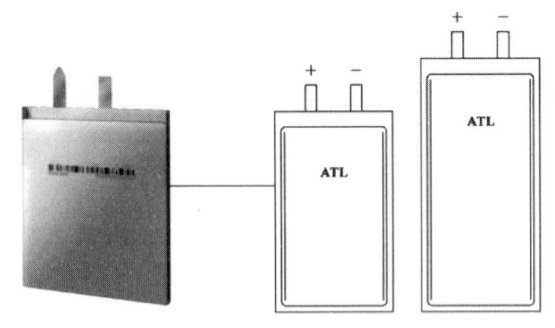

图 1　ATL 公司的高能量密度锂离子电池芯示意①

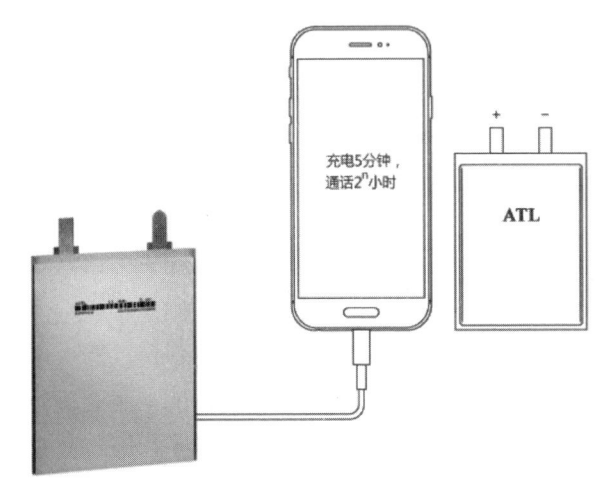

图 2　ATL 公司的充电快、待机长的锂离子电池芯示意

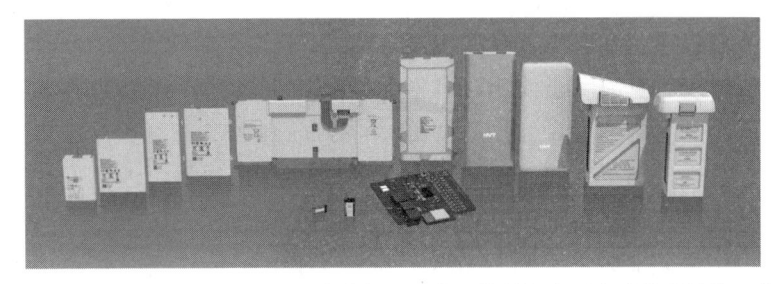

图 3　采用 battery pack、循环寿命长、安全可靠的锂离子电池芯的结构示意

除了本发明外，ATL 公司还构建了以本发明为核心的专利群，其中与本申请预获奖专利紧密相关的 28 件。由表 1 可知，与本申请密切相关的专利群中有 17 件已获得授权，涉及高电压材料方面的研究有 3 件，且均已授权。

---

① 图 1~图 3 来自 www.atlbattery.com。

表1 ATL公司申请的与本申请密切相关的专利

序号	类型	专利号/公开号	名称
1	发明	ZL201310069290	硼硅酸盐包覆改性的钴酸锂及其制备方法
2	发明	ZL201210250864	正极材料及其制备方法及包含该正极材料的锂离子电池
3	发明	ZL201210405907	一种适合高电压充放电的包覆结构及其制作方法
4	发明	CN103094523A	一种锂离子电池正极材料及其制备方法
5	发明	ZL201010233469	锂离子二次电池及其正极材料
6	发明	ZL201010594792	一种锂离子电池正极材料的制备方法
7	发明	CN101901906A	锂离子二次电池及其正极材料
8	发明	ZL201110281216	一种锂离子电池及其正极材料
9	发明	ZL201210497681	正极材料及其制备方法及包含该正极材料的锂离子电池
10	发明	ZL201010162890	表面包覆氧化物的锂离子电池正极材料的制备方法
11	发明	CN102779998A	正极材料包括橄榄石型 $LiFeMPO_4$ 和层状锰酸锂的锂离子单体电池
12	发明	CN 103500825A	多元层状锂离子电池正极材料及其制备方法
13	发明	CN102195040A	负极包括低石墨化碳材料和高石墨化碳材料的锂离子电池
14	发明	ZL201210505675	将 LiCoMaO、LiNiCoMbO 和金属氧化物混合后烧结制得的混合正极材料
15	发明	ZL201310008862	高电压锂离子电池正极材料及包含该材料的锂离子电池
16	发明	CN102339981A	一种锂离子电池及其正极材料
17	发明	CN108123106A	富锂正极材料及其制备方法以及二次锂电池
18	发明	ZL201010535267	锂离子二次电池及其正极极片
19	发明	CN 101533910A	一种锂离子电池负极材料及制备方法
20	发明	ZL200810219715	锂离子电池及其隔离膜
21	发明	ZL201010119172	锂离子电池表面包覆正极材料及其制备方法
22	发明	ZL201310418594	锂离子电池、正极材料及其制备方法
23	发明	ZL201410020617	改性的锂镍钴锰三元正极材料及其制备方法
24	发明	CN101950803A	表面包覆金属氧化物的锂离子电池正极材料的制备方法
25	发明	ZL201310178662	锂离子电池用多晶相正极材料及其制备方法
26	发明	ZL201310092064	一种镍基阴极锂离子电池用电解液及锂离子电池

续表

序号	类型	专利号/公开号	名称
27	发明	ZL201310092071	一种高容量锂离子电池阳极材料及其制备方法
28	发明	ZL200910193055	锂离子电池正极材料回收方法

目前，本领域涉及锂离子电池用且具有核壳结构的复合正极材料的制备方法有174件，最早的一件专利申请为ZL2007100500290，是一种核壳型纳米级碳包覆磷酸铁锂复合正极材料以及这种材料的制备方法，碳包覆主要的作用是控制煅烧过程中核材料的粒径以及二价铁离子的氧化，从而改善了其电化学性能。后来选择钴酸锂作为壳材料，其作用是避免核层材料直接与电解质发生接触、且保护壳层金属价态在煅烧过程中遇氧氧化。

近年来核壳结构的研究也集中在改善核层活性材料的导电性、倍率放电性能等方面。ATL公司最早申请的ZL201110375723涉及了一种核壳结构的锂离子电池正极材料。核层材料为钴酸锂、三元材料、富锂锰基材料的至少一种，壳层材料为尖晶石镍锰酸锂，壳层材料占被壳层材料包覆的核层材料的质量百分数为0.1%～10%。其克容量并没有降低，且使用本发明制备方法制得的核壳结构正极材料的锂离子电池在高电压下（终止电压为4.3～4.7V）的循环性能和存储性能都有显著提高。正极材料的表面形成核壳材料镍锰酸锂后，其在高温下的存储性能得到了显著改善。这是因为表面的核层材料镍锰酸锂有效抑制了阴极对电解液的氧化分解，抑制高温产气，改善了高电压下的高温存储性能。

本申请的第二申请人宁德新能源科技有限公司，是新能源（香港）科技有限公司在内地投资的第三家全资子公司。其国内专利申请量为1219件，其中有关正极材料方面的涉及63件；其中两个公司的共同申请的国内专利申请有389件，其中有关正极材料方面的涉及25件共同申请。生产规模、科研实力也是不容小觑。两家大公司共同研发的专利申请与本申请密切相关的技术24件（见表2）。共同研发的专利中主要研究集中在高能量密度、高电压、高功率、高容量的正极材料以及相应的锂离子电池结构。

表2 宁德新能源科技有限公司与本申请密切相关的专利群

序号	类型	专利号/公开号	名称
1	发明	CN102263286A	一种高能量密度锂离子电池
2	发明	ZL201110375723	一种锂离子电池及其正极材料
3	发明	CN102683671A	层状锂镍系复合氧化物正极材料
4	发明	ZL201110269159	一种锂离子电池及其正极活性材料

续表

序号	类型	专利号/公开号	名称
5	发明	ZL201220156974	一种卷绕式结构的方形锂离子电池
6	发明	ZL201210354020	一种高电压锂离子电池复合正极材料及锂离子电池
7	发明	CN102376939A	锂离子二次电池及其正极材料
8	发明	CN101840787A	锂离子电容器正极片的制作方法以及使用该正极片的锂离子电容器
9	发明	ZL201310419912	锂离子电池正极材料及其制备方法
10	发明	ZL201120234821	一种锂离子二次电池及其正极极片
11	发明	CN102623694A	一种高电压锂离子电池及其正极材料
12	发明	CN102332558A	锂离子电池及其正极极片
13	发明	ZL201110055398	一种高功率锂离子电池
14	发明	ZL201210044023	一种锂离子电池及其正极活性材料
15	发明	ZL201220141030	一种锂离子电池结构
16	发明	ZL201110076179	锂离子电池及其阴极极片
17	发明	CN105742713A	全固态聚合物锂电池
18	发明	CN102610810A	锂离子电池及其正极极片和正极材料
19	发明	ZL201410738331	一种锂离子电池正极材料的制备方法及应用
20	发明	ZL201110067952	一种锂离子电池正极材料回收方法
21	发明	CN102610861A	锂离子电池的制备方法
22	发明	ZL201610580100	一种锂离子电池及其制备方法
23	发明	ZL201110204121	一种锂离子电池及提高其容量的方法
24	发明	CN102610822A	锂离子二次电池及其阴极材料

可见子公司之间的联合申请也是强强联合、资源共享、互助共赢。

随着高科技智能产品及电动交通工具等对电池性能要求的提升，提高电池材料的压实密度、能量密度及工作电压是提升电池能量密度容量的发展方向。这其中对电极材料结构的稳定性、电极材料与电解液的匹配性及电解液的物理化学性能提出了更高的要求，高电压、高功率、高容量、全固态、高安全、高稳定性，这就是下一代高能锂离子电池发展的趋势。

人类出行快捷便利、交流与沟通智能化，这是未来世界发展的必然。锂离子电池的研发不再局限于电子市场，美日韩的汽车业巨头把研发不约而同地转向了电池材料。从电子产品用转化到动力汽车车载用，这就像是跨越了巨大山川河流。电池的应用分流也好，应用转向也好，均期盼高容量、高寿命的高能锂离子电池。

展望一下未来的高能电池，据说目前已研究出能处理生活中产生的废气、废弃物的电化学电池。在 2016 年 7 月发表于《科学进展》（Science Advances）上的一篇论文中，美国康奈尔大学的研究人员瓦迪·阿尔·萨达特（Wajdi Al Sadat）和林登·阿彻（Lynden Archer）描述了一种能够捕捉二氧化碳的电化学电池的设计方案。希望未来我国的企业申请人也能够研究出更加节能、高效、环保的锂离子电池。

本文作者：
国家知识产权局专利局
专利审查协作北京中心材料部
谢燕婷

39 新型粘结稀土永磁粉的专利突围*

小赢说：

早在中国专利局成立之初、专利法实施之前，一场长达三十年没有硝烟的战争就已经拉开帷幕。三十年的血与泪，我们也慢慢成就了自己。小赢今天带来满满元气的故事——粘结用稀土永磁粉的自主化之路。

稀土永磁简介

你对稀土的认识是不是还停留在元素周期表上？它可是价格堪比黄金的金属！你可别小看了它，没有了它，电脑罢工、汽车趴窝、家电故障，工作、出行、生活样样中招。

1821年，法拉利发明了电动机，开创了电气时代新篇章，从此磁体被赋予了生命。一个世纪后，日本住友特殊金属株式会社、美国通用公司分别于1983年发明了磁王——钕铁硼，此后，其在硬盘、汽车、家电、医疗器械、风力发电等领域的需求喷涌。以轿车为例，其微特电机大都依赖稀土永磁体，应用可多达六七十处。比如，4s店的工作人员会跟你介绍，这款车使用的是永磁同步电机、动力性能非常好。这完全得益于稀土永磁优异的磁性能。

幸好，我们在稀土这一稀缺资源上有天然的优势。正因如此，改革开放的总设计师小平同志曾自豪地说过，"中东有石油，我们有稀土"。但科技上的落后却让我们尝到了切肤之痛。

稀土永磁专利分布及我国面临的处境

永磁行业是专利密集型行业，自1983年起，住友特殊金属株式会社（之后

---

* 本文涉及第五届北京市发明专利二等奖项目，专利号为"ZL201180003225.7"，专利名称为"稀土永磁粉、粘结磁体及包括其的器件"，专利权人为"有研稀土新材料股份有限公司（以下简称'有研稀土'）"。

专利转移给日立金属）和通用汽车公司分别获得了烧结钕铁硼和粘结钕铁硼磁体的基础成分专利权，该专利已于2003年到期。但日美通过不断地研发外围技术，在全球先后申请了600余件专利，形成严密的专利网，并通过专利诉讼、"337调查"等手段，确保自己的市场竞争优势。

我国作为稀土储量及生产大国，紧跟着市场发展，涌现出两百多家的钕铁硼磁体生产厂家，在美日专利的围追堵截下，只能在夹缝里求生存。特别是烧结钕铁硼，最初只有5家中国公司拿到了专利许可。即便如此，除巨额的专利授权费用外，每年的利润还要被抽成。而在粘结钕铁硼材料领域，美国公司一直挥舞专利大棒，保持其独家供应与垄断地位。被专利权"封杀"的国内数家企业面临着灭顶之灾。2013年8月，7家企业成立了稀土永磁产业联盟，效仿华为诉高通专利封锁，并聘请当年的律师团队，赴美起诉日立金属对专利权的不合理独霸，无效了部分核心专利，专利突围之役才阶段性地扭转局面。

新型粘结稀土永磁材料的专利突围

自主知识产权的缺乏，不仅阻碍了稀土磁性材料产业的发展，也更多地影响了下游高附加产业的发展，技术研发的落后使得稀土磁体产业的升级换代倍感艰难。

打铁还需自身硬，迎难而上的稀土人挺身而出。2012年起，时任有研稀土总经理的李红卫带领其磁粉研发团队，开始了新型粘结稀土永磁粉（见图1）的开发。要同时实现价格和性能上的优势谈何容易！产业化并非一朝一夕的事情，成功之路无坦途。

图1 新型粘结稀土永磁粉[①]

---

① 图片来源：有研稀土新材料股份有限公司官方网站 www.grerem.com。

小赢解说下磁粉的制备工艺（见图2）。合金熔化后滴落在旋转的金属轮上，金属轮内部设置有循环水冷，随着合金液被轮子甩出，实现了快速冷却凝固，形成均匀的薄带状非晶，热处理后形成纳米晶材料，作为制备磁体的基础。

工艺看起来非常简单，小赢只能说，隔行如隔山。想想你通常看到下雨天行车时车轮带起雨水飞溅的景象，合金液这样到处飞溅的话，产业必然要泡汤了。要想形成性能均匀的磁粉材料，从旋转的轮子甩出的数百万米的合金薄带需要始终如一，宽了、窄了、厚了、薄了都会影响材料的磁性能，数百万元的成本就这样浪费掉了。

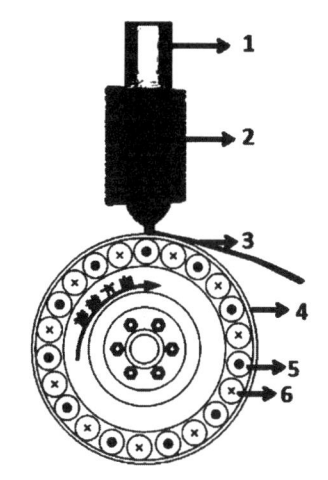

图2　磁粉的制备工艺①

研发成本高、设备难度大，这也是中小企业难当大任的原因。制备温度在1500℃以上，真空环境下操作，大部分均为极限条件，为了将晶粒从几百微米降到几十纳米从而保证磁性能，金属轮要在40m/s以上的高速下持续运转以保证10^5K/s以上的冷却速度，这对设备稳定性和工艺提出了极高的要求。鉴于此，涌现出许多专利申请如JP3220231B2、US5716462A、JP2002057017A，关注点均在于通过成分调制来提高非晶纳米晶形成能力，进而提高磁性能、降低金属轮的转速。但材料的性能只是产业化开发的一方面，能否批量化连续生产才是更核心的困难。

快淬工艺环环相扣，为了连续甩出薄带，合金液需要从几毫米的口径持续流出，熔化不均匀、杂质等因素都会造成合金液堵塞。另外，若合金液粘结于金属轮上，合金液无法与金属轮直接接触，其快速冷却无法保证，也会影响合金薄带的微观结构乃至最终的磁性能。如此极端的环境下，要保证轮子和合金液间数小时内不粘结、保持金属轮光滑如镜并非易事，这成了产业化的瓶颈。

通过长期的摸索，有研稀土团队顺利攻克了这一难关。其研究发现，合金液在流动的过程中，上下产生分层，两层液定向运动的速度不同，从而产生内摩擦，使合金液流速减慢，就是所谓的黏滞。这样一来，连续的甩出带子质量就会大打折扣。鉴于上述发现，他们开发了一种稀土永磁粉，由稀土元素Sm、Fe、M、Si及N元素组成，M（Be、Cr、Al、Ti、Ga、Nb、Zr、Ta、Mo、V）元素是

---

① ZL201310744506.9说明书附图1。

关键。M 和 Si 协同作用，减小了合金液的黏度，提高其浸润性能，合金液畅通无阻，纳米晶结构也更易形成。这样一来，轮子的转速也可以降低下来，降低了对设备的整体要求，材料的性能、连续化生产都得到了保证，小改变撬动大格局，产业化迈出了一大步！

他们因此获得了授权专利 ZL201180003225.7，该技术也已经在中、美、日、韩均获得专利授权。

有研稀土在粘结永磁材料的产业化道路上深耕数年，在粘结磁粉相关方向申请了几十件国内外专利，涉及材料成分、制造设备、制备工艺等领域。表1列出其中部分核心专利。

表 1 粘结稀土永磁粉核心专利

ZL201180003225.7	稀土永磁粉、粘结磁体及包括其的器件
ZL201210311129.5	一种稀土永磁粉的制备方法
ZL201210228958.7	稀土永磁粉、粘结磁体，以及应用该粘结磁体的器件
ZL201380057909.4	稀土永磁粉、包括其的粘结磁体及应用该粘结磁体的器件
ZL201310310965.6	一种氮化物稀土永磁粉的制备方法
ZL201410432981.7	一种热疲劳激冷辊材及制备方法
ZL2014106770051.5	永磁材料及永磁材料的制备方法
ZL201510152939.4	稀土永磁粉、其晶化方法和制备方法及粘结磁体

在稀土永磁产业的自主化道路上，有研稀土留下了浓墨重彩的一笔，追随我们民族产业前进的步伐，小赢的自豪感满满的。为有研稀土喝彩！祝愿中国稀土永磁行业扬帆起航，走向世界！

本文作者：
国家知识产权局专利局
专利审查协作北京中心电学部
靳金玲

40　特厚钢板支撑起绿水青山*

小赢说：

"绿水青山就是金山银山"。党中央提出了对环境保护的要求，发展清洁能源是其中一项重要措施。众所周知，水电是一种可再生、无污染、运行成本低的清洁能源，使用水电站进行供电，可达到保护资源环境、减少大气污染的效果。但是，之前我国生产的特厚高强钢板难以满足水电站生产的技术要求，成为限制大型水电站升级换代、安全运行的行业性难题。

特厚钢板跟水电站有什么关系呢？

水库的水在需要发电时，经过压力管道流入水轮机中。压力管道是从水库、压力前池或调压室在有压状态下向水轮机输送水量的水管。水库中的水体具有巨大的势能，当水体经由压力管道流动时，就会对压力钢管造成巨大的冲击力。压力管道集中了水电站大部分或全部的水头，且坡度较陡，内水压力大，还承受动水压力的冲击，且靠近厂房，一旦破裂，会严重威胁水电站的安全运行。因此，压力管道被称为水电站

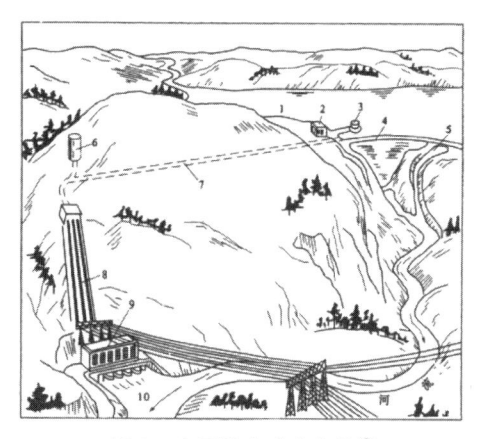

图 1　有压引水式水电站①

的"主动脉"。其具有特殊的重要性，其材料、设计方法和工艺等都有特殊要求。压力管道通常由特厚钢板焊接而成，即为压力钢管。图 1 标记 8 标示的就是压力钢管。

为了缓解经济发展造成的用电紧张，高水头大型水电站急需升级换代，水电

---

* 本文涉及第五届北京市发明专利三等奖项目，专利号为"ZL201210576537.3"，专利名称为"一种连铸坯生产水电站用特厚钢板的制造方法"，专利权人为"首钢集团有限公司"。

① 孙明权. 水利水电工程建筑物 [M] 2 版. 北京：中国广播电视大学出版社，2014：265.

行业对压力钢管的需求逐渐增加，不仅要求强度保持在600MPa、800MPa，对厚度要求也从120mm提高到了150mm。从120mm到150mm，看起来并不是很大的变化啊。难度何在呢？

先来看看特厚钢板的生产工艺。首先，向连铸机中兑入钢水，生产较厚的钢坯（见图2）。

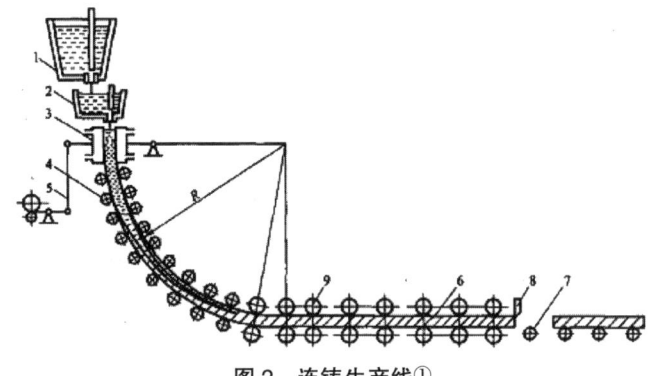

图2　连铸生产线①

然后，再将板坯轧制到需要的厚度。在连铸轧制钢板的过程中，有一个重要的参数叫压缩比（一般表示连铸钢坯的平均变形量），一般计算方式为：压缩比=轧制前钢板截面积/轧制后钢板截面积（见图3）。

用日常生活中常见的现象举个不太恰当的例子。在做面点时，擀面杖把面团压下了一大半。这时，面团的压缩比大于2.0。同样地，在钢板宽度不变的前提下，轧制后的钢板厚度不到轧制前的一半，那么轧制的压缩比就大于2.0。

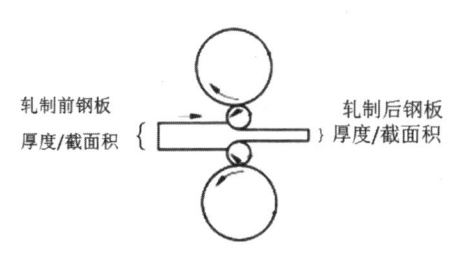

图3　轧制及压缩比示意

在制造特厚钢板的过程中，如果压缩比不够，那么轧制时的形变就只能发生在钢坯的外层，导致制造出的特厚钢板心部变形量很小，心部疏松、韧性不够，且晶粒不均匀，焊接后承压能力不强。

为了保证特厚钢板的强度和焊接加工性能，600~800MPa高强度钢板的最小压缩比为4.0。也就是说，按照这样的压缩比，我国连铸机目前能生产的最大板坯厚度为400mm，最大只能生产100mm厚的钢板，无法满足水电站对钢板厚度120~150mm的要求。

---

① 王海明. 金属凝固理论及应用技术［M］. 北京：冶金工业出版社，2001.

有人会问：日本 JFE 公司不就能做到压缩比只有 1.29 最大厚度能达到 240mm 的特厚钢板吗？但可能您不知道，日本 JEF 公司采用的方法是在连铸和轧制之间加入了一道高温锻造工序。加入了这道锻造工序，不仅生产成本提高了，同时效率显著降低了。

而且，由于水电压力钢管施工时常在野外，施工环境恶劣，即便是进口欧洲、日本的钢板，其焊接工艺要求对特厚板进行高温预热。我国水电站施工要求在野外进行焊接、且使用环境复杂，因此，进口钢板也无法完全满足我国水电施工要求。

此次首钢的获奖专利就正是解决了这一技术难题。技术重点在于在加工工艺中增加了一个步骤：亚温淬火。之所以叫做亚温淬火，是因为此时的淬火温度仅为 760~810°C，低于一般淬火时的 890~920°C。

为什么采用这样的温度呢？如果此时温度过高，那么钢板加热过程中的奥氏体比例增加、铁素体比例下降，使逆转奥氏体比例过高，造成逆转奥氏体之间缺少铁素体阻隔。逆转奥氏体之间相互合并，回火后大角度晶界将会急剧减少，导致钢板低温冲击韧性显著降低。但若此时温度过低，又会造成铁素体比例增加，导致热处理后的钢板组织中铁素体软相比例过高，钢板强度显著下降。正可谓：增之一分则太长，减之一分则太短。

再配合连铸时的动态轻压技术——以在液相区、两相区和固相区对不同的压下位置自动计算出改变后的凝固终点，重新计算压下位置，针对性地对指定区段确定具体的压下量进行轻压，在较短时间内使钢坯各段压下更均匀——终于制造出了压缩比仅为 2.67 的高强度钢板。

也就是说，利用目前国产的板坯厚度为 400mm 厚钢坯，能够制造出 150mm 的特厚钢板了！成功实现了特厚钢板的国产化。不仅如此，技术人员对钢板的材料也进行了改进：在钢板中添加了 1.0%~2.0% 的镍。镍能够提高钢板的淬透性，尤其能够改善钢板心部的淬透性，保证钢板组织均匀（见图 4）。能够在不降低韧性的同时提高钢板强度，还能提高焊缝的性能。

在适当提高焊缝金属中稳定奥氏体含量的同时，降低了碳氧含量，从而避

图 4 ZL201210576537.3 说明书附图

免大热输入下不利于韧性的先共析铁素体和长条状 MA 组元的产生，增强了焊缝的韧性。配合对焊条药皮的进一步优化，保证了熔敷金属扩散氢的含量超低，免

除了去氢焊后热处理，还避免了高强钢容易出现的延迟裂纹等问题。

　　有人也许会说，不就是调一调温度嘛，这有什么大不了的。不就是控制程序上动一动数值就行了？

　　在特厚钢板生产上，从钢水注入生产线，到连铸、轧制、热处理，一道道的工序，一共有成百上千的数值，谁知道调哪个数值、调到多少能有效呢？

　　奇迹常常躲在一层薄薄的纸后面，它往往是被一个手指戳破的。可是，用手指戳破一层纸也许很容易，但为了找到这层纸，一代代的技术人员付出了无数的心血。正是这样对工艺的精雕细琢，才能对工艺进行不断的改进和完善，最后打造出行业最优质的卓越产品，解决行业难题、填补行业技术空白。

　　这，正是追求卓越的创造精神；

　　这，正是精益求精的品质精神；

　　这，正是人们赞赏的工匠精神。

　　就是这样的工匠精神，支撑起了高水头大型水电站的升级换代，也支撑起我们头顶的这片蓝天。

本文作者：
国家知识产权局专利局
专利审查协作北京中心机械部
袁旭

41 盾构掘进的"保险锁"——盾尾密封油脂*

> **小赢说：**
> 盾构技术在开挖隧洞中的应用大大加快了铁路、公路的修建速度。然而，在地下几十米至数百米施工，如何预防突发的透水、泥沙等事故带来的潜在威胁？小赢带你看看获奖专利"环保型盾尾密封油脂"是如何在地下为盾构机以及操作人员保驾护航的。

盾构技术是目前国际上较为广泛采用的地下隧洞全机械化开挖施工技术，盾构技术运用的关键是使用了盾构机。盾构的施工法是掘进机在掘进的同时构建（铺设）隧道之"盾"（指支撑性管片），它区别于敞开式施工法。国际上，广义盾构机也可以用于岩石地层，只是区别于敞开式（非盾构法）的隧道掘进机。而在我国，习惯上将用于软土地层的隧道掘进机称为（狭义）盾构机。盾构机的基本组成包括刀盘、切口环、盾尾、管片密封等（见图1）。

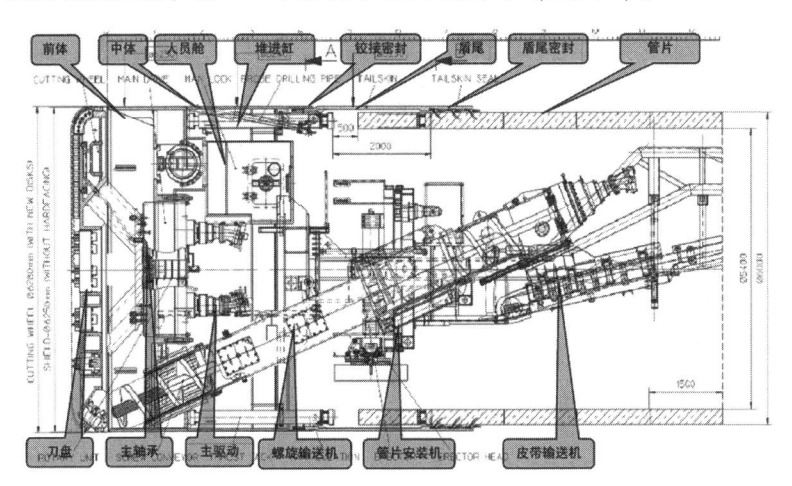

图1 盾构机的基本组成构件①

---

* 本文涉及第五届北京市发明专利三等奖项目，专利号为"ZL201210472649.4"，专利名称为"环保型盾尾密封油脂及其制备方法与应用"，专利权人为"中铁第五勘察设计院集团有限公司、北京铁五院工程机械有限公司"。

① 图片来源：http://www.51wendang.com/doc/5f94131e26a3716150ecd087/45。

用盾构法的机械进行隧洞施工具有自动化程度高、施工速度快、不受气候影响、开挖时可控制地面沉降、减少对地面建筑物的影响和在水下开挖时不影响地面交通等特点，在隧洞洞线较长、埋深较大的情况下，用盾构机施工更为经济合理（见图2）。

图2　盾构机在地下工作模拟图[①]

盾构机在掘进过程中，管片是静止不动的，盾体是连续移动的，因此盾尾和已装管片之间存在相对滑动。盾尾和管片之间存在的间隙直接将盾构机人员操作仓与地下外部环境连通，该间隙也是外部地下水和泥浆涌入盾首的通道。为了防止外部污水和泥沙等进入盾构内，保证盾首以及操作人员的安全，必须使用密封油脂对盾尾和管片之间进行密封处理（见图3）。盾尾密封一方面靠装在盾尾内壁的钢丝刷密封，另一方面则是靠充满整个油脂腔的密封油脂建立起压力进行密封，二者相辅相成、一起保驾护航。

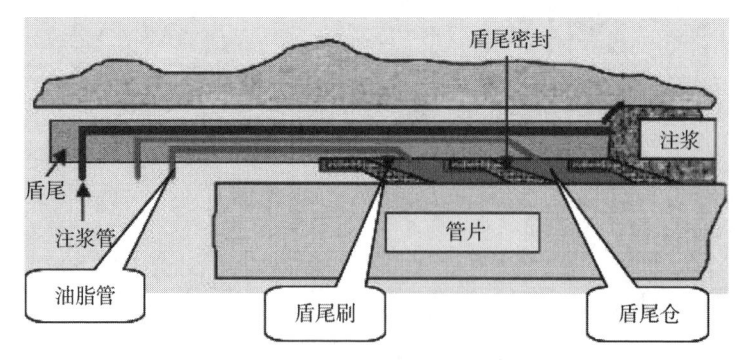

图3　密封油脂应用位置[②]

[①]　图片来源：http://att.ccppg.cn/p/482062b0a53df8902e9931b72e5ae071.jpg。

[②]　图片来源：https://image.baidu.com/search/detail?ct=503316480&z=0&ipn=d&word=%E7%9B%BE%E6%9E%84%E6%9C%BA%20%20%E5%AF%86%E5%B0%81%E6%B2%B9%E8%84%82。

盾构机问世至今已有近 200 年的历史，其始于英国，发展于日本、德国。因此，欧洲和日本生产的盾尾密封脂基本上反映了盾尾密封脂的国际先进水平。在本专利产品的申请日（2012 年 11 月 20 日）之前，小赢对比了盾构密封油脂在欧洲专利局和日本特许厅、国家知识产权局的申请情况（见图 4）

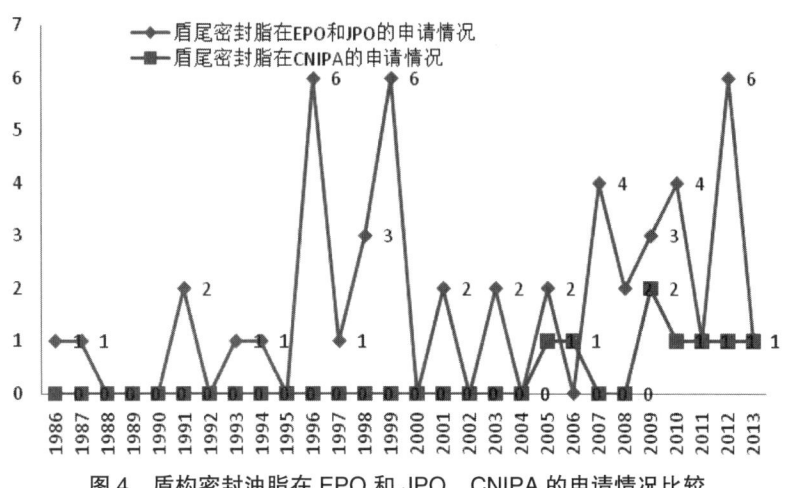

图 4　盾构密封油脂在 EPO 和 JPO、CNIPA 的申请情况比较

从申请情况对比可知，我国在盾尾密封油脂领域专利申请起步较晚，申请量也相对较少。在本专利申请日之前，在我国仅有 8 件专利申请。起步晚、研发力量偏少导致国产品牌产品与国外品牌相比，在质量水平总体上还存在一定差距，一些施工条件苛刻、地质条件复杂、高水压区域的施工场合，尤其是施工风险高、盾尾密封失效风险大的场合，比如过江隧道所需盾构直径大、地层渗透系数高，多选用国外品牌盾尾密封脂产品。

让小赢欣慰的是，2012 年后我国在该领域的申请量基本呈递增趋势（见图 5）。

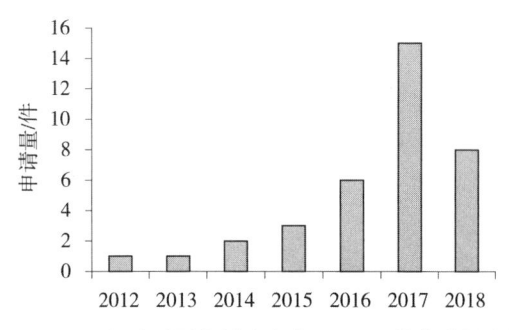

图 5　2012 年后盾尾密封油脂在 CNIPA 的申请量趋势

盾尾用密封油脂相比用于电动机、轴承、水泵的油脂有何不同，其更注重什么性能？请小赢为你一一道来。

·泵送性。盾尾密封油脂通常采用机泵加入，在水压较高的情况下，盾构在推进过程中需不断地向盾尾钢丝刷中注入油脂，防止盾尾钢丝刷反转。由于油脂的不断充填，可以获得充足的止水效果。因此泵送性是盾构机密封脂的重要性能。为保证盾尾密封脂的可泵送性，通过向密封脂中加入合成高分子类物质，本专利产品则选用醇类合成高分子进一步改善了产品的泵送性，泵送性是同类其他产品的2.4倍。

·抗水压密封性。抗水密封性是盾尾密封脂的关键性能。佛山市轨道交通2号线在施工过程中曾出现因隧道透水坍塌造成11人死亡、1人失踪、8人受伤的事故。这是由于盾尾密封脂密封份性能下降、进而导致了盾尾密封被外部水土压力击穿。所以抗水密封性是盾尾密封脂必备的性能。本专利产品通过选择特定的基础油、黏度指数改进剂、润滑剂、天然可降解纤维、填充颗粒材料、合成高分子使得抗水压密封性比国外同类产品提高了1.5倍左右，大大保证了安全性能。

·环保、经济性。我国越来越关注润滑剂带来的环境污染问题，已规定了地面水中石油类成分含量的限制标准。盾尾密封脂在城市地铁建设中广泛应用，对城市地下水的影响将会加大。进口产品虽然不会污染环境，但却存在着成本较高的问题，如日本松村石油公司的产品价格已经超过了30元/kg，而且其用量也很大。本专利产品对环境友好、造价低，综合性能与进口产品相当，价格仅为其40%。

目前，国际标准化组织（ISO）及其他相关国际组织或协会均未发布有关盾尾密封脂产品或分类的权威性标准，我国也未制定盾尾密封脂的统一标准。劣质产品会给盾构施工带来极大风险。例如，由于本领域没有比较合适的定量表征设备，对盾尾密封油脂"泵送性"的表征比较混乱。ZL201010178489.5以g/min为单位进行定量表征、ZL200910198379.0中以"中号黄油枪可打出"进行定性表征、ZL200910227988.4则未给出任何油脂泵送性的表征方法和结果。

本专利的专利权人围绕本专利产品，研制了泵送性、抗水压密封性和抗水冲性三个主要性能的测试设备并已获得授权：ZL201520790100.9涉及一种专用毛细管流变仪（见图6）、ZL201621127737.0涉及一种盾尾密封油脂专用水压密封测试仪（见图7）、ZL201520790117.4涉及一种水冲测试仪（见图8），提出了相应的测试方法与评价标准，建立了企业标

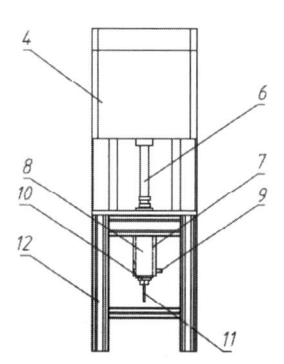

图6 ZL201520790100.9说明书附图

准，为行业标准建立打下了坚实基础。

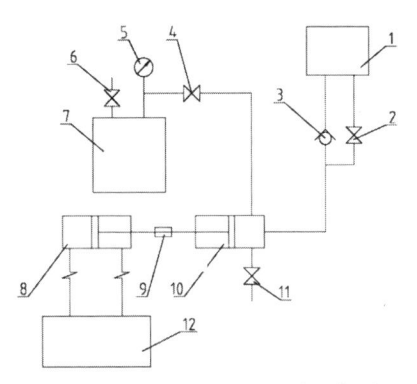

图7 ZL201621127737.0说明书附图

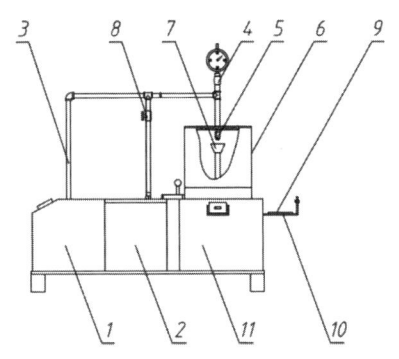

图8 ZL201520790117.4说明书附图

盾尾密封油脂产品供应长期被国外公司垄断（如法国CONDAT公司、道达尔，日本三菱商事，美国壳牌、美孚，德国巴斯夫等）。本专利产品在高水压盾构施工的成功应用，打破了进口产品在国内高水压盾构施工中的垄断地位，填补了我国高端盾尾密封油脂配方、生产工艺、性能测试设备等技术的空白，产品综合性能达到国际先进水平。

制造业是国民经济的主体，是立国之本、兴国之器、强国之基，没有强大的制造业，就没有国家和民族的强盛。小赢相信，在不远的将来，国人会制造出更高质量水平的盾尾密封油脂，也会有相应的国家或行业标准，以及与之相配套的试验方法。让我们拭目以待吧！

本文作者：
国家知识产权局专利局
专利审查协作北京中心材料部
刘文军

第七章 | chapter 07

节能环保

42 勿以善小而不为[*]
——今天你的废旧锂离子电池去哪儿了

小赢说：

走进互联网智能科技时代，电动自行车、电动汽车、电动公交车等都是人们高效出行必备的交通工具。工作、生活的方方面面都离不开锂离子电池的使用。然而，锂离子电池的废弃、回收以及环境污染的问题也随之而来。作为第二十届中国专利奖巡礼系列之一，小赢瞄准了锂离子电池中有价金属的回收这个主题，和您解读一下本专利为何获奖。

锂离子电池回收刻不容缓

随着人民生活水平的发展，锂离子电池应用范围变广，废旧电池的数量、规模也产生了较大的变化。据预测，到2020年我国电动汽车动力电池累计报废量将达到12~17吨，其市场规模至2022年将超过300亿元。目前废弃电池回收系统如图1所示。

锂离子电池通常由正极、负极、隔膜以及包装壳组成。目前锂离子电池正极材料大规模产业化的有钴酸锂（LCO）、锰酸锂（LMO）、磷酸亚铁锂（LFP），以及镍钴锰三元材料（NCM）和镍钴铝三元材料（NCA）。由上可知，正极材料中可回收的有价值物质为有价金属镍、钴、锰以及锂盐等。

废旧电池回收处理目前需要面对不同品牌、不同类型的电池。其中，电池的内部结构设计、串并联成组形式、使用期限、应用车型和常用工作状况不同，拆解方案也不同，也需要分门别类应对，流程繁杂。总之，废旧电池回收目前还处于散、乱、差、小的局面。

2014年我国新能源车进入快速增长期。目前，第一批规模化的动力电池已

---

[*] 本文涉及第二十届中国专利优秀奖项目，专利号"ZL201210004806.9"，专利名称为"一种从废旧锂离子电池中回收有价金属的方法"，专利权人为"湖南邦普循环科技有限公司"。

经接近报废年限,而今年被行业认为是国内动力电池回收的爆发元年。因此,对废旧锂离子电池回收处理,以及相关资源循环再利用的研究刻不容缓。

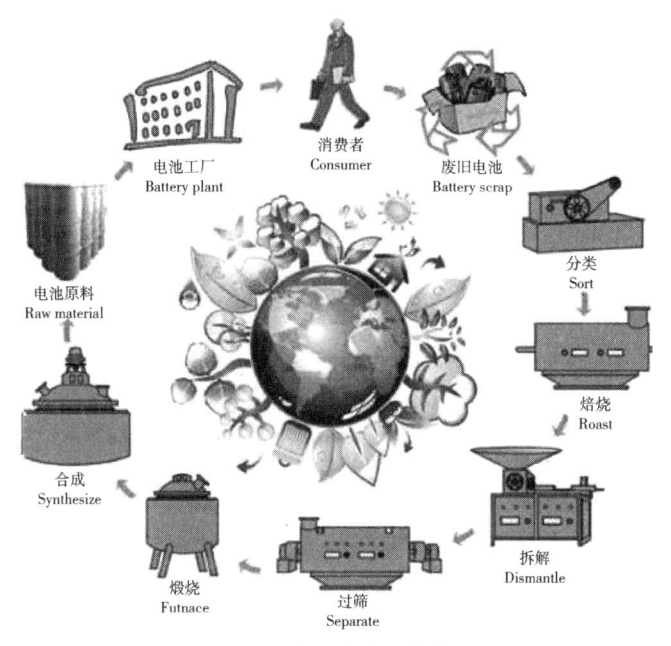

图1 废弃电池回收①

锂离子电池回收的方法

方法一:干法回收

干法回收是指不通过溶液等媒介,直接实现材料或有价金属的回收,主要使用的方法有物理分选法和高温热解法。物理分选法通常是将手工拆分废旧锂离子电池得到的正极活性物质进行热处理,用煤油和甲基异丁基甲醇(MIBC)泡沫浮选分离出正极材料;将正极材料酸溶净化后电解得金属钴。此方法会消耗大量的煤油和浮选药剂,加工成本高,且此类药剂会影响后续除杂净化工艺的进行,未能用于工业化生产。高温热解法目前存在能源消耗较大的问题,在此不做赘述。

方法二:湿法回收

湿法回收是将废弃电池破碎后溶解,然后利用合适的化学试剂,选择性分离

---

① 图片来源:不用担心电动汽车电池污染问题,旧电池回收处理有妙招.sh.qihoo.com。

浸出溶液中的金属元素，产出高品位的钴金属或碳酸锂等，直接进行回收，如常见的碱-酸浸法、有机溶剂萃取法、离子交换法湿法。湿法回收处理比较适合化学组成相对单一的废旧锂电池，其设备投资成本较低，适用于中小规模废旧锂电池的回收。因此，该方法目前使用也比较广泛。将废旧锂电池焚烧除去有机物，粉碎筛选出大部分铁和少部分铜，然后用液碱除铝后加酸和双氧水或亚硫酸钠做还原剂浸出有价金属，化学法初步除杂，萃取除杂分离镍钴，结晶得镍产品、钴产品。此方法缺点有三：①筛选的大部分铁和少部分铜中含2%以上的镍、钴、锰，导致镍钴锰的回收率低；②电池中的铝和未选出的大部分铜会耗用大量辅料，导致成本高；③浸出过程中要用双氧水或亚硫酸钠做还原剂，制造成本较高。

方法三：生物回收

Mishra 等利用无机酸和嗜酸氧化亚铁硫杆菌从废旧锂电池中浸出金属，并利用 S 和 Fe^{2+}，在浸出介质中生成 H_2SO_4、Fe^{3+} 等代谢产物。这些代谢物帮助溶解废电池中的金属。生物回收的成本低，回收效率高，污染和消耗少，对环境的影响也较小，并且微生物可以重复利用。但是高效微生物菌类培养难、处理周期长、浸出条件复杂等几大难题还有待于解决。

国际上锂离子电池回收实践

目前世界上高效可行的回收方法有三种：第一种是二手电池的梯次利用；第二种是原材料回收，即对已经报废的动力电池进行拆解和回收；第三种是用于实验测试，用于技术研发的优化。美国的特斯拉作为行业内标杆，回收电池时选择第二种，即原材料回收，对其他企业来说具有一定的参考意义。

日本已经在全球建立了梯次回收产业链，日产与住友合作成立了 4R Energy 公司，对电动车废锂电池再利用最为成功。

在欧洲，2005 年 8 月就要求所有电子产品制造商都必须建立废弃电子产品回收和再利用系统。韩国三星电子早在 2003 年 10 月就在中国建立了用于回收废弃电子产品的全国性体系，包括 130 个三星服务中心和 Anycall Plaza，通过自己的运输系统回收利用。同样，美国也建立了免费邮寄废旧电池的体系。也就是说，企业要想在各国销售自己的电子产品，迟早要建立自己的回收利用体系。

湖南邦普的回收实践

下面小赢介绍一下湖南邦普循环科技有限公司（以下简称湖南邦普）的回收

技术。

在这篇获奖专利"一种从废旧锂离子电池中回收有价金属的方法"中，湖南邦普采用了化学浸出法回收锂离子电池中的有价金属镍、钴、锰、铜、铁、铝（见图2）。

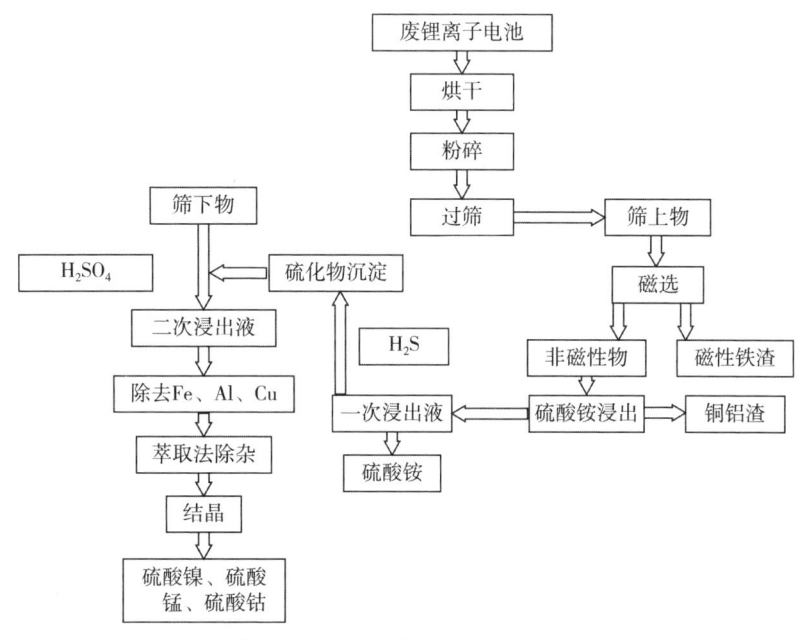

图2 获奖专利废旧锂离子电池回收的技术路线

烘干、粉碎、筛选，这些基本工艺略过。磁选后可以将有价金属分为非磁性物（如铜、铝）和磁性的镍、铁。下面说重点。湖南邦普处理废旧锂离子电池中，有价金属质量百分占比如图3所示。

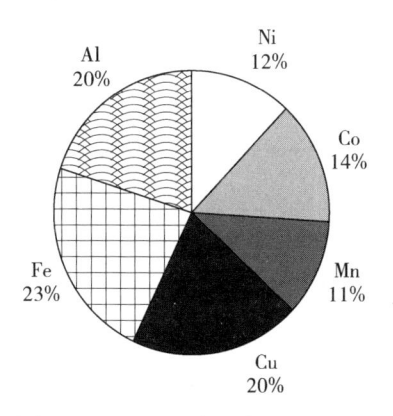

图3 湖南邦普处理废旧锂离子电池中各有价金属占比

筛上物磁选后所得磁性物铁渣的中各金属含量如图4所示。

所得非磁性物主要包括铜、铝和少量锂离子电池正极材料。非磁性物中铜、铝、镍、钴的质量含量如图5所示。

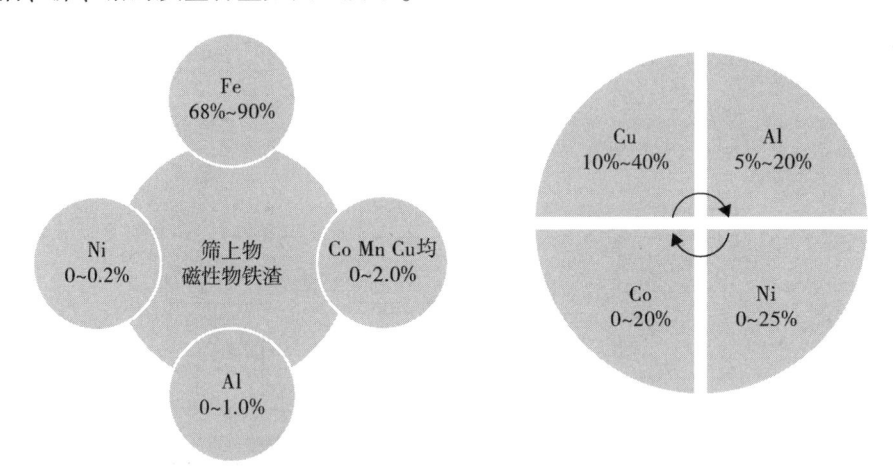

图4 筛上物磁选后所得磁性物铁渣中各金属占比

图5 非磁性物中铜、铝、镍、钴的质量含量

先处理非磁性物。经硫酸铵浸出，得到一次浸出液和铜铝渣，如图6所示。所得铜铝渣中，铜、铝、镍、钴和锰的质量百分比为：铜39.0%~58.0%，铝10.0%~36.0%，镍0%~2.0%，钴0%~2.0%，锰0%~15.0%。

从一次浸出液中获得的硫化物沉淀，其组分占比如图7所示。

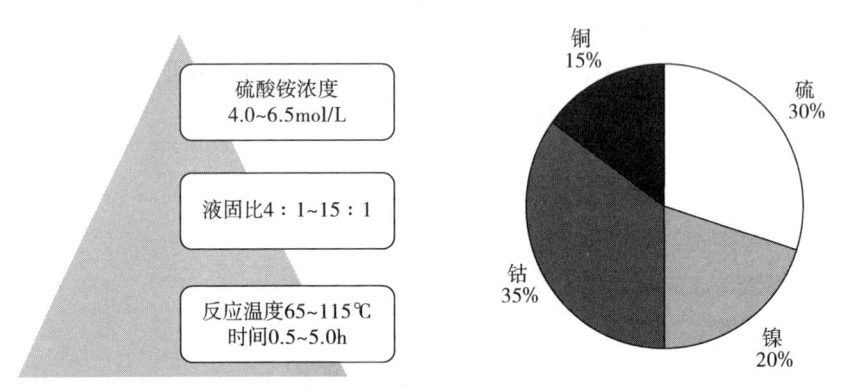

图6 硫酸铵浸出的反应条件

图7 硫化物沉淀中各组分占比

将硫化物沉淀与过筛所得筛下物混合后加入硫酸，浸出得二次浸出液和硫碳渣。用化学法初步除去二次浸出液中的铁、铝和铜，用萃取法对二次浸出液进行除杂。所述萃取法除杂，主要是用P204或P507萃取二次浸出液，除去其中钠、锂、氟离子，得到净化后的硫酸镍、硫酸钴、硫酸锰或其混合溶液。对除杂后的

二次浸出液结晶,得硫酸镍、硫酸钴、硫酸锰中任意一种产品或混合物产品。

由此可以看出,该工艺的重点在于通过一次浸出、沉淀、二次浸出、萃取后结晶,得到有价金属的硫酸盐,使废旧锂离子电池中的有价金属得以回收。过程中损失较少、生产流程易工业化推广,设备成熟,萃取剂也是本领域常见的工业用萃取剂,成本较低。

检测废弃的非磁性物质,镍和钴的质量分数均低于2.0%。合并浸出后可以简化工艺,节省成本;镍、钴、铜硫化物混合物与筛下物混合浸出,不用另加还原剂,可以节省浸出成本,最终获得副产品硫黄,提高了附加产品的价值。

当然,湖南邦普不是只靠这一项专利技术就占据废旧锂电池回收的三分天下。来看看湖南邦普的专利技术布局(见表1),其中12件专利已获得授权,均涉及分离与回收的方法。锂盐的回收工艺涉及6件,并且3件已获得授权。

表1 湖南邦普废旧锂离子电池回收的专利/专利申请

序号	类型	专利号/公开号	名称
1	发明	ZL201310656285	一种废旧锂离子电池负极材料中石墨与铜片的分离及回收方法
2	发明	CN103627904A	一种从钴锰催化剂废料中回收钴锰的方法
3	发明	ZL201310201111	一种分离锂离子电池正负极片中极流体与活性材料的方法
4	发明	ZL201410443005	一种从锂离子电池回收物制备电池级碳酸锂的方法
5	发明	ZL201410331563	石墨体系的不合格锂离子电池中负极材料再生利用方法
6	发明	ZL201510108230	一种从废旧锂离子电池中回收锂的方法
7	发明	CN107200598A	一种利用回收废锂离子电池中有价金属过程中产生的废渣制备多孔建筑材料的方法
8	发明	CN107221724A	一种从废旧锂电池中回收锂的方法
9	发明	CN107324392A	一种废旧锰酸锂材料回收处理的方法
10	发明	CN107871912A	一种从回收废锂离子电池中有价金属时产生的浸出液中除铁铝的方法
11	发明	CN1018190921A	一种高纯度锂盐的制备方法
12	发明	CN108199104A	一种锰酸锂电池废料制备锂离子筛的方法及其锂离子筛
13	发明	CN108642304A	一种磷酸铁锂废料的综合回收方法
14	发明	CN108987841A	一种从废旧锂离子电池中回收有价金属的方法
15	发明	ZL201310314079	一种以废旧锂电池为原料逆向回收制备镍钴酸锂工艺
16	发明	ZL201310089509	一种以废旧锂电池为原料逆向回收制备镍锰酸锂的工艺
17	发明	ZL201210004806	一种从废旧锂离子电池中回收有价金属的方法

续表

序号	类型	专利号/公开号	名称
18	发明	ZL201110233487	一种废旧锂电池回收行业高盐废水的处理方法
19	发明	CN102101701A	一种从废钴酸锂中回收钴锂并制备钴酸锂的方法
20	发明	ZL201010523257	一种从废旧锂离子电池及废旧极片中回收锂的方法
21	发明	ZL200910226670	一种废旧锂离子电池阳极材料石墨的回收及修复方法
22	发明	ZL200910044152	废旧电池处理过程中产生的镍钴锰废水的处理方法

锂盐的回收也是目前回收的重点之一。回收锂盐的工艺多采用氟盐沉淀或碳酸盐沉淀的方法，存在回收率较低、工艺较为复杂的问题。湖南邦普利用湿法回收，就此申请了多件专利，均涉及提高回收率的方法。例如，ZL201510108230公开了一种从废旧锂离子电池中回收锂的方法，向废旧锂离子电池湿法回收系统产生的含锂萃余液中加入正磷酸盐，得粗制磷酸锂，然后通过萃取法得到磷酸锂；如将粗制磷酸锂加入无机酸，使磷酸锂溶解，使用萃取剂萃取磷酸，得到锂盐溶液和负载磷酸的有机相；负载磷酸有机相使用碱溶液进行反萃，得到正磷酸盐溶液，返回用于制取粗制磷酸锂，其回收率可观。最近申请的专利CN107221724A公开了一种从废旧锂电池中回收锂的方法，将废旧锂电池正极粉料，如选自钴酸锂、锰酸锂、镍酸锂、镍钴酸锂、镍钴锰酸锂和镍钴铝酸锂中至少一种与硫化剂混合煅烧后进行固液分离出含锂水溶液，其回收率到达97.3%，同时锂和镍钴锰的分离效果良好。本发明适用于废旧电池的综合回收，适合大规模生产。

从2010年湖南邦普就开启了锂离子电池回收的征程，短短几年时间，已经从金属锂、正极材料中有价金属的回收，探索到负极材料的回收。湖南邦普的专利申请已充分说明它在有价金属的回收与分离方面进行了一定布局。通过绿色循环再生后的资源性产品包括"硫酸镍、氯化钴、镍钴锰酸锂、电池级四氧化三钴、镍铁合金"，以及其他环境友好镍钴新材料。这些材料被广泛应用于电池制造、航空、不锈钢、陶瓷、涂料等行业。目前湖南邦普的镍钴年处理能力已经超过1000金属吨。

我国锂离子电池回收趋势

近日，工信部发布第一批符合《新能源汽车废旧动力蓄电池综合利用行业规范条件》企业名单，其中包括广东光华科技股份有限公司、荆门市格林美新材料有限公司、湖南邦普循环科技有限公司等5家企业。

与宝马合作后声名鹊起的宁德时代在 2015 年完成对广东邦普循环科技有限公司（以下简称"邦普循环"）的收购。成立于 2011 年的宁德时代据说市值可接近巴菲特投资的中国电动车领军企业比亚迪，简直就是动力电池的代名词。公司一旦上市，将成为资本市场的巨无霸。

新能源汽车产销量已经处于"爆发期"，而废旧动力电池的回收利用仍处于"摸着石头过河"的阶段。根据 EVTank 研究数据显示，预计中国动力电池回收量在 2022 年将达到 42.2 万吨，梯次利用和回收拆解市场规模将达到 131 亿元。然而，2018 年动力电池整体退役量暂未成规模，对企业盈利等造成影响。据测算，电池回收利用市场规模将在 2020 年达到 65 亿元左右，其中梯级利用市场规模约 41 亿元，再生利用市场规模 24 亿元。环保和新能源产业正在步入快速发展期，将会有大量的潜在竞争者通过项目投资、兼并收购、寻求合作联营等途径进入此领域，进一步加剧行业竞争。

最后，小赢想说，期待成功的路上有专利护航。

本文作者：
国家知识产权局专利局
专利审查协作北京中心材料部
谢燕婷

43 可以随便拆卸的墙——全钢隔断结构*

> **小赢说**：
>
> 想不想随意改变房间的室内格局，想加隔墙板就加，不满意就拆除呢？本获奖专利的全钢隔断结构就可以帮你实现。

提到室内的内墙隔断，我们平时工作生活的办公楼和各类场馆屡见不鲜。那么本获奖专利的隔断结构有哪些优势呢？

在介绍本获奖专利前，先介绍一下本获奖专利的专利权人：汉尔姆建筑科技有限公司。汉尔姆建筑科技有限公司曾用名为汉尔姆（杭州）家具有限公司，是汉尔姆（中国）公司的生产基地，为德国汉尔姆公司的全资子公司。

德国汉尔姆公司（halumm gmbh）的前身是汉诺威铝业（hannover aluminium），从事民用高性能铝制品的研发和应用。公司坐落在德国西部著名的新能源城市盖尔森基兴。汉尔姆主要从事铝制品在节能、环保、声学、新能源方面的研发设计和应用，旨在为工作者提供更为舒适的办公环境。德国汉尔姆公司自2002年开始对中国市场进行调研，进入中国以后随着对中国本土产品的生产和研究，2009年通过了质量体系和环境体系的认证（见图1）。

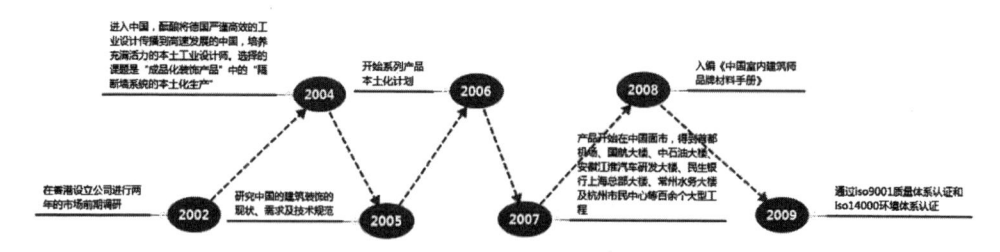

图1 德国汉尔姆公司的发展历程①

本获奖专利由汉尔姆（杭州）家具有限公司于2012年12月提交专利申请，

---

* 本文涉及第二十届中国专利优秀奖项目，专利号为"ZL201210541899.9"，专利名称为"一种全钢隔断结构"，专利权人为"汉尔姆建筑科技有限公司"。

① 图片来源：http://www.halumm.com。

2014年10月被授予发明专利权，2017年4月专利权人变更为汉尔姆建筑科技有限公司。以"汉尔姆"为主题词检索，发现汉尔姆自2010年起开始申请专利，截至2018年11月底已申请各类型专利共计83件。该公司每年的专利申请量较为平稳，近两年有逐步上升的趋势。2018年的专利申请量为0可能和当年的专利申请还未公开有关（见图2）。

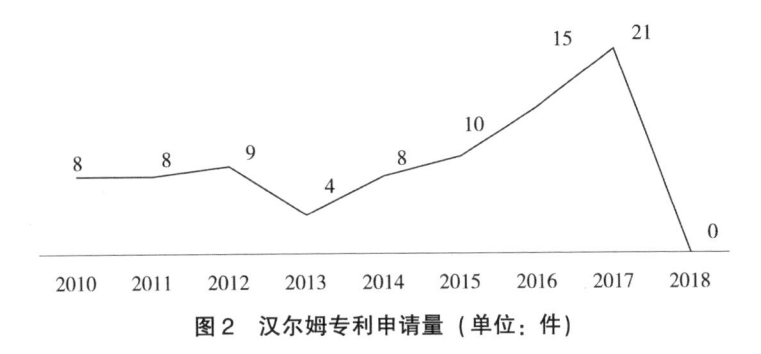

图2 汉尔姆专利申请量（单位：件）

在上述83件专利申请中，有55件为涉及型材的外观专利，22件实用新型专利，6件发明专利申请。其中，实用新型专利大部分涉及建筑隔断结构，6发明专利申请都与建筑隔断结构有关。可以看出汉尔姆的核心技术都与建筑隔断结构相关。

那么在本获奖专利申请日以前的隔断结构是怎样的呢？传统墙体基本是以砌砖和轻钢龙骨石膏板墙体为主，也有部分采用铝合金隔墙作为建筑物内墙。例如，专利KR101151612B涉及一种冷藏库的承重隔墙（见图3），其中隔墙100与绝缘垫10的顶部钢板12螺栓连接，绝缘垫10通过底部钢板的地脚螺栓16进行锚固；顶部钢板下部装配有用于固定地板保温层的支撑环11，顶部钢板与底部钢板之间设置有高密度绝缘块14，即该隔墙主要通过螺栓等连接件进行固定。

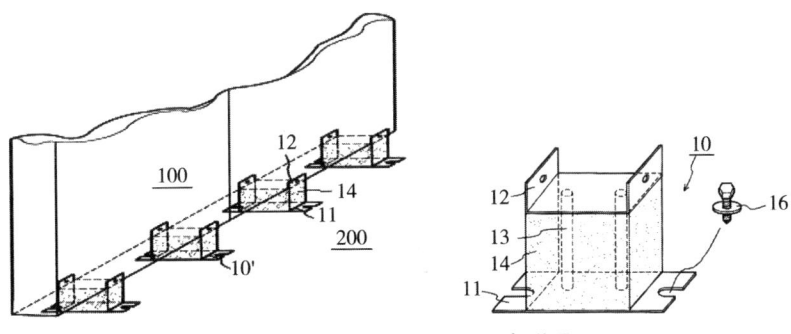

图3 KR101151612B说明书附图

· 235 ·

又如，JP2010071021A 涉及一种用于建筑物的轻型钢制隔墙（见图4）。该隔墙具有上端部和下端部，上、下端部分别通过螺柱5插入上、下固定部件3、4中进行固定，上固定部件具有用于固定螺柱的内侧固定部件3B，以及用于固定到上层楼板1的外侧固定部件3A，内侧固定部件3B和外侧固定部件3A之间设置弹性减震材料，通过内侧固定部件3B和外侧固定部件3A之间的相对位移能够达到吸收建筑物发生层间位移所带来的材料变形的技术效果。上、下固定部件3、4分别通过硬钉22和11与上层楼板1和地板2固定。

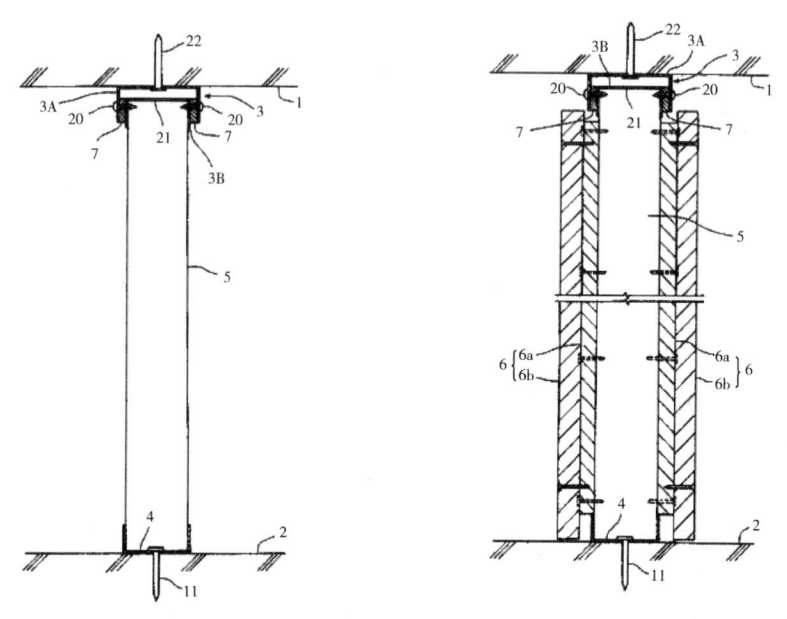

图4　JP2010071021A 说明书附图

再如，ZL201120551894.5 涉及一种卫生间钢架轻质隔墙。该轻质隔墙由垂直焊接连接的横龙骨3与竖龙骨2以及与龙骨架通过自攻螺钉连接的基层板5构成，竖龙骨2通过固定件1与地面和上层楼板中的膨胀螺栓垂直连接；浇筑地垄10，其中浇筑地垄所用的钢筋11与竖龙骨连接（见图5）。

可以看出，上述隔断结构都需要通过螺钉、膨胀螺栓等连接件与上层楼板或地面进行穿孔固定或通过浇筑混凝土固定。当需要改变室内空间格局时，必须对隔断结构的连接部位进行破坏性拆除，这势必造成资源浪费，并产生建筑垃圾；同时上层楼板和地面也会留下连接件穿过而产生的孔洞，需要进一步修复才能恢复外观。

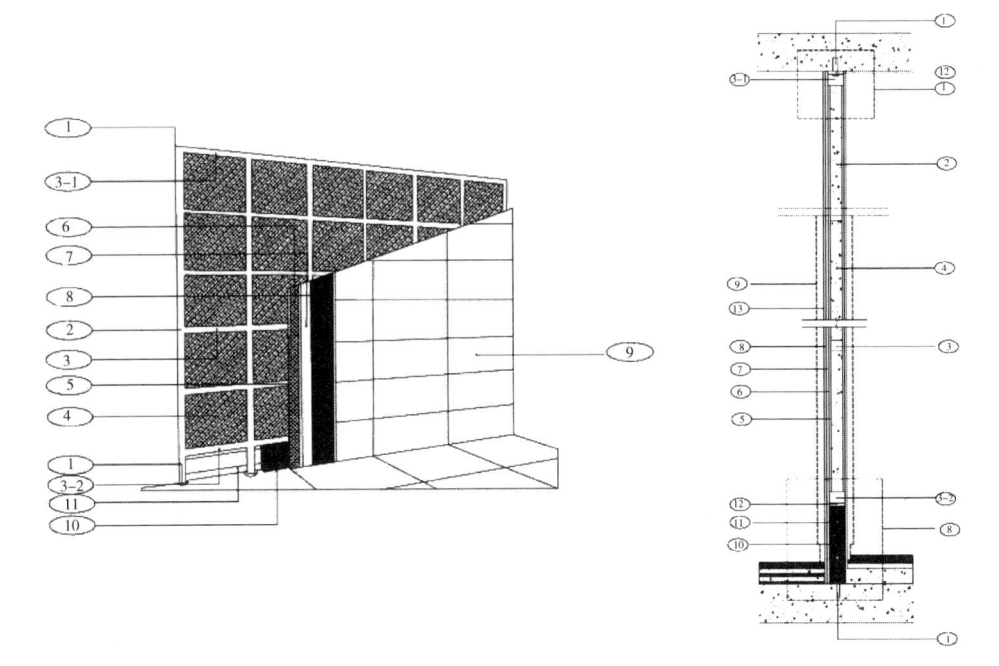

图5　ZL201120551894.5说明书附图

本获奖专利克服了上述采用连接件固定隔断结构的缺陷。下面一起来了解本获奖专利连接结构的细节。本获奖专利的全钢隔断结构主要由天龙骨1、地龙骨2、横档龙骨3、立柱龙骨4以及面板5组成（见图6左图）。具体的，该隔断结构与天花板和地板的连接不通过连接件，而是通过天龙支撑组件10和地龙支撑组件11（见图6右图）进行固定的。其中地龙支撑组件11和天龙支撑组件10的结构类似，仅以天龙支撑组件10为例介绍。

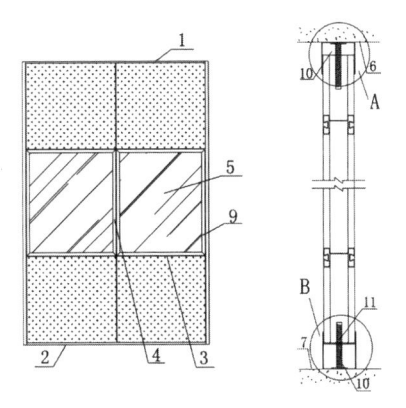

图6　ZL201210541899.9主视图及立柱龙骨与顶龙骨和地龙骨连接图

天龙支撑组件10由一天龙定位片101、一垂直穿过天龙定位片101并通过螺纹定位的固定杆102、以及套置在固定杆102上的弹簧103和弹簧端部的调节卡片104构成（见图7）。天龙支撑组件10通过四个插爪108和调节卡片104，分别与立柱龙骨4的四个型材槽孔107和立柱龙骨4中部的槽形孔105固定，从而与立柱龙骨4固定。通过螺纹调节固定杆102，达到调整立柱龙骨4与天花板的

·237·

相对位置，调整天龙支撑组件与天花板贴合紧密程度的技术效果。同时，地龙支撑组件 11 也可以进行类似的调节。

可以看出本获奖专利的隔断结构与地板和上层楼板的连接面平整，即使重复拆装，也不影响地板和上层楼板的外观，避免了破坏性拆除导致的建材浪费，实现了资源循环利用；通过固定杆 102 的螺纹调节还能有效避免前期测量的误差，避免了因尺寸误差导致的二次切割；此外，每个部件均为可单独拆卸的连接结构，便于模块的批量化生产，提高了生产效率。

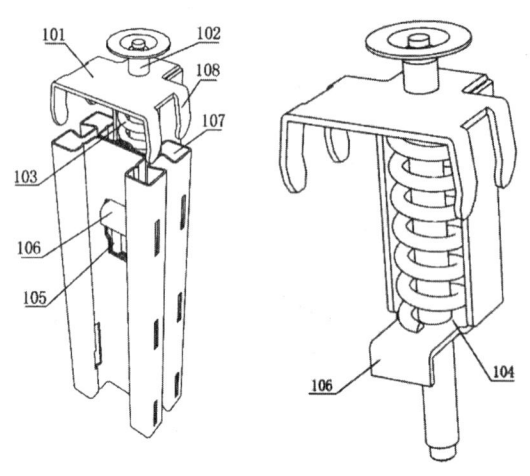

图 7　ZL201210541899.9A 处局部放大图与天龙支撑组件图

上述好拆装又不浪费资源的全钢隔断结构目前已实现量产，并先后应用于雄安市民中心、G20 杭州峰会、金砖国家厦门峰会、杭州市民中心、上海中心等多个项目中。采用该全钢隔断结构的汉尔姆公司大楼也通过了美国 LEED 金级认证。同时，该全钢隔断结构进入了浙江省新型墙体材料名录，汉尔姆公司相应被评为浙江省新型墙体材料龙头企业，并被中国循环经济协会认定为"行业影响力排名第一"。

汉尔姆的发展揭示了，创新助力企业成长，企业只有以技术研究为根本，以自主创新为动力，在专利保护和生产实践的相互转化中打造出适应市场需求的高品质产品，才能提升企业的影响力，助推企业高质量发展。

本文作者：
国家知识产权局专利局
专利审查协作北京中心材料部
吴群

44 土壤不是无情物，截留污染净水体*

小赢说：

在第二十届中国专利奖中，一种多阶段进水垂直流土壤渗滤系统的污水处理装置及方法获得了优秀奖。在污水处理领域，土地渗滤系统可谓集经济效益与美化环境于一身的高效处理方法。那么这件获得中国专利优秀奖的项目又有什么乾坤呢？小赢和大家一起充满了好奇心，咱们一起来看看吧！

中国专利优秀奖获奖项目"多阶段进水垂直流土壤渗滤系统的污水处理装置及方法"，于2016年1月20日获得授权。探寻这件专利的乾坤之前，咱们先看看什么是土壤渗滤系统吧。

说到污水处理，普通人会立刻想到：臭气熏天、垃圾遍布、绿藻横浮……然而，真实的污水处理场面，特别是使用土地处理系统的污水处理的现场却是一片草长莺飞、绿草如茵的景象（见图1）。

今天小赢要带大家了解这种既实用又经济的污水处理技术——污水的土地处理技术。

图1 污水的土地处理①

污水土地处理系统是一种污水处理的生态工程技术，指的是污水经过一定程度的预处理，然后有控制地投配到土地上，利用土壤—微生物—植物生态系统的自我净化功能和自我调控机制，使得污水转化为新的水资源。

说到污水的土地处理系统，人类历史上很早就有了雏形，发展到现在，经历

---

* 本文涉及第二十届中国专利优秀奖项目，专利号为"ZL201410359487.2"，专利名称为"多阶段进水垂直流土壤渗滤系统的污水处理装置及方法"，专利权人为"中国环境科学研究院"。

① 图片来源：http://www.freep.cn/zhuangxiu_6/News_2486861.html。

了漫长的过程。我们先来简单了解一下发展的历史。

污水土地处理系统源于污水灌溉。据记载，早在几百年以前，瑞典和德国就开始使用污水灌溉技术，18世纪末，这种技术在英国也得到盛行，并于19世纪70年代传入美国。从严格意义上说，当时所采用的处理技术不能称为真正的污水土地处理技术，它是污水土地处理技术的早期雏形，有些学者称为土地处置。由于土地处置方法不符合公共卫生等方面的要求，这种方法逐渐被否定。

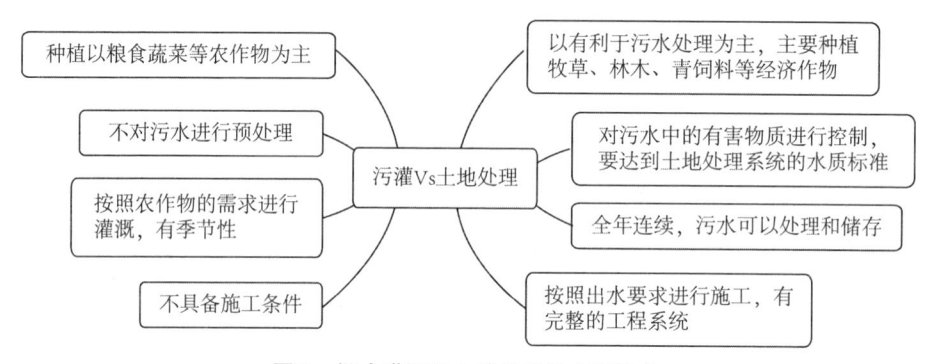

图2　污水灌溉和土地处理的主要特点

在国外，80年代以来污水土地处理系统得到快速的发展，在美国、俄罗斯、日本、澳大利亚、以色列和西欧等国家和地区分别得到了广泛的应用。在我国，80年代初已经对污水土地系统开始研究，随后在"七五""八五"期间得到迅速发展。

不难看出，污水的土地处理从早期的污灌，到现在的土地处理，发生了质的提升（见图2）。

污水的土地处理系统主要分为以下三种类型（见图3）。

图3　污水的土地处理系统

了解了污水的土地处理系统的概况和发展后，回到获奖专利涉及的技术，其是在快速渗滤系统基础上进行的创造性的改进。该获奖专利的第二发明人是席北斗教授，现任中国环境科学研究院首席科学家。席北斗教授团队从 2009 年开始就致力于污水的土壤处理方法研究，在这个领域具有丰富的科研经验。

中国环境科学院从 2009 年开始就有土地处理相关的专利申请（见图 4），一直到 2014 年都有较为活跃的申请行为。

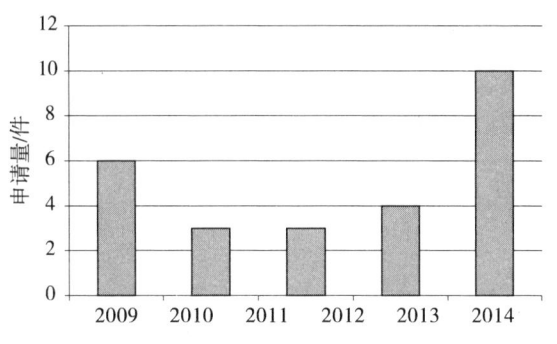

图 4 中国环境科学院土地处理领域专利申请分布

研发初始，ZL200910236389.9 为一种交替进水且水流为垂直方向的人工湿地处理装置，主要应用于农村污水的处理。使用这个装置不仅能够去除多种污染物质，还能让周围的环境变得美美哒。

ZL201110303151.0 中土地渗滤系统和其他生物处理方式进行了有机结合，以弥补单纯土地渗滤系统的缺陷。在多个系统串联处理过程中，前面处理过程产生的污泥能够进入土地渗滤系统内，为植物生长提供营养。而植物在生长过程中利用污水中的磷作为营养物质。可见进行了联合处理后，处理效率得到大大提高（见图 5）。

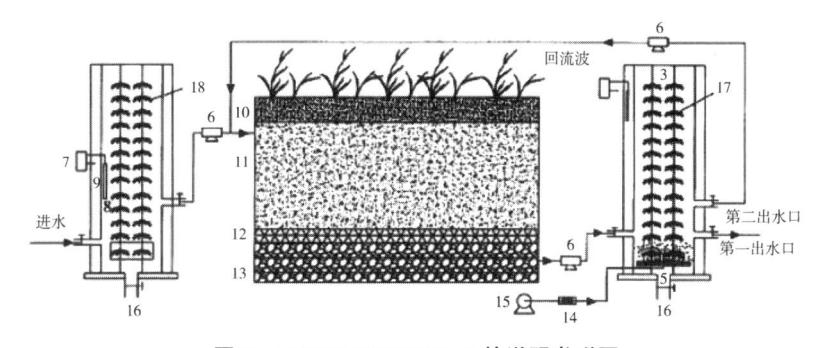

图 5 ZL201110303151.0 的说明书附图

而对于获奖专利 ZL201410359487.2 来说，其也延续在先专利技术，继续将生物法与物理法相结合的技术发扬光大。首先对于废水进入处理系统的过程进行改进，实现了在系统内的分层进水，这种方式能够保障处理系统整体上营养物质的均衡，使得废水的在装置的各个角落都能得到较好的处理（见图6）。

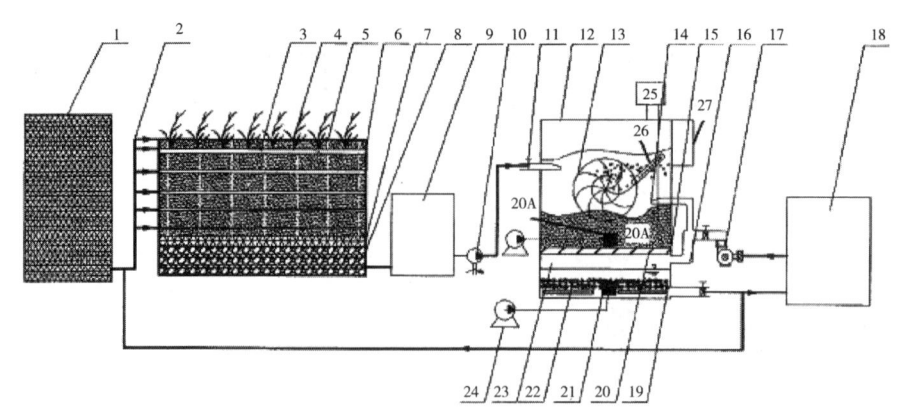

图6 ZL201410359487.2 的说明书附图

值得一提的是，该专利还设计了一种独特的涡轮筛滤方法，筛滤出水同时强氧化分解残余污染物，对生物处理出水进行深度处理，达到排放标准。

该专利技术适用性强，对于污染地下水修复效果显著。目前，该项发明技术成果在多家单位得到了广泛的技术应用，研制形成的系统与设备已在浙江景宁、辽宁抚顺、湖南郴州等多个地区建立工程示范，应用时间超过3年。在吉林省吉林市、内蒙古阿拉善腾格里污染场地地下水治理工程中实际应用。在腾格里围绕15公顷污染场地，建立日处理地下水 380m³ 修复系统，工程投资 5000 万元，目前运行稳定，为腾格里地下水污染修复做出了贡献。

文章的最后，期待土地技术在我国污水处理领域大放异彩！

本文作者：
国家知识产权局专利局
专利审查协作北京中心材料部
温媚　佟婧怡

45　底滤法炉渣处理方法还你绿水青山*

> **小赢说：**
>
> "江碧鸟逾白，山青花欲燃"是唐代诗人杜甫描绘的绝美景致，真是令人心驰神往啊。随着人们对美好环境的向往和对污染危害意识的增强，如何减少大气污染和水污染成为了工业发展的重要方向。本文带大家一起了解一种有助于减少污染的工业生产设备和方法。

铁元素，是世界上最古老的金属元素之一；铁矿，也是地球上含量最多的矿藏之一。澳大利亚西部皮尔巴拉（Pilbara）的龟背山铁矿（见图1），高达98%的铁矿石用于开采。铁矿石可以冶炼生铁、熟铁、铁合金、碳素钢、合金钢、特种钢等。

图1　皮尔巴拉（Pilbara）的龟背山铁矿①

地球含有丰富的铁资源，人们开采铁矿炼制钢铁，钢铁制品广泛用于国民经济各部门和人民生活各个方面，是社会生产和公众生活所必需的基本材料。钢筋撑起了人类现代化的生活空间，冰箱、汽车等钢铁制品成为了现代化生活的重要组成部分（图2）。

图2　鸟巢钢桁架结构②

将金属铁从含铁矿物中提炼出来的工艺过程，主要有高炉法、直接还原法、熔融还原法、等离子法。其中，将含铁矿物进行高炉冶炼时（见图3），除了得到主产品铁水，还会产生副产品——高温液态炉渣。

---

* 本文涉及第五届北京市发明专利三等奖项目，专利号为"ZL200810105097.7"，专利名称为"一种环保型底滤法高炉炉渣处理设备及处理方法"，专利权人为"中冶京诚工程技术有限公司"。
① 图片来源：http://m.sohu.com/a/236752587_99894924/?pvid=000115_3w_a。
② 图片来源：鸟巢官网 http://www.n-s.cn/about.aspx?。

· 243 ·

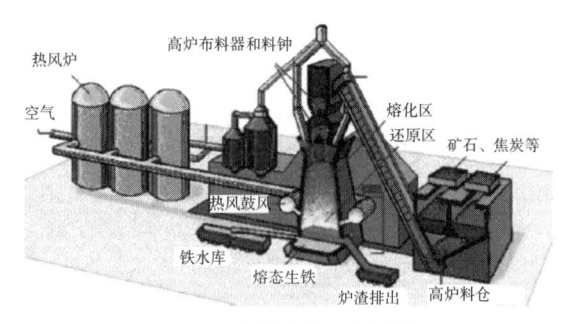

图3 高炉炼铁立体图①

为了减少高温液态炉渣对环境的影响，目前普遍采用水淬渣的工艺方式对炉渣进行粒化处理：高炉内1400~1500℃的高温熔渣流，经渣口流出，在经熔渣沟进入冲渣沟时以一定的水量、水压及流槽坡度，使冲渣水与熔渣流成一定的交角，冲击淬化成合格的水渣（见图4）。传统过滤法炉渣的冲制与淬化在冲渣沟内完成，但传统炉渣处理存在很多缺陷。

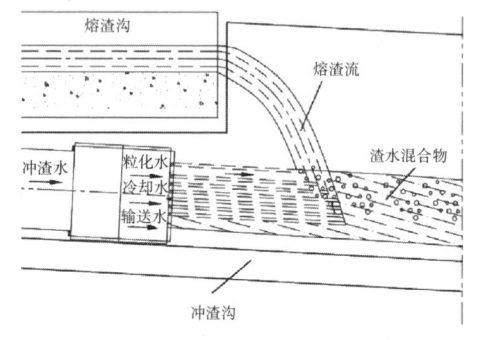

图4 熔渣粒化-冲渣沟示意②

首先，熔渣中带铁较多，水压、流量不足时容易造成冲渣沟爆炸。

其次，1400~1500℃的高炉炉渣被20~60℃的水冲击，水淬成水渣，会产生大量的水蒸气。大量排放的冲渣水蒸气含有渣棉、H_2S、

图5 工业烟气污染③

SO_2、SO_3等有害物质，溶于水后则转化为硫酸、亚硫酸等，会对出铁场、炉体、炉顶等周边钢结构设备腐蚀（见图5），也严重污染环境。

---

① 图片来源：http://www.sohu.com/a/214959060_649931。
② 周凡. 高炉水冲渣系统降本增效、清洁生产的设计与实践[J]. 第九届中国钢铁年会论文集，2013：2192-2196.
③ 图5、图6、图11、图12来自 http://www.360doc.com/content/18/0714/06/36363017_770232933.shtml。

最后，冲渣时用水量大，在过滤池抓渣时带水作业（见图6），耗水量高，环境影响恶劣。

改革开放40多年来，我国工业取得了举世瞩目的成就，建立了门类齐全的现代工业体系，跃升为世界第一制造大国，但高耗能、高污染、高排放的问题也很严重。近些年，"雾霾"走入人们视线，PM2.5引起热议。而工业污染是大气污染的重要部分，例如北京的PM2.5有25%是来源于工业污染（见图7）。

图6 带水抓渣现场

图7 北京PM2.5主要来源占比①

2008年，中冶京诚工程技术有限公司提出一件专利申请（ZL200810105097.7），涉及的环保型底滤法高炉炉渣处理系统就是针对高炉炼铁炉渣处理过程中的污染问题而研发的（见图8）。

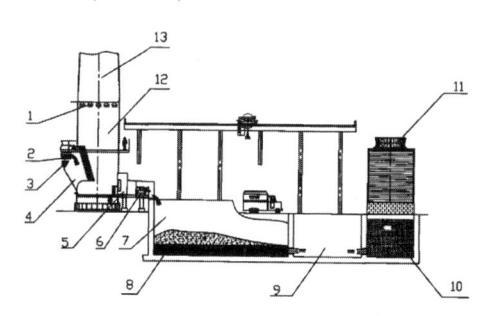

图8 ZL200810105097.7说明书附图

---

① 图片来源：http://health.qq.com/a/20131231/004792.htm。

首先,封闭的粒化池解决了安全问题。通过设置蒸汽冷凝喷淋装置,对冲渣水蒸气进行喷淋冷凝(见图9),实现冲渣水蒸气的有组织排放,同时,含硫蒸汽排放量减少15%,减少了对钢结构的腐蚀。

其次,通过优化分布过滤池的过滤层实现渣水自然分离(见图10)。这种方法的过滤水非常干净,炉渣留在河砂和鹅卵石构成的过滤层上方等待抓手自动抓取,滤下的冲渣水可以不经过处理直接由清水泵泵出进行换热采暖,实现二次利用。

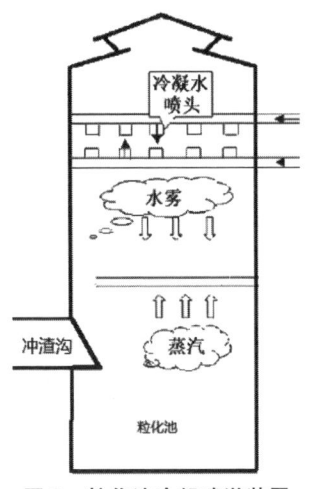

图9 粒化池冷凝喷淋装置

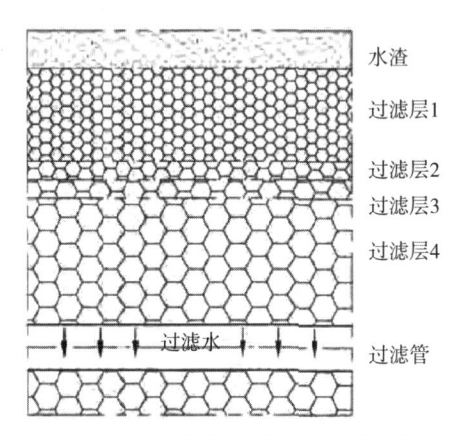

图10 渣水分离-过滤池过滤模型[1]

图11、图12为环保型底滤工艺现场情况,环保型底滤法高炉炉渣处理设备的生产环境干净整洁,与印象中的钢厂很不一样。经过过滤池过滤后的炉渣湿度低,可以实现无水抓渣,过滤后的水清澈度高。

图11 环保底滤法炉渣处理装置

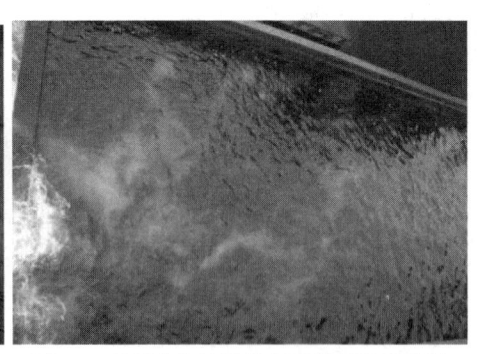

图12 环保底滤法炉渣处理装置的过滤池

---

[1] 周凡. 高炉水冲渣系统降本增效、清洁生产的设计与实践 [J]. 第九届中国钢铁年会论文集, 2013: 2192-2196.

2009~2016年，本专利技术已经在兴澄特钢、马钢、包钢等高炉及唐山凯源镍铁合金生产线工程成功应用40套。采用本专利技术，吨铁降低耗水量0.1t，降低蒸汽排放量0.14t，已投产的40套工程降低耗水量246万吨/年，降低含硫蒸汽排放量344万吨/年，对于污水处理及烟气治理起到了非常重要的作用。

截至2019年3月，中冶京诚共申请专利1846件，已公开的1762件中，发明专利申请700余件，实用新型1000余件。其中涉及高炉处理设备和方法的专利申请168件，占到了全部申请的将近10%。

除了本发明专利外，中冶京诚还构建了以本发明为核心的专利群，形成了整套的环保底滤高炉炉渣处理技术（见表1）。

表1 环保底滤高炉炉渣处理技术相关专利

序号	专利类型	申请号/专利号	专利名称	状态
1	发明	ZL201510475165.9	组合式回转支承装置	已授权
2	发明	ZL201610220591.2	一种摆动渣沟	已授权
3	发明	ZL201610846970.2	一种高炉水渣全自动取渣方法	已授权
4	发明	ZL201610849509.2	一种高炉水渣全自动取渣系统	已授权
5	实用新型	ZL200820080209.3	一种环保型底滤法高炉炉渣处理设备	已授权
6	实用新型	ZL200920277946.7	水渣沟阀门设置	已授权
7	实用新型	ZL201420260502.3	水渣自动取渣装置	已授权
8	实用新型	ZL201520583390.X	组合式回转支承装置	已授权
9	实用新型	ZL201620295818.5	一种摆动渣沟	已授权
10	实用新型	ZL201621079394.5	一种高炉水全自动取渣系统	已授权

保护生态环境就是保护生产力，改善生态环境就是发展生产力。希望有更多企业、更多新技术投入环保事业中，坚持绿色、低碳、循环、可持续的生产生活方式，为未来描绘一幅绿水青山的美丽画卷。

本文作者：
国家知识产权局专利局
专利审查协作北京中心机械部
程晓蕾